성보 내운명학 백서 5

우리가 꼭 알아야 할

음양오행 첫걸음

晟甫 안종선 지음

중앙생활사

들어가는 글

음양오행(陰陽五行)을 굳이 철학(哲學)이라고 내세우지 않아도 좋을 듯하지만 사람들이 한결같이 철학이라고 하니, 성보(晟甫) 또한 철학이라 정의하고 시작한다. 현대사회는 철학이 없는 사회라고 말한다. 그러나 살펴보면 철학이 너무 많아서 그렇게 보이는 것이 아닐까 한다.

살아보지 못한 세상을 정확하게 알 수는 없지만, 오래전부터 이 땅에 살았던 사람들은 대부분 동양적 사고(思考)를 가지고 살았을 것이다. 그 당시는 서양적 사고가 전래되지 않았거나, 전래되었어도 아주 소수이거나 부족했으리라 생각된다. 따라서 그 당시 이 땅에 살았던 사람들은 매우 동양적으로 사고하고 행동했으며 동양적으로 살았으리라고 보인다.

당시는 세상이 변한다고 해도 지금처럼 빠르게 변하지는 않았을 것이다. 아니, 그렇게 느끼는 것인지도 모른다. 그러나 현대사회는 동서양을 논하기 어려울 정도로 변화가 빠르다. 동양에 거주하거나 머문다고 해서 반드시 동양적 사상으로 물들었다고 보기 어렵다. 동양인들 틈에 섞여 산다고 반드시 동양적이라고 말하기 어렵다. 세상에서는 사상과 철학의 혼돈(混沌)이 일어나고 있다.

동서양의 사상과 철학이 혼돈되고 마구 역류(逆流)하지만 손에 잡히는 것은 많지 않다. 그러나 눈에 보이는 것은 있다. 서양의 사상이 쇠퇴까지는 아니라도 기울고 있다는 사실은 분명해 보인다. 오래도록 이 세계의 주도권을 행사해온 서양의 흐름이 점차 동양으로 이전하고 있다. 그들의 사상은 오래도록 세상을 이끌었지만 그들은 지금 세상을 이끌 사상과 철학으로 동양을 주목하고 있다. 서양의 철학자들은 이제 동양의 철학을 이해하려 노력한다.

동양철학(東洋哲學)은 미래를 이끌 학문이고 철학이다. 동양에서 살고, 동양사상에 물든 우리에게는 어느 정도 익숙하고 몸에 맞는 옷 같다. 동양철학을 배운 적이 없다 하더라도 뿌리부터 동양의 학문을 이어온 조상을 둔 덕으로 한국 사람은 대부분 동양적 사고를 하며 동양적 사상이나 철학에 비교적 익숙하게 다가가고 적응하는 편이다.

동양철학을 이야기하면 반드시 논의되는 것이 음양오행이다. 음양오행은 매우 뿌리 깊은 사상이고 현학적(衒學的) 유물이다. 음양오행은 대단히 역사적이며 깊이를 알 수 없는 학문적 뿌리를 가지고 있다.

동양의 모든 학문은 음양오행을 바탕으로 하거나 포함하고 있다고 해도 지나친 말이 아닐 정도이다. 정확히 말해 음양오행이 언제부터 전파되었는지는 아무도 알지 못한다. 단지 누군가가 지속적으로 전파하고 알려왔다는 것 정도는 알 수 있다. 하지만 누가 개발하고 누가 처음으로 만들어냈는지는 알 수 없다. 이로 미루어 음양오행은 어떤 천재 한 사람이 만든 것이 아니라 오랜 세월 수없이 많은 석학(碩學)의 노력으로 얻어졌음을 유추할 수 있다.

동양학의 뿌리라고 하는 음양오행은 동양학 전반에 퍼져 있고 모든 학문과 사상의 뿌리가 되고 있다. 우리가 알고 있거나 알고자 하는 동양학에는 반드시 음양오행의 이치가 녹아 있다. 학문적으로 판단하여 동양의 영원한 고전이라는 서적들은 하나같이 음양오행을 논함을 알 수 있다.

공자(孔子)의 맥을 이은 유학(儒學)의 모든 서적에도 음양오행은 논의되어 있다. 혹자는 유학이 음양학을 얻으며 유명해졌다고 말한다. 다른 누군가는 음양학이 유학을 만남으로써 전 세계로 퍼졌다고도 말한다. 이유야 어찌되었고 결과야 어떻든 간에 유학의 경전들이 음양학의 이치를 인정하고 응용하였음은 분명하다.

불교의 경전(經典)도 음양오행론을 무시하지 않는다. 음양오행론의 전개는 의학에서 절정을 이룬다. 동양의학에서 음양오행을 배제하고는 해석이 불가능하며 약제(藥劑)를 사용하는 데도 음양을 배제할 수 없다. 우리의 의학, 즉 한의학도 음양오행의 범주를 벗어나지 못한다. 반드시 오운육기(五運六氣)를 논하고자 함이 아니다. 음양과 오행을 바탕으로 사상의학(四象醫學)이나 팔상의학(八象醫學)을 논하는 것이다. 음양오행을 익히지 않고 이해하지 못한 한의학자는 없을 것이다.

음양오행은 뿌리가 깊은 만큼 다양한 학문에서 사용된다. 인간의 운명을 점치고 분석하는 운명학(運命學)에서도 음양오행은 매우 중요한 근거를 제시한다. 흔히 알려졌듯이 인간의 사주팔자(四柱八字)로 운명의 흐름을 점치는 명리학(命理學)에서도 음양오행은 모든 판단의 근거로 작용하고 응용의 수단이 되고 있다.

그뿐 아니다. 관상학(觀相學)이나 성명학(姓名學)에서도 음양학의 이치를 적용하여 분석한다. 풍수지리(風水地理)의 범주에서도 음양오행의 이치를 벗어나서는 설명이 불가능하다. 우리 주변의 모든 사물에 오행을 적용하여 풀이하고 이치적으로 합당하게 음양을 적용하는 것이 풍수지리의 이법이다. 따라서 동양학을 공부한다는 것은 근본적으로 음양오행의 이치를 안다는 것이다. 아니, 알아야 한다는 것이다.

음양오행은 단순하게 보이나 누천년 내려오며 연구되었듯 결코 단순하지 않다. 적용하는 학문에 따라, 사용하는 기법에 따라 음양오행은 다양하게 적용하고 현란하게 사용한다. 단순하지 않지만 단순하게도 사용하고, 현란하지만 현란하지 않게도 사용이 가능한 것이 음양오행이다. 따라서 음양오행은 명리학을 비롯하여 한의학, 중의학(中醫學), 풍수지리는 물론 다양한 동양철학을 배우고 익히고자 하면 반드시 익혀야 하는 기본 철학이다. 따라서 음양오행은 모든 동양철학의 어머니가 된다.

이 글은 비교적 단순하지만 때로는 어려운 문제를 푸는 용도로 사용하고자 한다. 동양철학의 기본인 음양오행을 설파하고 적용한 책은 아주 많다. 시중에도 책이 많이 나와 있다. 하나같이 잘 쓰인 책이고 배움을 수는 책이다. 그럼에도 이 책을 쓰려는 이유는 나름 정의를 내리고 싶기 때문이다. 또한 성보운명학(晟甫運命學)의 기초를 표현하고자 함이다. 성보가 남기고자 하는 운명학은 대부분 동양학이고 그 기초는 음양오행을 벗어나지 못한다. 따라서 정리가 필요하다.

이 책은 음양오행을 정리하기 위한 내용을 모은 것이다. 여러 선배의 문장을 인용하고 도움을 청해 가져올 것이다. 또 새로이 적용을 연구하고 가져다 붙일 것이다. 다양한 측면에서 새로운 적용을 보여줄 것이고 과거에는 없던 적용의 특징을 만들어볼 것이다.

기존의 연구와 크게 다르지 않을지도 모른다. 이미 선인(先人)들이 남긴 이론과 실제를 모으는 과정일 수도 있다. 그러나 이 책이 운명학을 배우는 사람들에게 교과서처럼 되었으면 한다. 교과서는 아주 깊은 내용은 아니더라도 반드시 배워야 하는 책이다. 음양오행은 동양철학의 교과서다. 이 책 또한 교과서가 되었으면 한다.

굉굉헌(轟轟軒)에서 성보(晟甫)

차 례

2장
음양(陰陽)

3장
오행(五行)

| 일러두기 |

이 책은 이 시대를 살아간 선배들이 남긴 산물을 정리한다는 마음으로 기술했고 지금도 현장에서 열심히 연구하는 많은 명리학자의 의견과 임상을 도입하고 착안했다. 따라서 과거와 현재의 이론이 모두 적용되며, 가능한 한 임상에 가까운 시스템으로 기술했다. 이 과정에서 이 책을 이해하기 위한 필요사항이 생겼다.

1. POINT : 내용 곳곳에 가장 중요한 요점을 정리하였다.
2. 아차! : 착각하기 쉽거나 일반적 개념에서 오류가 있는 경우를 기술하였다.
3. 앗, 잠깐! : 아주 세세한 내용을 기술하였다.
4. 집중! : 자세하게 보충해야 할 내용을 기술하였다.
5. 성보명리 : 성보가 명리학을 배우며 깨닫거나 꼭 필요한 정의 혹은 생각해야 할 문제들을 정리하였다.

한자 병기

1. 한글만 있으면 무슨 뜻인지 이해하기 어려운 단어는 한자를 병기하였다.
2. 처음 나오는 전문용어는 한자를 병기하였다.
3. 같은 음이지만 의미가 다르면 한자를 병기하였다.
4. 의미가 중요한 한자는 반복해서 병기하였다.
5. 같은 한자어가 반복될 때 의미상 헛갈리지 않으면 뒤에는 한자를 넣지 않았다.
6. 한자를 병기하지 않아도 의미를 알 수 있는 한자어는 한자를 넣지 않았다.
7. 두음법칙에 따라야 하지만 명리학에서 통상적으로 쓰는 단어는 그대로 적었다(년주, 년운 등).
8. 여러 가지로 불리는 개념은 한 가지로 통일해서 사용하였다(태세, 해운, 세운, 년운 등).

1장

음양오행 (陰陽五行) 총론

1. 음양오행의 개요

한국 땅에서 살고 학습하였다면 음양(陰陽)이라는 말을 처음 들었다는 사람은 없을 것이다. 음양이라는 말은 우리 주변에서 흔히 들을 수 있는 말이기 때문이다. 그러나 많이 아는 것만큼이나 오해도 있다. 음양을 단지 암놈이나 수놈 혹은 남녀 관계만으로 생각하는 경우도 있다.

음양은 단순히 남녀, 암놈과 수놈 같은 이분법적(二分法的)이고 말초신경적인 단어나 사상이 아니다. 음양은 단순한 글자일 수 있으나 그 의미는 결코 단순하지 않다. 역사를 거슬러 오래전에 만들어진 이론이듯 그 깊이가 아주 깊다.

사람은 현상적인 이치를 쫓는 습성이 있다. 그로써 음양을 단지 말초적인 사상이나 의미로 받아들이기 쉽다. 그 깊은 의미가 퇴색되기도 한다. 어찌 보면 음양은 이분법적 사고로 느껴진다. 사실 이분법적이기도 하다. 남이나 여, 어둡거나 밝거나, 높거나 낮은 것이다.

음양을 이해하고자 하면 자꾸만 이분법적 사고에 빠져든다. 내가 아니면 너라는 의미가 문제다. 네가 아니면 나라는 이분법 말이다. 대표적인 이분법적 사고가 음양이다. 음 아니면 양, 양 아니면 음이라는 사고가 그렇다. 그렇다면 정말 음양론은 이분법적 사고의 산물인가?

그렇지 않다.

사람은 나이에 관계없이 살아가면서 수없이 고민한다. 생각이 있다면 모든 이치가 무조건적으로 받아들여지지 않는다. 그래서 고민이라는 것이 있다. 사색(思索)도 있다. 고민과 사색은 정의를 내리는 과정이다. 그렇다 해도 문제는 있다. 아무리 생각해도 결론이 나지 않는 무엇인가가 있다. 누군가 그것을 대신해주면 좋겠다. 그래서 생겨난 것이 철학(哲學)이다.

철학은 생각의 산물이다. 짐승에게는 철학이 없다. 물론 누군가는 지능(知能)이 있다면 철학이 있다고도 말한다. 그 말이 사실이라면 생물 중 많은 수가 철학을 지니고 살아갈 것이다. 그러나 나무가 철학을 지녔다는 말을 들은 적이 없다. 살아 있는 모든 사물이 생각이 있는 것은 정의가 아닐 수도 있다.

우리가 알고 있는 짐승은 대부분 지능을 가지고 있다. 물론 그 지능이라는 것이 높아서 좋을 수도 있고 형편없이 낮을 수도 있다. 인간은 모든 사물을 인간을 기준으로 파악하고자 한다. 그래서 다른 동물의 머리가 좋다느니 나쁘다느니 판단한다. 닭의 머리는 나쁘다. 물고기는 대부분 머리가 나쁘지만 돌고래는 머리가 좋다. 개 또한 머리가 좋다. 이런 판단은 지극히 작의적(作意的)이지만 인간이기에 그렇게 판단한다.

간혹 사람은 착각을 한다. 다른 생물도 생각을 한다는 것이다. 의도적일 수도 있다. 대표적인 사람들이 만화가(漫畵家)다. 그들은 만화를 그리며 모든 사물에 생각을 이입한다. 나무가 말을 하고 짐승이 생각을 한다. 사실이 그런지 알 수 없으나 어느 정도는 맞을 것이다. 어쨌든 만화가들은 모든 사물을 생각하는 물체나 생물로 둔갑시킬 수 있다. 이처럼 인간은 인간을 기준으로 모든 사물을 파악한다.

사람이 있는 곳에 철학이 있다. 철학은 학문의 넓은 범주에 해당한다. 철학은 인간의 모든 사상을 말한다. 철학도 다양하다. 표면적으로 드러난 학문으로서 철학이 있고 드러나지 않은 철학이 있다. 드러나는 철학은 양적(陽的)인 철학이라 하고 드러나지 않은 철학은 음적(陰的)인 철학이라 한다.

무엇이 양적이고 무엇이 음적인가? 흔히 말하기를 서양철학은 양적이라 한다. 그럼 동양철학은 음적인가? 이런 방식으로 파악하고자 하며, 매달리는 사항도 음양의 사고(思考)에 아주 가깝게 접근했다는 것으로 해석할 수 있다. 즉 음양은 대단히 배타적(排他的)이며 배척(背脊)되는 관점으로 보인다. 사실은 그 배척이 이입과 협조를 나타내는데도 말이다.

동양의 학문에서도 표면적으로 드러난 유학(儒學), 노장(老莊), 불교이론(佛教理論)은 양적이라고 한다. 겉으로 드러나 논의되기 때문이다. 그러나 명리학, 풍수지리는 음의 철학이라고 한다. 겉으로 드러나지 않고 은밀하게 음사적(陰祀的)으로 사용하기 때문이라고 한다.

정말 그런가?

겉으로 드러나지 않은 학문이라는 점에 토를 달 생각은 없다. 그럼 왜 명리학과 풍수지리라는 학문이 음적(陰的)으로 사용되었을까? 결론부터 말한다면 사람을 움직이는 철학이기 때문이다. 권력자들이 추종하는 학문이기 때문이다. 일반적인 사람들이 알아서는 안 되는 철학이기 때문이다. 사람의 운명을 바꾸는 학문이자 철학이기 때문이다. 따라서 음의 학문은 사람들 눈에 드러나거나 밝혀지지 않게 은밀하게 전수된 기법이고 지배자가 지녀야 할 중요한 학문이었다. 누구나 알아서는 안 되는 학문이었다.

명리학이 그렇고 풍수지리가 그렇다. 명리학과 풍수지리는 황제의 학문이어야 하고 왕과 제후(諸侯)의 학문으로 존재해야 했다. 이를 제왕학(帝王學)이라고 부를 수도 있다. 이러한 학문은 오래도록 음의 학문으로 인정되었다. 누구나 배우는 학문이 아니었다. 아니, 학문의 진정한 오의(奧義)나 깨달음이 일반 대중에게 전해지지 않았다. 추측이 난무했다.

무엇이 진의(眞意)인가?

사람들이 이토록 궁금해한 것은 진정으로 전해지는 학문이 있고 가짜로 전해지는 학문이 있기 때문이다. 명리학이 그렇고 풍수지리가 그렇다. 명리학은 어떤 것이 가짜라고는 할 수 없다. 단지 학파(學派)에 따라 해석이 다를 수는 있다. 그러나 풍수지리는 진짜 풍수와 가짜 풍수가 확연하다. 이른바 《멸만경(滅蠻經)》[1]이라는 이름만으로도 가짜가 판을 친다는 것을 알 수 있다.

사람은 살아가는 지형(地形)과 기후, 강수량, 온도의 영향을 받는다. 이

1) 조선시대의 상소문에도 멸만경에 대한 언급이 있었다. 정구 선생은 '주자의 가례'와 '호순신'이나 '오행서'를 예로 들며 '멸만경'이라는 상소를 올리기도 하였다. 전해지는 말에 따르면 당나라 일행이 일찍이 당태종의 명령을 받아 가짜 풍수서를 만들어 배포하였다고 한다. 차서목적시요멸제만이(此書目的是要滅除蠻夷)라 하니 이 책의 목적은 오랑캐를 멸망하여 제거하고자 함이다. 당태종이 일행승으로 하여금 베껴내게 한 것이 3할은 진짜고 7할은 가짜인 풍수서로《멸만경》이라 한다.

에 따라 각 지역의 철학이 다르고 풍수지리가 다르게 나타난다. 나와 다르다고 나쁜 것이 아니다. 나와 다르다고 틀린 것이 아니다.

동양과 서양은 지리가 다르고 기온이 다르며 기후도 다르다. 산천(山川)이 다르고 바람도 다르다. 동양에는 동양에 어울리는 철학이 나타나는 것이 당연하다. 동양인은 동양인에게 어울리는 사고의 틀을 가진다. 동양인 사고에 어울리는 철학이 만들어지는 것이 당연하다. 서양인은 서양인에게 어울리는 철학을 만들어낸다. 서양인이 지니는 사고의 틀에 따른 철학이 나타난다.

동서양의 철학이 다를 수밖에 없다. 그것은 옳고 그름으로 판단할 성격이 아니다. 철학이란 일정한 지역에 사는 사람의 산물이다. 그들의 생각과 행동모델이 적용된 것이다. 그것이 공통화되는 경우도 있지만 왕래가 없다면 심화되고 고착된다. 언젠가는 교류를 통해 동서양이 나누어 가지고 서로 다른 점을 연구하겠지만 오랜 시간 고착되었다. 오늘에 이르러 서양인은 동양의 명리학을 연구하게 되었고, 동양인은 서양의 타로카드와 점성술(占星術)을 신기해하며 배우고 있다.

서양의 학문에서 북구신화(北歐神話)와 같은 이론과 철학이 그들의 근본을 설명해준다. 동양의 신화가 우리 뿌리를 보여준다. 서양의 유일신(唯一神) 사상이나 내면을 살피는 사상이 그들의 뿌리이듯 우리에게도 음양이라는 뿌리가 있다. 음양에 관련한 이론은 모든 동양사상의 기초가 되며 가장 동양적인 사고의 틀이라 할 것이다.

음양은 동양에서 모든 물상(物像), 언어(言語), 사물(事物)을 판단하는 근본이다. 음양이라는 말에는 반드시 오행(五行)이 따라붙는다. 음양오행이라는 말은 하나의 몸처럼 느껴진다. 그러나 음양과 오행은 한 몸이 아니다. 음양오행이 하나처럼 움직인다고 해서 하나는 아니다. 하지만 둘도 아니다. 다양성(多樣性)이다. 음양과 오행을 편하게 붙여 부르기는 하지만 같지는 않다.

음양과 오행은 애초에 출발이 달랐다. 어느 이론이 먼저 시작되었는지는 알 수 없다. 의견은 분분하지만 언제나 결과는 없다. 너무 오랜 시간이 흐른 학문이라 시작도 끝도 알 수 없다.

POINT

음양오행의 시작

음양오행은 하나의 이론이 아니다. 음양론과 오행론이 합쳐진 것이다. 애초에 시작은 달랐으나 지금은 하나의 몸체로 적용하거나 응용하여 사용한다.

흔히 음양오행이라 하니 음양이 먼저일 것이라는 의견은 어느 정도 힘을 얻는다. 그러나 진실은 알 수 없다. 음양과 오행의 연관성도 학문적일 뿐이다. 지금은 음양과 오행의 파생과 발전적인 연관성을 인정한다. 즉 음양과 오행을 붙여 불러 마치 하나의 사상처럼 여기게 된 것이다.

인간사의 흐름과 생명 에너지, 자연만물의 생성(生成)과 소멸(消滅)을 윤전(輪轉)이라 한다면, 이 모든 현상을 분석하고 파악하는 것은 음양(陰陽)을 기초로 한다. 이 두 가지 원리로 설명하는 음양설이야말로 가장 근본적인 것이다.

음양의 변화에 영향을 받아 변화가 일어난다. 2차적인 변화라고 할 수 있다. 만물의 생성소멸(生成消滅)을 나타내는 것이 오행이다. 오행은 각기 목(木), 화(火), 토(土), 금(金), 수(水)로 나눈다. 이 다섯 가지 기운이 생동하고 소멸하는 변전(變轉)으로 설명하는 것이 오행설이다. 음양설과 오행설을 함께 묶어 음양오행이라는 말이 생겨났다.

음양오행은 사주를 푸는 근본 바탕이다. 사주명리(四柱命理)는 달리 사주라고 부르기도 하고 명리학이라고 부르기도 하지만 같은 의미이다. 명리학은 근본적으로 인간의 삶을 음양과 오행이라는 거대한 틀에 맞추어 풀어보고 적용한다. 다양한 적용을 바탕으로 결과를 도출하여 인간의 삶에 적용하는 학문이다. 이러한 인간의 삶을 파악하는 음양오행은 기본적으로 음과 양의 조화로 이루어진다.

음양오행은 단순히 인간의 삶에 대한 판단으로만 이용된 것은 아니다. 음양오행은 장대한 사상과 이론으로 동양적이다. 이 이론들은 수천 년 동안 발전하여 오늘에 이르렀다.

음양오행은 인간의 운명을 이해하고 분석하는 이상의 역할을 해왔고 상상 이상의 적용력을 보여주었다. 일찍이 이 땅에서 왕궁(王宮)의 조성(造成)이나 왕릉(王陵)의 조영(造營)에서 음양오행은 배제된 적이 없다. 그 외형은 풍수, 명리학, 관상학 등으로 분리되고 적용되었지만 속성은 음양오행을 벗어난 적이 없다. 음양오행은 사람들이 살아가며 사용하거나 목적을 가지고 지어지는 일반 건축, 그리고 식생활과 의복, 의학, 천문(天文), 전쟁, 축성(築城), 도시건설은 물론이고 우리의 생활 문화 전반에 넓게 퍼져 있다.

음양오행은 자연의 이치를 거스르지 않는 것이다. 그 바탕은 자연에 있다. 자연의 흐름을 이해한 것이 음양오행이다. 음양오행의 사상은 음

(陰)과 양(陽)의 소멸에서 시작하여 여러 가지 변화를 거쳐 성장하고 결과에 이른다.

자연이 변화하듯 인간사도 변화한다. 이러한 이치를 인간의 삶에 적용하여 변화를 추론한다. 이 과정에서 오행의 적용이 두드러진다. 오행(五行)이라 일컬어지는 수(水), 화(火), 목(木), 금(金), 토(土)의 변화와 배치는 자연의 변화, 우주의 변화는 물론이고 인간사에도 영향을 미친다. 오행의 다소(多少)와 강약(强弱)은 물론이고 다양한 움직임을 파악하여 각종 판단과 다양한 이치를 접목한다. 결과적으로 음양오행은 우주의 변화와 공전(空轉), 인간생활의 모든 변화와 다양하게 파생되는 현상과 생성소멸을 해석하는 사상이다.

애초부터 음양과 오행이 하나의 주제는 아니었다. 지금은 하나의 표현과 하나의 사상으로 인식되지만 음양오행은 각기 음양과 오행이라는 사상이 뭉친 것이다. 오래전부터 이 두 사상은 각기 다른 주제, 각기 다른 사상, 각기 다른 환경을 바탕으로 발전하였다.

우주만물을 구성하고 생성변화(生成變化)를 이루어내는 판단 기준으로 사용되는 음양의 두 기운은 언제 뿌리를 내렸을까? 대략 기원전 4세기에 그 토대(土臺)를 마련할 때는 오행과 같이 시작된 것이 아니다. 오행도 마찬가지다. 목, 화, 토, 금, 수 다섯 가지 요소는 음양과 그 출발점이 달랐다. 그러나 모든 이론과 사상은 정반합의 이치에 도달하기 마련이다. 이처럼 사상과 이론도 합(合)과 반(反) 혹은 분리(分離)와 생(生)의 관계를 유지한다.

2. 음양오행의 연원

이 두 가지 이론과 사상은 그 연원(淵源)을 알 수 없다. 시원(始原)이 불분명하므로 인간이 생각하기 이전에 시작하였을 것으로 추론된다. 단 중국은 음양과 오행이라는 이론이 시작된 시기를 춘추전국(春秋戰國)[2] 이전으로 본다. 이 두 가지 사상은 고대 중국에서 각각 독립적으로 형성되고 발전되었다. 그러다가 전국시대에 이르러 두 가지 이론과 사상이 결합되기에 이른다.

음양오행론은 각종 사상과 문학, 종교에 영향을 미쳤을 뿐 아니라 중국의학에도 큰 영향을 주었다. 대표적인 의학의 고전이라고 불리는《황제내경(黃帝內經)》[3]에서는 인체의 오장(五臟)과 육부(六腑)를 음양오행에 바탕을 두고 설명했다. 이 과정에서 음양오행이 적용되어 오운육기(五運六氣)를 설명한다. 이러한 이치로 의학, 풍수지리, 명리학을 하나의 관점으로 살필 수 있게 되었다. 즉 풍수에서 어느 오행의 치우침이나 방향성에 따라 어떠한 병이 온다는 개념이 가능하게 되었다. 명리학에서도 어느 오행의 과다(過多)인지 따져 의학에서 필요한 이론을 가져다 붙일 수

2) 춘추시대와 전국시대를 통틀어 일컫는 말로, 극도의 혼란을 비유하여 이르는 말이다. 기원전 8세기에서 기원전 3세기에 이르는 중국 고대의 변혁시대로 기원전 770년, 주(周)왕조가 뤄양(洛陽)으로 천도하기 이전의 시대를 서주시대, 이후를 동주시대라고 한다.

3) 내경(內經)이라고도 하며, 의학오경(醫學五經)의 하나다. 중국 신화의 인물인 황제와 그의 신하이며 천하의 명의인 기백(岐伯)의 의술에 관한 토론을 기록한 것이라 하나 사실은 진한(秦漢)시대에 황제의 이름에 가탁(假託)하여 저작한 것 같다. 이 책은 원래 18권으로 전반 9권은 소문(素問), 후반 9권은 영추(靈樞)로 구분된다. 소문은 천인합일설(天人合一說)·음양오행설(陰陽五行說) 등 자연학에 입각한 병리학설을 주로 하고 실제 치료에 대한 기록은 적다. 영추는 침구(鍼灸)와 도인(導引) 등 물리요법을 상술했으며, 약물요법은 별로 언급하지 않았다. 현존하는 내경으로는 당나라의 왕빙(王氷)이 주석(注釋)을 가한 24권본이 있으며, 이보다 앞서 수나라의 양상선(楊上善)이 편집한《황제내경태소(黃帝內經太素)》30권이 있었으나 불타 없어졌다(두산백과 참조).

있게 되었다.

음양오행은 동양의학의 바탕이 되었다. 음양오행이 역동적 평형을 이룬 상태를 건강한 상태로 보니, 이를 명리학에서는 중화(中和)[4]라고 표현한다. 즉 명리학 이론은 의학과 접목이 가능한 것이다. 의학에서는 신체 내부가 균형을 잃고 조화가 깨진 상태를 병리로 규정했다. 명리학에서도 치우치거나 균형을 잃으면 병으로 본다. 이러한 경우 치료법도 의학에서 가져온다. 병을 치유하는 원리도 음양오행의 상호관계가 균형을 잃은 상태에서 조화로운 상태로 바꾸는 데서 찾았다. 이를 명리에서도 적용한다. 명리학뿐 아니라 풍수지리나 월력에서 사용하는 십간십이지론(十干十二支論)도 음양오행론에 바탕을 둔 중요한 틀이다. 결국 음양오행은 역법과 고대 천문에도 적용한다. 의학에서도 중요한 이론의 줄기를 형성하니 《황제내경》의 오운육기설(五運六氣說)은 물론이고 명리, 풍수 등 다양한 술수에 광범하게 영향을 미쳤다. 음양오행을 적용하여 사려하는 모든 기준에는 천간지지가 응용된다.

천간은 하늘을 나타내는 10개 글자이다. 십천간(十天干)은 각기 갑을병정무기경신임계(甲乙丙丁戊己庚辛壬癸)이며, 땅을 나타내는 십이지지(十二地支)는 자축인묘진사오미신유술해(子丑寅卯辰巳午未申酉戌亥)이다. 10개로 이루어진 천간과 12개로 이루어진 지지는 서로 만나 60개를 이

4) 《적천수(滴天髓)》의 기식중화지정리(旣識中和之正理) 이우오행지묘(而于五行之妙) 유전능언(有全能焉)은 "중화(中和)의 정리(正理)를 알면 오행(五行)의 작용에 대한 묘리(妙理)를 완전하게 이해할 수 있다"는 뜻으로, 사주오행(四柱五行)이 균형을 이루고 오행이 서로 화합해야 한다는 것은 자평학(子平學)에서 중요한 법칙이다. 따라서 사주원국(四柱原局)에서 오행이 부족함 없이 유통(流通)이 잘 되고 설기(泄氣)하는 오행과 생조(生助)하는 오행이 서로 평형이 이루어져야 귀명(貴命)이 되는 것은 당연하지만, 어느 한쪽으로 치우친 경우에는 행운(行運)에서 중화(中和)를 이루어야 한다(휴먼 레이스(white1642)의 블로그 참조).

루니 이를 육십갑자(六十甲子)라 한다. 중국 은나라 때부터 날짜를 정할 때 60갑자를 사용한 것으로 보인다. 십간과 십이지를 일정한 순서로 조합하여 60일 주기로 표기하며 이를 육십갑자(六十甲子)라고 불렀다.

육십갑자에는 일정한 틀이 있다. 흐트러지지 않고 반복적이지만 그 순서를 넘기거나 버리지도 않는다. 양은 양을 만나고 음은 음을 만나는 일정한 틀이 이어진다. 주나라 때 들어서도 이러한 음양오행 사상은 계승되었다. 이 시기에 이미 음양오행은 이룩된 것으로 보인다.

【앗, 잠깐!】 음양오행의 적용

음양오행의 적용은 동양학 전반에 이른다. 운명학의 범주에 드는 주역, 명리학, 점술학은 물론이고 풍수지리, 의학에도 적용된다. 음양오행의 적용범위는 매우 광대하여 사상이나 이론, 철학에도 영향을 미치며 무속, 종교에도 적용된다.

전국시대에 이르러 비로소 십간십이지를 음양오행에 배당하기 시작했다. 전국시대에 표면적으로 음양오행을 배당했다고 하지만 사용 측면을 살피면 음양오행은 이미 적용된 것으로 사료된다. 춘추전국을 지나고부터 모든 사상과 지략, 문서, 사상에 음양오행이 적용된다. 한나라 때부터 모든 간지는 년대표기법(年代表記法)으로 사용되었다. 십이지는 각각 나뉘어 방위와 시각을 표시하는 표기법으로 사용되었다. 나중에는 천간과 지지에 천문이 더해져서 비로소 24방이 정해졌다.

음양을 바탕으로 분화되고 변전을 이룬다는 것이 동양의 사상이다. 태초에 혼돈(混沌)이 있었으니, 이것이 바로 무극(無極)이다. 무극이 변전하여 태극(太極)이 되고, 태극이 다시 나뉘고 변화하여 양의(兩儀)가 되었다. 양의는 달리 음양이라 부른다. 음양이 다시 음양을 만나 사상(四象)이 되었고, 사상이 다시 음양을 만나니 팔괘(八卦)가 되었다. 그리고 팔괘가 다시 팔괘를 만나니 64괘로 전개되었다. 이를 역(易)이라 한다. 비로소 역이 이루어지니 인간은 술수를 통해 인간의 삶을 들여다볼 수 있게 되었다. 이처럼 64괘야말로 천인지(天人地)의 점을 칠 수 있는 주역괘(周易卦)로서 모든 변화의 중심이 되었다.

변화는 모든 것의 시작이다. 변화 없이는 아무것도 이루어지지 않는다. 변화야말로 시작이며 모든 것의 완성이다. 우주의 이치가 그러하니 음양을 논하지 않을 수 없다. 양의는 달리 음양이 되며 음과 양은 따로 존재하지 않는다. 음과 양이 다른 존재라고 여기나 이는 표기(表記)에 불과할 뿐이다. 음양은 하나의 몸체이고 하나의 현상을 둘로 분석하는 방법이다.

음양은 사람의 몸을 앞과 뒤로 판별하는 것과 다르지 않다. 동전의 양면과 같다고 볼 수도 있으니 하나의 물체, 하나의 사상, 하나의 변화를 둘로 나누어 바라보는 시각이다. 음이 극에 이르게 되면 양이 되고, 양이 극이 되면 음이 생하는(陰極生陽 陽極生陰) 것이다. 따라서 극양(極陽)은 음과 같을 수 있고, 극음(極陰)은 양과 같을 수 있다. 아니, 극음에 이르면 양이 되고 극양에 이르면 음에 도달한다. 이와 같은 변전이 음양론이라 할 수 있다.

이러한 이치는 명리학에도 적용된다. 음양의 이치를 따져 지나치게 치우치면 반대쪽 성향이 나타나는 것이 그러한 이치다. 사주 구성에서 모든 천간지지가 음으로 구성되면 극음으로 음의 성격이 극한으로 나타나야 함에도 전혀 다른 양의 성격으로 나타나는 것이 그것이다. 사주를 구성하는 모든 글자가 양으로 이루어져 극양의 성격이 나타나야 함에도 전혀 다르게 극음의 성향이 나타나는 것이 바로 음극생양(陰極生陽) 양극생음(陽極生陰)의 법칙이다.

음양의 이치는 변화다. 이는 생극관계(生剋關係)에서 변전한다. 음은 양을 생(生)하고 양은 음을 생한다. 오행도 음양과 다르지 않아 목화토금수가 서로 생하는 관계를 이룬다. 목생화(木生火), 화생토(火生土), 토생금(土生金), 금생수(金生水), 수생목(水生木)이 생의 관계를 보여준다. 그것으로 그치지 않아 오행은 서로 극(剋)하는 관계를 형성하기도 한다. 이로써 변전이 일어난다. 금극목(金剋木), 목극토(木剋土), 토극수(土剋水), 수극화(水剋火), 화극금(火剋金)이 극의 관계를 보여준다. 생극(生剋)의 관계야말로 변화를 보여주는 가장 중요한 요소이다.

음양론과 오행론에서 만물의 기준인 음양론이 자연의 기준인 오행론보다 우선한다고 볼 수도 있다. 따라서 사주 분석에도 오행론보다는 음양론을 먼저 적용해야 한다. 즉 어느 오행이 어떤 조합을 가지고 있는지 파악하고 적용하기보다 음양의 배치와 조화를 먼저 파악해야 한다. 이것이 극단적으로 발전한 것이 바로 조후(調候)[5]의 적용이다. 즉 사주를 분석할 때는 먼저 차가움과 뜨거움을 판단해야 한다. 그에 따라 오행의 온열(溫熱) 등의 상태를 알아보고 조정해야 한다. 근본적으로 수화(水火)의

5) 조후는 사주판단에서 가장 우선시하는 것이다. 오행의 온열 등의 상태를 알아보고 조정하는 것이다. 수화(水火)의 조화가 유지되는 것이 필수조건이다. 조후가 깨지면 다른 어떤 것이 중화를 이루어도 부족하다고 본다.

조화가 유지되는 것이 필수조건이다. 조후가 깨진 사주는 편(偏)한 사주로 본다. 이처럼 음양오행은 자연과 우주, 인간의 생사(生死)에도 적용하는 동양학의 중요한 기본 이론이다.

【집중】 **조후(調候)**

조후란 사주에서 한난조습(寒暖燥濕)을 따지는 것으로 계절과 관계가 깊다. 물론 음양의 이치가 녹은 것이다. 오행이 아무리 잘 갖추어졌다 해도 조후가 이루어지지 않거나 깨지면 올바르다고 할 수 없다. 조후는 사주의 귀천은 물론이고 궁합에서도 매우 중요하게 다루어진다.

3. 음양오행설의 기원과 전개

흔히 음양오행이라 한다. 따라서 음양과 오행이 하나의 몸체인 것으로 생각한다. 하지만 이들은 전혀 다른 개념이다. 단지 하나로 묶어 사용할 뿐이다. 즉 음양설(陰陽說)과 오행설(五行說)은 각기 다른 사상이고 이론이다. 각기 다른 적용으로서 이룸이다. 음양과 오행은 원래 독립되어 있던 이론이다. 음양학이 가장 활기차게 전개된 것은 춘추전국시대[6]이다. 이 당시에는 음양학파(陰陽學派)라는 이론가들이 있었다. 그러나 이후 이들은 흩어지고 자취를 감추었다.

---

6) 춘추시대: 주가 수도를 옮긴 기원전 770년~기원전 403년.
전국시대: 기원전 403년부터 진(秦)이 중국을 통일한 기원전 221년까지.

음양오행을 파악하려면 춘추전국시대를 이해해야 한다. 춘추전국은 동양에서 일어난 큰 혼란기의 하나였다. 서양의 소크라테스 시대나 헬레니즘 시대에 버금가는 환란(患亂)과 사상의 시대였다.

춘추전국시대는 지금부터 3,000년 전에 있었다. 아득하게 먼 시대를 정확하게 조명하기는 어려우나 전설과 신화, 기록, 흔적으로 더듬는다. 인문적 기록으로는 중국 주나라 말엽에 이르러 나타났다. 주나라 이전에는 청동기시대가 이어지고 있었다.

변화는 변화를 가져온다. 이 시대의 가장 큰 변화는 본격적인 철기시대가 시작되었다는 시대적 상황이다. 청동기시대와 철기시대의 가장 큰 특징은 생산력(生産力)이다. 나무나 청동기로 만든 농기구로 농사를 짓던 시대와 철기로 만든 농기구를 쓰는 시대의 생산성은 전혀 다르다. 철기시대에 들어서야 완전히 정착된 농경시대로 접어든다.

청동기시대에서 철기를 사용하는 춘추전국시대가 들어섰다는 것이 당시로서는 천지개벽(天地開闢)에 준하는 변화다. 생산성은 힘을 갖춘 인간을 탄생시켰다. 전과 달리 곳곳에 힘을 가진 자들이 영역을 선포하고 군림하기에 이른다. 그들은 스스로 나라를 선포하고 군주(君主)라고 칭한다.

문제는 인간들의 성정(性情)이 고약하게 변해간다는 것이다. 이는 욕심 때문이자 빼앗으려는 욕망 때문이다. 나도 갖고 싶다는 욕구의 표시다. 가진 것을 지키고자 하는 심성, 남의 것을 가지려는 심성, 물욕(物慾), 사람을 경시하는 풍조(風調) 등이 나타난다. 지금의 개념으로 파악하면 이 시기에 인간의 본성이 대부분 나타났다고 할 수 있다. 인간이 사고(思

考)할 수 있는 모든 영역이 드러난다. 이에 따라 인간이 할 수 있는 모든 생각이나 사상이 나타나니 일러 제자백가(諸子百家)[7]라고 한다.

흔히 춘추전국시대라고 하는 시대는 달리 선진시대(先秦時代)라고도 한다. 거대한 물줄기처럼 수많은 사상이 흘러나온 이 시기는 중국 사상이 결실을 맺는 시기였다. 이 시대 사상가들을 제자(諸子)라고 하며, 그 학파들을 백가(百家)라고 한다.

위대한 기록《사기(史記)》[8]는 제자백가를 그 사상에 따라 분류했다. 그 사상가 중 가장 먼저 나오는 것이 음양가(陰陽家)이다. 이후 유가(儒家), 묵가(墨家), 명가(名家), 법가(法家), 도가(道家) 여섯 가지로 분류한다.

중국의 역사를 추정할 수 있는《한서예문지(漢書藝文志)》는《사기》에 기록된 6가(家) 이외에 더 많은 사상가를 기록하고 있다. 그 사상가들은

【앗, 잠깐!】 **중국 고대의 주요 역사서《한서예문지》**

후한의 반고가 편찬한 책이다. 반고(班固)[9]는 서적들을 분류해 기록을 남겼지만 내용에 대한 설명은 하지 않았다.《한서예문지》는《한서》전 100권 가운데 30권의 분량으로 7편으로 구성되어 있다. 제1편 서(序), 제2편 육예략(六藝略), 제3편 제자략(諸子略), 제4편 시부략(詩賻略), 제5편 병서략(兵書略), 제6편 수술략(數術略), 제7편 방기략(方伎略)이 그것이다. 이들 편목을 세분하면 제1편은 서이고, 제2편 육예략은 각기 역(易), 서(書), 시(詩), 예(禮), 낙(樂), 춘추(春秋), 논어(論語), 효경(孝敬), 소학(小學) 등을 담았

---

7) 제자(諸子)는 여러 학자라는 뜻이고, 자(子)는 교사를 존대하여 부르는 명칭이다, 백가(百家)는 수많은 학파를 의미한다. 가(家)는 저술가 혹은 사상의 한 흐름을 이룬 학파를 일컫는다. 즉, 춘추전국시대는 많은 사상가가 수많은 사상을 다투어 탄생시킨 중국 사상의 황금기로 제자백가의 시대라고 한다.

8) 사마천(司馬遷)이 아버지 사마담(司馬談)의 유언에 따라 완성한 역사서로, 전설상의 황제(黃帝)시대부터 한무제 때까지 2,000여 년을 다루었다. 특히 주나라가 붕괴되면서 등장한 제후국 50개 가운데 최후까지 살아남은 전국칠웅(戰國七雄)인 진(秦)을 비롯한 한(韓)·위(魏)·제(齊)·초(楚)·연(燕)·조(趙) 등의 흥망성쇠 과정을 주축으로 한 인물 중심의 통사다(김원중, 사기(史記)의 탄생-동양 역사서의 근간이자 인간학의 보고, 〈테마로 보는 역사〉).

고 제3편 제자략은 제자(諸子)의 근원과 유래를 다루었다.
제자의 정리는 다음과 같다. ① 유가(儒家)는 대개 사도(司徒)의 관(官)에서 나왔다. ② 도가(道家)는 대부분 사관(史官)에서 나왔다. ③ 음양가(陰陽家)의 근거는 대부분 희화(羲和)의 관(官)이다. ④ 법가(法家)는 이관(理官)에서 나와 신상필벌(信賞必罰)에 의지해 예제(禮制)를 돕는다. ⑤ 명가(名家)은 대부분 예관(禮官)에서 나왔다. ⑥ 묵가(墨家)는 청묘의 수[淸廟之守]에서 나왔다. ⑦ 종횡가(縱橫家)는 행인(行人)의 관에서 나왔다. ⑧ 잡가(雜家)는 의관(議官)에서 나왔다. ⑨ 농가(農家)는 농직(農稷)의 관에서 나왔다. ⑩ 소설가(小說家)는 패관(稗官)에서 나왔다.
제4편 시부략은 굴원의 부와 육가의 부, 순경의 부, 잡부, 가시 등으로 되어 있다. 제5편 병서략은 병원모, 병형세, 병음양, 병기교를 다룬다. 제6편 수술략은 천문, 역보, 오행, 시구, 잡점, 형법을 망라하였다. 제7편 방술략은 의경, 경방, 방중, 신선에 관한 총설이다.

각각 종횡가(縱橫家), 잡가(雜家), 농가(農家), 시부가(詩賦家), 병가(兵家), 수술가(數術家), 방기가(方技家)로 모두 8가(家)에 달한다. 따라서 《한서예문지》에 따르면 14(家)의 사상가가 있었고, 14가의 사상이 거대한 물줄기를 형성하고 있었다.

제자백가들은 모두 환란에 해당하는 어지럽고 불가항력인 시대적 위기에서 신민들을 도우려는 의도와 목적을 가지고 있었다. 이 중 오래도록 이어져 동양의 철학사상에 특히 기여한 것은 유가, 도가, 묵가, 법가,

9) 중국 후한 초의 역사가. 자는 맹견(孟堅). 아버지(班彪)가 사망하자 고향에 돌아와 아버지를 이어 전한의 역사서인 《한서(漢書)》의 저술에 착수하나 국사(國史)를 개작한다는 의심을 받아 투옥되고 가서(家書)를 몰수당했다. 동생(班超)이 명제(明帝)에게 변호하여 교서부(校書部)에 진의를 밝힘으로써 난태영사(蘭台令史)의 벼슬에 올랐다. 진종(陳宗), 윤민(尹敏), 맹이(孟異) 등과 함께 《세조본기》를 편술했다. 《한서》는 사마천의 《사기》에 이어지는 정사(正史)이다. 한조(漢朝)가 중국 상대(上代) 성왕(聖王)들의 이상을 정치적으로 실현할 큰 사명을 지고 있다는 신념 아래 120권에 달하는 책을 저술했으며, 기술(記述) 체재는 역대 정사(正史)의 기준이 되었다. 당시의 중요한 문학 형식인 부(賦)의 작가로 후한 최고 지위를 차지했지만 화제(和帝) 때 대장군 두헌(竇憲)을 따라 흉노 정벌에 종군했다가 실패하여 옥사했다(인명사전편찬위원회, 《인명사전》, 민중서관, 2002. 1. 10).

병가 등이다. 그러나 잊지 말아야 할 것은 음양가가 사라졌다는 것이다. 이들은 사라졌지만 모든 이론이 음양가의 사상을 받아들여 차용(借用)하는 형태를 보이고 있다.

수많은 사상가의 출현은 필연이었다. 무위자연(無爲自然)을 주장하는 노자(老子)나 장자(莊子)를 비롯한 도교사상(道敎思想)[10]도 나타났다. 도교사상은 가장 먼저는 아니지만 제자백가 전반기의 이념을 이끌었다. 공자(孔子)와 맹자(孟子)도 나타난다. 이들이 이끈 유교(儒敎)사상은 처음에는 두각을 나타내지 못했지만 시간이 흐르며 점차 힘을 얻는다. 시대를 주도한 위대한 사상가로 이들만 있었던 것은 아니다. 병법을 논하고 법가사상(法家思想)을 논한 한비자(韓非子)[11]를 주축으로 강력한 법으로 신민을 통제해야 한다고 주장한 법가(法家) 등의 사상가가 나왔다.

일부 철학자들이 말하기를, 지구가 23도 7분이나 기울어졌기 때문에 인간의 본성(本性)이 악하다는 것이다. 따라서 교육이 필요하다고 한다. 제자백가시대에도 이러한 주장이 있었다. 물론 지구의 기울기를 논한 것은 아니다. 이 시기에도 성선설(性善說)과 성악설(性惡說)이 대비되었다. 당시 사람의 성정이 굴절되고 삐뚤어져 있다는 주장을 한 동양의 물리학자(物理學者)가 바로 묵자(墨子)[12]이다. 묵자는 당시에 공장을 경영한

10) 중국 선진(先秦)시대 제자백가의 하나. 노자와 장자의 허무, 염담(恬淡), 무위(無爲)의 설을 받든 학파로, 만물의 근원으로서 자연을 숭배하였다. 유가와 더불어 양대 학파를 이루었다.

11) 한비자(기원전 약 280년~기원전 233년)의 이름은 한비이고 전국 말기 한(韓)나라 출신이다. 원래는 한나라의 공자로 순자(荀子)에게서 배운 중국 고대의 이름난 사상가이자 법가학파를 대표하는 인물이기도 하다.

12) 이름은 적(翟)이며 묵가의 시조로 전국시대 초기에 활약한 사상가다. 그는 신흥계급의 입장에 서서 씨족과 귀족의 정치와 지배에 정면으로 대결하면서 사상을 전개했다. '천하(天下)에 이익 되는 것(利)을 북돋우고(興), 천하의 해가 되는 것(害)을 없애는(除)' 것을 정치의 원칙으로 삼았다.

장인 출신이다. 묵자가 주장하는 사상도 이 시기에는 보기 드문 과학(科學)이었다.

인간이 큰 관심을 가지는 것 중 하나가 점술학(占術學)이다. 근본적으로 유학의 중요한 경전인 《주역(周易)》[13]도 점술학과 관련이 있는 서책이다. 고대사회로 갈수록 점술이 맹위를 떨친다. 심지어 지배자가 신(神)을 부르거나 다스리는 자일 가능성이 높은 신정일치(神政一致)의 시기도 있었다. 지금도 점술학은 많은 사람에게 영향을 미치니, 무속적(巫俗的)인 형태가 있고 명리학에 기반을 둔 각종 점술학이 있다.

제자백가시대에 점술학도 맹위를 떨친다. 오늘날 점술(占術)의 시조로 알려진 귀곡자(鬼谷子)도 이때 나타났다. 물론 그 이후로도 귀곡자라는 이름을 쓰는 이인이 많았다. 이 시기에 많은 지식인과 새롭고 독특한 학파(學派)의 창시자들이 쏟아져 나왔지만 이후 모든 사상에 가장 영향을 준 학파는 음양학파라고 할 수 있다.

음양과 오행은 각기 다른 이론이었으나 결합하는 시기가 온다. 대략 기원전 4세기 초인 전국시대(戰國時代)에 두 사상이 결합한다. 어떤 결정이 있거나 회합으로 이루어진 것이 아니라 자연스러운 결과였다. 두 가지 사상이 철학적인 테두리에서 합일점이 만들어지고 사상과 근본의 가합(加合)이 이루어진다.

---

13) 동양에서 가장 오래되고 난해한 유교경전이다. 유교의 경전 중 3경의 하나인 《역경》. 단순히 《역(易)》이라고도 한다. 이 책은 점복(占卜)을 위한 원전(原典)과도 같다. 공자가 진중하게 여겨 받들고 주희가 역경이라 이름하여 숭상한 이래 오경의 으뜸으로 손꼽히게 되었다.

4. 음양오행의 근본

이후 음양과 오행은 하나의 몸체처럼 여겨졌고 인간은 물론 자연계에서 일어나는 여러 가지 현상을 설명하는 틀로 사용되었다. 오랜 세월 이어져 만들어진 근본사상이기에 그 역사나 전개는 추적하기가 쉽지 않다. 여러 자료에 근거하여 제나라 추연(騶衍)[14]이라는 사람의 이름을 찾아내기에 이르렀다. 여러 학자의 노력과 문헌(文獻) 혹은 고증(考證)과 추론(推論)으로 결과를 만들어냈다. 그 결과 추연이라는 사람이 있어 음양과 오행을 체계적으로 결합했다고 전해온다. 그러나 역사가 너무 길게 흘렀다. 입증할 만한 자료는 남아 있지 않다. 다만 추연이 음양과 오행이 합해지는 거대한 항로(航路)에 서 있었던 것은 분명하다. 그러나 역사적 사실은 분명하다. 한대가 되면서 그동안 나누어 전개되던 두 관점이 하나의 정합적 이론으로 통합된 것은 확실하다고 판단이 가능하다.

고전학적인 면에서 그 원리나 이치를 살피는 관점의 첫 번째는 어원(語原)을 보는 것이다. 어원으로 그 말이 어디서 시작되었는지, 어떤 의미가 있는지 알 수 있다.

음양의 어원은 한자(漢字)다. 한자는 다양한 방법으로 만들어진 뜻글자다. 그렇다면 글자만으로 그 의미를 파악할 수 있다. 어원으로 보면 음(陰)과 양(陽)이라는 두 문자는 확연하게 드러나는 특징이 있다. 두 글자

---

14) 중국 전국시대의 사상가로 추연(騶衍)이라고도 한다. 맹자보다 약간 늦게 등장하여 음양오행설을 제창하였다. 세상의 모든 사상(事象)은 토(土)·목(木)·금(金)·화(火)·수(水)의 오행상승(五行相勝) 원리에 따라 일어난다고 하였다(두산백과 참조).

는 각각 어둠과 밝음에 관련되어 있다.

먼저 음(陰)이라는 글자를 분석한다. 음에 사용하는 좌부방(阝)은 언덕[丘]을 의미하며 다른 글자 형태로 언덕을 나타내는 부(阜)와 같은 의미이다. 또한 구름[雲]의 상형(象形)을 포함한다. 다른 관점에서 살펴보면 글자의 일부인 회(会)는 모였다는 의미이다. 또 모이다, 모으다와 같은 의미 외에도 만나다, 맞다, 능숙하다[能熟], 잘하다, 이해하다[理解], 깨닫다, 통계를 내다, 합계를 산출하다, 반드시 해야 한다, ~할 가능성이 있다, 집회와 같은 의미가 있다. 운(云)은 이르다는 뜻 외에도 구름, 일컫다, 말하다, 이와 같다, 다다르다, 도착하다[到着], 돌아가다, 운행하다[運行], 있다, 어조사(語助辭) 기능, 운운(등등), 하늘, 은하수(銀河水)의 의미가 있다. 이러한 문자의 조합으로 이루어진 음(陰)의 의미는 여러 가지가 있지만 구름이 모였다는 의미가 될 것이다. 구름이 모이면 햇빛이 투과되지 못하여 어둑어둑한 것이 당연하다. 같은 의미가 되는 글자는 아마도 암(暗)이나 회(晦), 난(彎) 정도 아닐까 한다.

양(陽)이라는 글자는 모든 빛의 원천인 하늘을 상징한다. 이 글자도 분석이 가능하다. 양(陽)에 사용한 좌부방[阝]은 언덕[丘]을 의미하며 다른 글자 형태로 언덕을 나타내는 부(阜)와 같은 의미이다. 일(日)은 우리가 알고 있는 날, 태양의 의미 이상이 있다. 해, 태양(太陽), 낮, 날수[數], 기한(期限), 낮의 길이, 달력, 햇볕, 햇살, 햇빛, 일광(日光, 햇빛, 십이장(十二章)의 하나), 나날이, 매일(每日), 접때(오래지 아니한 과거의 어떤 때)와 같은 다양한 의미를 내포하지만 가장 많이 사용하고 큰 의미는 역시 하루라는 의미와 태양이다. 밑을 받친 물(勿)은 ~하지 마라의 의미이다. 말다,

말라, 아니다, 없다, 아니하다, 근심하는 모양, 창황(惝怳)한 모양, 부지런히 힘쓰는 모양, 분주(奔走)한 모양, (먼지를) 털다의 의미가 있다. 다른 이론으로는 달[月]을 의미하는 글자라고 한다. 글자 구성에서 살펴보면 양(陽)은 언덕 옆으로 달을 밑에 깔고 올라오는 해의 모습을 했다. 비슷한 의미의 글자로는 조(早), 조(朝), 동(東)이 있다.

POINT

음과 양의 근본적 의미

음과 양은 하나의 물상을 상대적으로 파악하는 방법이다. 음은 어둡다는 근본적 의미가 있고, 양은 밝다는 근본적 의미가 있다. 하나의 사물을 음양으로 파악하는 기법은 사주 분석은 물론 만물의 분석에 적용이 가능하다. 사람의 몸을 보더라도 얼굴과 뒷머리, 복부와 등을 앞과 뒤로 판별하여 이를 음양으로 적용할 수 있다.

이와 같은 분석으로 음은 어두워지거나 어두워진 부분을 가리키는 용어임을 알 수 있다. 양은 해가 솟아오르는 형상이나 모양 혹은 해가 떠있는 모양이라 밝거나 밝아지는 모양을 나타낸다. 이와 같은 글자 분석으로 음은 어두운 것, 양은 밝은 것이라는 정의를 내릴 수 있다.

원래 양이라는 의미의 가장 오래된 정의는 의외이다. 고대에 사용하던 천문기계인 구멍 뚫린 구슬 원반 소유자를 나타냈다는 주장이 있다. 또 비스듬히 비치는 태양광선을 나타낸다고 하니 이는 글자의 의미와 유사하거나 같다. 햇빛 속에서 나부끼는 깃발을 나타낸다는 말도 이해가 가는 의미라고 보인다. 결국 양은 햇빛과 연관이 깊다.

음을 추정할 때는 어둠이나 어두워지는 것, 어둠으로 향하는 개념들이 포함된다. 따라서 여성적인 것, 수렴적인 것, 수동성, 둔한 것, 추위, 완만한 것, 어둠, 습기, 부드러움을 뜻한다. 양은 남성적인 것, 표출하는 것, 능동성, 강한 것, 빠른 것, 더위, 건조한 것, 밝음, 굳음을 뜻한다. 물론 이 이상으로 다양한 설정과 해석이 가능하다. 해석이 가능하고 적용이 다양하기 때문에 무리의 개념인 적(的) 자를 붙여 음적(陰的) 혹은 양적(陽的)이라는 표현이 가능하다.

음양은 표면적으로 대립하고 배척하는 개념으로 인식되지만 실제 적용이나 자연현상에서는 보완하고 지탱하는 역할을 한다. 이와 같은 두 개의 대립적이면서도 상호보완적인 힘이 작용한다. 음양이라고 정의되는 두 개념의 대립과 보완이라는 변화가 우주의 삼라만상(森羅萬象)을 변화시킨다. 변화는 발생으로 시작하여 변전을 거쳐 소멸에 이른다. 이 전 과정이 변화이다.

음양의 이치는 이미 오래전에 발견되고 응용되었을 것으로 보인다. 어느 하나의 잡설(雜說)이나 이설(異說), 주장이 이론이 되려면 오랜 시간 연구와 적용, 실례가 필요한 법이다. 음양에 관한 최초의 기록은 기원전 4세기에서 기원전 3세기에 편집된 것으로 알려진 《국어(國語)》[15]에 나타난다. 최소 이 시기에는 음양의 이론이 정립되었음을 나타내는 것이다. 그 후 오랜 세월이 흘렀지만 지금도 음양은 연구 대상이다.

예부터 논의의 주장은 대부분 자연에 비추어졌다. 과학이 인간의 지능을 따라오지 못하던 시기에 가장 효율적인 방법은 자연의 변화와 자연

15) 좌구명(左丘明)이 지었다고 하며, 《춘추좌씨전》에 누락된 춘추 8국(周, 魯, 齊, 晉, 鄭, 楚, 嗚, 越)의 역사를 기록한 책이다.

의 현상에 빗대어 설명하는 것이다. 음양학도 그런 과정을 거쳐야 했다. 지금도 풍수지리의 물형론(物形論)[16]은 그런 과정을 답습하고 있다.

이처럼 음양학을 자연환경에 비추어 설명한 기록은 주나라의 기록에 보인다. 주나라 태사(太史)인 백양보(伯陽父)의 지진(地震)에 대한 설명이 그것이다. 백양보는 지진이 양기의 발생으로 일어난다고 설명했다. 지진은 양기가 숨어서 나오지 못해 발생한다는 주장이다. 양기가 지하에 어떤 이유로 숨어서 지표면 밖으로 나오지 못하면, 음기가 눌려서 증발할 수 없으므로 지진이 일어난다는 것이다. 지금의 지진 이론과 다른 주장이 될 수 있으나 음양의 상관성으로 해석한다면 지금도 충분히 적용 가능한 주장이다.

음양학은 춘추전국시대를 지나며 소멸되고 흩어진 듯 보이지만 같은 세대를 휩쓸었던 각종 이념과 사상에 지대한 영향을 주었다. 지금은 음양가라는 말이 사라졌지만 당시에 나타난 모든 사상에 투영되었고 사상적 기초를 만들어주었다. 겉으로 드러나지 않지만 모든 사상의 어머니가 된 것이다.

유교(儒教) 혹은 유학(儒學)에서 가장 중요하게 다루어지는 문헌이 사서삼경(四書三經)이다. 이 중 하나인 《주역》 〈계사(繫辭)〉에 음양의 이치가 기록되어 있다.

"일음일양 그것이 도이다(一陰一陽之謂道)."

16) 물형론은 산의 형세를 인물이나 동물, 사물의 형상에 비유하여 설명하는 이론이다. 풍수를 처음 접하는 사람들은 흥미롭게 접근할 수 있다. 물형론은 형국론, 물형규국론(物形規局論)이라고도 한다. 보국형세(保局形勢)와 산혈형체(山穴形體)에 따라 이에 소응(所應)되는 정기가 그 땅에 응취(凝聚)한다고 보는 것이 형국론의 이론적 원리다.

이러한 방식의 표현은 유가보다는 도가(道家)에 어울린다. 어쨌든 이 글에서는 유학에서 표방하는 음양의 이치를 확인할 수 있다. 일음일양이니 우주에는 음양의 두 가지 힘이 있거나 때로는 작용이 있음을 나타낸다. 단순하게 그러한 기운이 존재한다는 의미가 아니다. 이 두 기(氣)는 때로는 한쪽이 작용하거나 어느 때는 다른 한쪽이 작용한다는 의미를 나타낸다. 조금 더 세밀하고 깊은 의미는 그 두 기라는 것이 어떤 작용과 기운에 따라, 혹은 충돌이나 역할적 상황으로 물결이나 파도, 파장과 같이 작용하여 어느 하나의 기가 우세하게 된다는 의미이다.

유학의 개념에서 문(文)은 의미가 대단히 폭넓다. 우리는 문(文)을 글월, 글, 문자 등으로 해석하지만 본래 이 글자는 그 해석이 넓고 포괄적이었다. 이 글자에는 채색과 얼룩이라는 의미가 있다. 사람이 어떤 과정을 거쳐 성격이 정해지고 뜻이 생기며 변화하는지를 나타내는 데도 사용하는 글자이다.

이 문으로 해석하면 이 세상의 만물은 모두 단적으로 이루어진 것이 없다. 이 세상과 우주의 이치와 기(氣)는 모두 음양으로 섞여 있다. 세상의 모든 기운이나 사물은 혼합되어 있으므로 얼룩과 같고 채색과 같다. 당연히 이 때문에 음양은 문(文)이라 한다(物相雜故曰文). 음양을 다시 적용하면 하늘에 꾸며져 있는 것을 천문(天文)이라 한다. 음양에서 양은 하늘을 의미하니 천문은 하늘의 변화다. 하늘에서 일어나는 변화는 양이다. 사람이 사는 세상의 꾸밈을 인문(人文)이라 한다. 이는 땅에서 일어나는 일이니 음이라 할 것이다. 《주역》 〈계사〉에 이르듯 세상이 물들여지고 꾸며지다 보니 그중 마땅함도 있고 부당함도 있기에(文不當) 길흉이 생한다고 하였다(故吉凶生焉).

중국 사상에서 음양은 가장 기초적이고 다변하며 다양한 적응의 묘리를 지니고 있다. 따라서 중국의 모든 사상의 기저에는 음양의 이치가 배어 있다고 보아야 한다. 제자백가는 모두 음양의 이치를 받아들였으므로 유학과 대립했던 사상가들이 남긴 《묵자(墨子)》는 물론이고 《장자(莊子)》, 《도덕경(道德經)》에서도 음양에 대한 언급을 찾아볼 수 있다. 이후 대부분 서적에서 음양을 논하지 않은 경우는 오히려 드물다.

우리는 고사성어(故事成語)를 많이 알고 있다. 사상과 현상을 간단하게 집약한 것이 고사성어이다. 이 고사성어에도 음양의 이치는 무수하다. 남좌여우(男左女右)라는 말은 음양설(陰陽說)의 정점이다. 왼쪽은 양이고 오른쪽은 음이라 한다. 남자는 왼쪽이 소중하고 여자는 오른쪽이 소중함을 이르는 말이다. 맥을 보거나 손금을 보고, 앉을 자리를 보고 선택할 경우 여자는 오른쪽을, 남자는 왼쪽을 취한다. 부부가 걸음을 옮길 때도 남자가 왼쪽에 서고 잠을 잘 때도 남자가 왼쪽에 누워야 기의 순행이 잘 되고 편안하다는 말이다.

고사성어에는 섭리음양(燮理陰陽)이라는 말도 있다. 음양을 화합해 다스린다는 뜻으로, 천하의 도(道)를 조화시킨다는 의미에서 재상(宰相)이 천하를 다스림을 비유하는 말로 쓰이거나 재상의 직분(職分)을 의미하기도 한다.

중국에는 여러 가지 전설과 설화가 있다. 칼에 대한 전설로 춘추시대의 간장막야(干將莫耶)라는 칼 이야기가 있다. 흔히 명검을 비유적으로 이르는 말이나 실제 이러한 이름의 칼이 만들어졌을 수도 있다. 간장(干

將)은 오나라 장인(匠人)이고 막야(莫耶)는 그의 아내인데 이들이 협력해서 오나라 왕 합려(闔閭)를 위하여 음양(陰陽) 두 칼을 만들었다고 한다.

산면분음양수성이천심(山面分陰陽水聲易淺深)이라는 말도 있다. 산의 면은 그늘과 볕을 나누고, 물소리는 얕고 깊음을 바꾼다는 말이다. 이 제언(題言)은 음양의 이치를 정확하게 설명하고 있다.

음양은 의미가 각기 다른 단어가 조합된 것이다. 즉 음과 양의 조합으로 이루어진 단어이다. 이는 음과 양이 각기 다른 의미를 지녔음을 말해준다. 이와 같은 이치로 음양의 사상에는 근본적으로 상반(相反)과 응합(應合)의 논리가 함축되어 있다고 본다. 상반과 응합은 대립과 화합을 의미한다.

상반은 양(+)과 음(-)이 대립하는 것이다. 응합은 응해서 합하는 것이니 관계성이다. 상반은 표면적으로 일어나는 단순한 대립으로 그치는 것이 아니다. 그와 같은 관계를 초월하여 합(合)의 논리로 이어진다. 이는 음양이 항상 상호의존 관계를 유지하는 것을 의미한다.

이런 음양의 상반응합 사상은 긴 시간 이어지고 연구되며 오늘에 이르렀다. 사실 상반응합은 음양의 관계에서 생성된 이론이 아니라 모든 사물에 적용되던 이치이다. 이렇게 상호 반(反)하고 합(合)하는 관계성에 관한 이론이 음양사상에 이르러 새롭게 도출되었거나 형성된 것은 아니다. 인류가 사상을 만들기 시작한 이후이니 여러 이론이 나타나기 전부터 본능적인 삶의 철학이었다. 이 반합 이론에서는 대부분 부딪침을 설명한다. 즉 공격과 방어, 강자와 약자, 진격과 후퇴 같은 강유(剛柔)의 이론으로 존재했다. 이것이 음양을 만나 완벽하게 그 틀을 가지게 된다.

이러한 강유의 이론과 반합의 이론을 따라가 살펴보면《주역》〈십익(十翼)〉에서 출현했음을 볼 수 있다. 이 이론들은 발전하고 확대되어《도덕경(道德經)》에 나타난다. 이후《서경(書經)》〈홍범(洪範)〉에 이르도록 계속 출현하고 발전하는 이론의 형태를 보여준다.

《서경》〈홍범〉에 구주의 항목이 있다. 이를 줄여 '홍범구주(洪範九疇)'라고 한다. 중국 하나라 우왕이 남겼다는 정치 이념으로 홍범은 대법(大法)을 말하고, 구주는 9개 조(條)를 말하는 것으로, 9개 조항의 큰 법이라는 뜻이다. 이미 많이 알려진 것처럼 우왕이 홍수를 다스릴 때 하늘로부터 받은 낙서(洛書)를 보고 만들었다고 한다.

주나라 무왕이 기자(箕子)에게 선정 방안을 물었을 때 기자가 홍범구주로 교시하였다고 한다.《서경》〈홍범〉에 수록되어 있는 9조목은 오행(五行), 오사(五事), 팔정(八政), 오기(五紀), 황극(皇極), 삼덕(三德), 계의(稽疑), 서징(庶徵) 및 오복(五福), 육극(六極)이다.

구주의 여섯 번째 조항 삼덕은 천인지(天人地)를 논한 것이 아닐까 싶지만 정직(正直), 강극(剛克), 유극(柔克)을 말한 것이다. 강유(剛柔)의 이론으로 강한 것과 부드러운 것의 관계를 논하고 있다.

삼덕에서는 정직(正直)을 먼저 논한다. 평화스럽고 안락할 때는 정직을 중시해야 한다고 기록하였다. 올바른 정신과 올바른 기강을 이야기하는 것으로 풀 수 있다. 강하고 굴복하지 않을 때는 강극(剛克)을 중시하라고도 적었다. 마치 적과 대치하였을 때는 굴복하지 않는 강한 정신을 가져야 한다는 의미와 같다. 화합할 때는 유극(柔克)을 중시해야 한다고도 적었다. 사람을 회유하고 포용하는 것은 강한 정신력이 아니라 만물을 포용하는 부드러움이다. 따라서 정신이나 상황이 침잠할 때는 강(剛)함으로써 극복하고, 높고 밝으며 화합할 때는 유(柔)함으로써 극복하는 것이다.

5. 음양설과 주역

음양설을 해석하고 적절한 예를 들 때는《주역》과 연관되는 경우가 많다. 이는《주역》이 음양을 바탕으로 괘(卦)를 만들었으며 64개 괘가 이에서 벗어나지 않았기 때문으로 보인다. 더구나《주역》은 애초에 점술서로서 더욱 가치가 있었다. 당연히 점의 기저에는 음양의 이치가 깔려 있다.《주역》으로 점을 칠 때는 효(爻)를 이용한다. 6개 효를 이용해 64괘를 모두 구성할 수 있다. 하나의 반응을 나타내는 효(爻)와 두 개 이상의 효를 이용해 구성하는 괘(卦)에서 한 일(一) 자로 그어진 듯한 획선(劃線) ━은 양을 나타낸다. 중앙이 끊긴 절선(絶線) ╍은 음을 나타낸다.

《주역》이야말로 음양의 보고(寶庫)이다. 음양이 다시 음양을 만나면 사상(四象)이 만들어진다. 사상은 음이 음을 만나고 음이 다시 양을 만나는 것이다. 음이 음을 만나면 ⚏이 되고 음이 양을 만나면 ⚍가 된다. 또 양이 양을 만나면 ⚌이 되고 양이 음을 만나면 ⚎이 된다. 즉 사상은 각기 ⚏, ⚍, ⚌, ⚎이 된다.

사상을 이룬 ⚏, ⚍, ⚌, ⚎이 다시 각각의 음양을 만난다. ⚏이 음을 만나면 ☷이 되고 ⚏이 양을 만나면 ☶이 된다. ⚍가 다시 각각의 음양을 만난다. ⚍이 음을 만나면 ☵이 되고 ⚍가 양을 만나면 ☴가 된다. ⚌가 다시 각각의 음양을 만난다. ⚌이 음을 만나면 ☱가 되고 ⚌가 양을 만나면 ☰이 된다. ⚎가 다시 각각의 음양을 만난다. ⚎가 음을 만나면 ☳이 되고 ⚎가 양을 만나면 ☲가 된다. 이를 팔괘(八卦)라고 한다. 즉 팔괘는 ☰, ☱, ☲, ☳, ☴, ☵, ☶, ☷이다.

음양만으로 이루어진 팔괘 중 건괘(乾卦)와 곤괘(坤卦)는 각각 ☰과 ☷이다. 이 두 괘는 극단(極端)을 말해준다. ☰은 세 효가 모두 양으로 극양

태극에서 팔괘에 이르는 변화 과정

태극	음양	사상	팔괘	자연	품성	육친
⚊ 태극	⚊ 양(陽)	⚌ 노양(老陽)	☰ 건(乾)	천(天)	건(建)	부(父)
			☱ 태(兌)	택(澤)	설(說)	삼녀
		⚎ 소양(少陽)	☲ 리(離)	화(火)	려(麗)	차녀
			☳ 진(震)	뢰(雷)	동(動)	장남
	⚋ 음(陰)	⚍ 소음(少陰)	☴ 손(巽)	풍(風)	입(入)	장녀
			☵ 감(坎)	수(水)	함(陷)	차남
		⚏ 노음(老陰)	☶ 간(艮)	산(山)	지(止)	삼남
			☷ 곤(坤)	지(地)	순(順)	모(母)

을 나타낸다. 모든 것이 양으로 이루어진 상태이다. ☷은 세 효가 모두 음으로 극음을 나타낸다. 모든 것이 음으로 이루어진 것을 나타낸다. 이 두 괘는 양과 음의 특별함을 상징한다. 팔괘에서 ☰과 ☷을 제외한 나머지 여섯 괘는 모두 음양이 조합되어 있다. 이처럼 괘는 음양의 효가 다양하게 조합되어 만들어진다. 이것은 세상의 이치를 풀이한《주역》이 음양을 바탕으로 하여 교역(交易) 과정을 나타냄을 보여준다.

우리나라의 국기(國旗)인 태극기(太極旗)의 도안도《주역》의 음양오행설을 응용한 것이다.《역(易)》에 태극이 있으니, 태극이 양의(兩儀)를 생성하고, 양의가 사상(四象)을 생성하고, 사상이 팔괘(八卦)를 생성한다.《주역》〈계사상전(繫辭上傳)〉에는 다음과 같은 내용이 명확하게 밝혀져 있다.

"역유태극(易有太極) 시생양의(是生兩儀) 양의생사상(兩儀生四象) 사상생팔괘(四象生八卦)."

《주역》〈계사〉에 이르기를 다음과 같이 정의한다.

"천지의 기운이 서로 감응합일하여 만물이 생겨나고 번영하며 남녀의 정기가 결합되어 인간이 화생한다."

이로써 천지와 인간이 서로 구별되지 않고 대우주(大宇宙)와 소우주(小宇宙)의 상관관계로 서로 밀접하게 묶여 있음을 알 수 있다. 괘를 살피면 그 번져나감이 마치 무지개 같음을 알 수 있다. 처음에는 음양을 나타내는 하나의 효가 있을 뿐이다. 어떤 효는 음이고 어떤 효는 양이다. 이때는 단순히 음이 아니면 양일 뿐이다. 이 음양이 만나 각각 음음, 음양, 양양, 양음이 이루어진다. 이를 사상이라 한다. 이 사상에 다시 음양이 더해지면 8개 괘가 나타난다. 각각의 괘는 하나같이 3개 효로 이루어졌다. 이 괘는 음양을 골고루 가진 6개의 괘와 음으로만 이루어진 1개의 괘, 양으로만 이루어진 1개의 괘로 나타난다. 이를 팔괘라고 한다.

팔괘의 의미

팔괘	대상(卦象)	대덕(卦德)	인륜(人倫)	인품(人品)	원취(遠取)	근취(近取)	기물(器物)	잡물(雜物)
일건천(一乾天)	天	健	父	賓	馬	首	金玉	永
이곤지(二坤地)	地	順	母	衆人	牛	腹	釜	布
삼진뢰(三震雷)	雷	動	長男	君子	龍	足	寬	稼
사손풍(四巽風)	風	入	長女	主人	鷄	股	繩	臭
오감수(五坎水)	水	陷	中男	盜	豕	耳	弓	血
육리화(六離火)	火	麗	中女	武人	雉	目	甲冑	墉
칠간산(七艮山)	山	止	少男	小人	狗	手	節	門闕
팔태택(八兌澤)	澤	說	少女	巫	羊	口	瓶	剛鹵

팔괘의 구성이 우주만물을 해석하고 적용하는 64괘의 시작이다. 3개 효로 하나의 괘가 이루어지고, 괘는 두 괘를 합하여 64개로 이루어진다. 따라서 64괘는 다시 64괘를 만나 364개 효로 이루어지는 것이다. 이 괘는 아무리 그 영역을 넓히고 광대무변의 변화를 가져와도 각각 음양으로 이루어지니 무수한 음양의 변화를 나타낸다.

또 64괘와 364개의 효 속에는 우주는 물론이고 세상의 이치와 만물의 의미가 내포되어 있다.

【집중】 괘(卦)와 효(爻)

《주역》은 우주 대자연의 오묘한 진리를 괘(卦)와 효(爻)로써 나타내고 문자로 엮은 경전이자 철학서라고 볼 수 있다. 해[陽]가 뜨고 지고 달[陰]이 뜨고 지는 이치를 기호와 글로 표현한 것이 《주역》이라고 해도 무방하다. 《주역》의 도(道)는 일음일양지위(一陰一陽之謂)라고 했으니, 즉 한 번 음하고 한 번 양하는 것이 도라는 이야기다. 이는 변한다는 말이고 변화를 의미한다. 밤이 낮이 되고 낮이 밤이 되는 이치이다. 이것을 역(易)이라고 한다. 인간은 이러한 이치 속에서 날마다 살고 사용하지만 제대로 알지 못하니 군자가 드물다는 말을 《주역》 〈계사〉에서 논하고 있다. 《주역》은 생활 속에서 이롭게 활용하고 다방면으로 사용이 가능한 철학서인데 점서(占書)로도 활용할 수 있다. 이 주역에서 원리를 푸는 데 사용하는 것이 괘(卦)와 효(爻)이다. 〈계사〉에서는 "괘는 만물을 표상하는 것이며, 표상한다는 것은 본받는 것이다"라고 하여 괘를 세계의 전 존재를 표현하고 본받는 상징체로 규정하고 있다. '괘(卦)'는 한자로 풀이해볼 때, '복(卜)'과 '규(圭)'가 합해진 것이니 곧 합성어다. '규'는 음을 나타내고 '복'은 양의 의미를 나타낸다. '복'은 본래 거북껍질을 불에 태워 점을 칠 때 나타나는 균열상(龜裂象)을 그린 문자이다. 즉 점을 칠 때 사용하는 모습을 나타내니, 괘라는 글자 자체가 바로 점의 형태를 나타낸다고 봐도 좋겠다.

또한 《설문해자(說文解字)》에서 "괘(卦)는 점서(占筮)하는 소이(所以)이다"라고 규정한 바와 같이 괘는 본래 점법과 관계가 깊은 상징체라고 할 수 있다. 괘는 점법의 일환이다. 괘에 '걸다, 걸치다'는 의미가 있듯이 점을 쳐서 걸어놓은 것에서 그 의미가 전성되었을 것으로 보인다. 옛날에는 짐승의 뼈나 거북의 배껍질, 초사라는 풀을 이용해 점을 쳤다. 이것이 발달하여 죽편(竹片)으로 치는 점으로 발전하는데, 그 결과를 걸어놓아 괘를 해석한 것이 아닌가 보인다. 괘에는 3개 효(爻)로 이루어진 8개의 괘, 즉 팔괘(八卦)와 이것이 두 개씩 겹쳐져 6개의 효로 구성된 64개의 괘, 즉 육십사괘(六十四卦)가 있다. 우리에게 흔한 말은 팔괘와 64괘인데 이런 이유가 있다. 팔괘는 점법의 기본이고 육십사괘는 모든 것을 해석할 수 있다. 따라서 전자를 단괘(單卦) 또는 소성괘(小成卦)라고 하는데 괘 한가지로 치는 것이다. 후자를 중괘(重卦) 또는 대성괘(大成卦)라고 하는데 괘 2개를 겹쳐 6개 효로 살피는 것이다.

괘를 구성하는 기본 요소인 효는 사물의 변화를 본뜬 것으로 양적인 성질을 대표하는 양효(陽爻)와 음적인 성질을 대표하는 음효(陰爻) 두 가지가 있다. 이 중 양효는 하늘[天] 또는 남자[男]를 나타내고 음효는 땅[地] 또는 여자[女]를 나타낸다. 효에서도 음양의 이치를 벗어나지 않는다. 팔괘를 논할 때도 같은 의미로 설명한다. 괘 1개는 효 3개로 구성되는데 이것을 소성괘(小成卦)라고 한다. 팔괘가 그것이다. 즉 효 3개로 이루어진 모든 괘는 소성괘다. 3개의 효로 하나의 괘가 만들어지는데 3개의 효는 천지인(天地人) 삼재(三才)를 의미한다.

동양학은 자연의 이치에서 원리를 찾아 의미를 부여하고 그것에 생기(生氣)를 부여하여 인간사와 결부해서 해석하려는 특징이 있다. 하나에서 시작하여 9에 이르는 모든 이치에도 그러한 사상이 숨어 있다. 무극(無極), 일원(一元), 양의(兩儀), 삼재(三才), 사상(四象), 오행(五行), 육합(六合), 칠성(七星), 구궁(九宮)이 모두 그러한 의미를 가지고 있다. 괘에 천지인 삼재 개념을 도입하여 구성하는 것 역시 그러한 사상의 일환이다.

효는 아래부터 초(初)효, 이(二)효, 삼(三)효, 사(四)효, 오(五)효, 상(上)효로 읽으며, 이에 따라 음양이 적용된다. 이에 양효를 구(九), 음효를 육(六)으로 쓴다. 그래서 초효가 양효라고 하면 초양(初陽)이라 읽지 않고 초구(初九)라고 쓰거나 읽는다. 그리고 이효(二爻)가 음효인 경우에는 이음(二陰)이 아니라 이륙(二六)이라고 읽는다. 따라서 익숙하지 않으면 이해하기가 어렵고 알아듣기가 쉽지 않다. 양(陽)을 구(九)라 하고 음(陰)을 육(六)이라 하는 까닭은 점괘 50개 중에서 하나를 뽑아두고 49개를 무심으로 둘로 나눈 후 네 개씩 덜어내기를 반복한 다음 남은 개수를 헤아리면 4가 아니면 1이 되기 때문이다. 이렇게 세 번 하여 나머지를 더하면 6 또는 9라는 숫자를 얻는다. 이에 따라 6은 음효, 9는 양효가 된다. 이렇게 세 차례 반복하면 하나의 효를 얻을 수 있다.

팔괘는 혼자 얻어지는 것이 아니며, 무극에서 분화하는 과정을 거쳐야 비로소 팔괘에 이른다. 무극을 나타내는 태극에서 음양으로 분화되고, 그 음양에서 다시 음양이 분화된 괘가 추가되어 분화하니 사상(四象)이 된다. 거기에 또다시 음효와 양효가 첨부되어 팔괘로 분화된 것이다. 이처럼 배수로 부가되어 팔괘가 다시 팔괘를 만나니 육십사괘가 된다. 따라서 팔괘는 가장 기본적인 괘의 형태가 되며 이 두 괘가 겹쳐야 진정한 괘의 형상을 이룬다. 효가 초석이라면 팔괘는 건물의 기단과 같은 것이다. 팔괘는 각기 방향을 나타내기도 한다. 건(乾-天), 태(兌-澤), 이(離-火), 진(震-雷), 손(巽-風), 감(坎-水), 간(艮-山), 곤(坤-地)이다. 건은 서북방이요, 태는 서방, 진은 남동이다. 감은 북방이고 간은 동북방이며 곤은 서남방이다. 이 8개 괘는 주역을 읽을 때 기본 단위, 즉 기본적 개념이므로 철저하게 이해해두어야 한다.

팔괘 하나하나는 음양 구분이 있다. 팔괘에는 각기 음괘가 있고 양괘가 있다. 팔괘에서 음양을 결정하는 방법은 매우 독특하다. 팔괘를 구성하는 3개 효 중에서 양효가 홀수이면 양괘(陽卦)로 정한다. 음효가 홀수이면 음괘(陰卦)가 된다. 셋 중에서 언제나 소수가 전체의 성격을 결정하게 된다. 하나의 괘는 3개의 효로 이루어진다. 양이 하나면 당연히 음이 둘이고 음이 하나면 양이 둘이다. 그런데 많은 것이 드러나는 것이 아니고 언제나 소수가 전체 성격을 결정한다.

일반적으로 64괘를 살필 때 보는 괘는 두 괘가 상하로 겹친 모습이다. 따라서 6개 효가 눈에 들어온다. 이처럼 팔괘 두 개를 상하로 겹쳐놓은 것을 대성괘(大成卦)라고 한다. 이에 비하여 팔괘는 소성괘라고 한다. 64괘는 대성괘라는 개념에서 살펴야 한다. 대성괘는 상하 2개의 팔괘로 이루어져 있다. 두 팔괘를 계단처럼 쌓아놓은 형상이다. 위의 괘를 상(上)괘 또는 외(外)괘라 하고, 아래 괘를 하(下)괘 또는 내(內)괘라 한다. 대성괘는 모두 64개가 된다. 이것으로 모든 것을 점칠 수 있게 되어 있다. 이것을 설명한 책이 《주역》이다. 대성괘는 두 소성괘의 성질, 위치에 따라 성격과 명칭이 정해지기도 하고 두 소성괘가 이루어내는 모양에서 명칭과 뜻을 취하기도 한다. 64개 대성괘를 상경(上經) 30괘(卦)와 하경(下經) 34괘(卦)로 나눈다.

인간세상을 살아가다 보면 음양의 이치가 드러나 보인다. 예를 들어 우리가 흔히 쓰는 귀신이라는 말을 생각해보자. 우리는 그동안 귀신은 귀신일 뿐이라고 생각했다. 그런데 이 말에는 음양이 모두 들어 있다. 즉 귀(鬼)는 음, 신(神)은 양의 개념이다. 이처럼 우리 생활과 언어, 행동과 생각에는 음양의 개념이 들어 있다. 우리 관념 속에 음양이 들어 있다는 말이 어울린다.

음과 양은 언제나 우리 곁에 존재한다. 종교까지도 음과 양으로 풀이가 가능하다. 모든 자연이 음과 양의 적절한 배합으로 생성되고 존재한다는 것은 음양의 이치에 부합하는 말이다.

음양은 자연의 모습이다. 곧 자연이 음양의 모습을 보인다. 생성되어 자라나고 병들고 소멸하는 것이 모두 음양의 이치에 따른다. 귀신의 판단도 이와 같다. 살아 있는 사람에게도 내부적으로는 귀와 신이 있어 사람이 죽으면 신은 하늘로 가고 귀는 땅에 남는다. 따라서 혼백(魂魄)이라는 말이 생겼다. 혼은 정신이고 백은 육체다. 혼은 양이고 백은 음이다. 혼은 신이고 백은 귀이다. 사람이 죽으면 혼은 하늘로 올라가고 백은 남아 귀가 되고 백으로 불린다.

음양은 어디에나 존재한다. 우리가 알고 있는 모든 이치와 사물, 형태를 음양으로 적용하여 풀어낼 수 있다. 풍수지리나 점괘, 운명과 같은 이치도 모두 음양관계에서 나온 것이다.

따라서 인간의 운명을 판단하거나 점칠 때 음양을 무시할 수 없다. 풍수지리는 천기(天氣)와 지기(地氣)를 파악하고 오행(五行)과 배합하여 해석하는 기술이다.

음양과 한 짝으로 움직이는 것이 오행이다. 사람들은 오행과 음양을 하나의 몸으로 파악하는 경향이 있다. 두 이념은 하나의 몸처럼 보이지만 사실은 다른 것이다. 단지 하나의 보따리에 싸여 있음으로써 하나의 몸으로 보이는 것뿐이다.

6. 오행의 진의

오행설도 언제 시작된 이론인지 알 수 없다. 오행설이 발전하고 정립되며 사람에게 어떤 영향을 미쳤는지도 알 수 없다. 다만 언제 시작되었는지는 찾아보고자 한다. 무엇이든 근거를 찾아야 그 시작을 알 수 있다. 그러나 음양과 마찬가지로 오행의 시작도 알 수 없다. 이미 오행이라는 말이 나왔다면 이전에 어느 정도 정립되었거나 사용하고 있었을 것이다.

오행설은 기원전 4세기경에 처음 언급된 기록이 있다. 그 당시 사용했던 것으로 판명된 옥검(玉劍)의 손잡이에 새겨져 있었다. 이것으로 볼 때 오행이라는 말이 기원전 4세기에 쓰였을 것이라는 점은 분명하다. 이때는 제자백가가 생겨나던 시기와 비슷하다. 제자백가 시기에 오행설의 활황(活況)도 있었을지 모른다.

"오행의 기가 가라앉으면 응축(凝縮)을 발생시킨다…(行氣实則○)."

오행설에 관한 또 다른 근거는《서경》〈홍범〉에서 찾아볼 수 있다. 음양오행에 관한 많은 이치와 근거는 대부분《서경》〈홍범〉에 있다. 이는 은나라 왕조와 관련이 있는데 우리에게도 잘 알려진 기자(箕子)가 그 주인공이다.《서경》〈홍범〉에서는 오행에 관한 말들이 기자가 무왕에게 한 말을 기록한 것이라고 한다. 그러나 이는 지나치게 상고(詳考)한 것이다. 역사는 흐르고 문헌 검토는 조금 더 세밀해지고 기록은 쌓이기 마련이다. 지금은 해석이 과거와 달라졌다.《서경》이 여러 시대에 걸친 단편적인 글들로 이루어져 있음이 밝혀졌기 때문이다. 그럼에도《서경》〈홍범〉에 오행의 이치가 담겨 있음은 달라진 것이 아니다.

《서경》〈홍범〉 구주에는 유난히 오(五)로 나뉜 내용이 많은데 이것이 대부분 오행과 관련이 있다. 〈홍범〉 9조목 중 오 자가 들어간 것은 오행(五行), 오사(五事), 오기(五紀), 오복(五福)인데, 이는 대부분 오행과 연관이 있다. 이 중 오행을 다음과 같이 정의하고 있다.

"오행에 관하여 그 첫째는 수(水), 둘째는 화(火), 셋째는 목(木), 넷째는 금(金), 다섯째는 토(土)이다. 수의 성질은 물체를 젖게 하고 아래로 스며들며, 화는 위로 타올라 가고, 목은 휘기도 하고 곧게 나아가기도 하며, 금은 주형(鑄型)에 따르는 성질이 있고, 토는 씨앗을 뿌려 추수할 수 있게 하는 성질이 있다. 젖게 하고 방울져 떨어지는 것은 짠맛[鹹味]을 내며, 타거나 뜨거워지는 것은 쓴맛[苦味]을 낸다. 곡면(曲面)이나 곧은 막대기를 만들 수 있는 것은 신맛[酸味]을 내고, 주형에 따르며 이윽고 단단해지는 것은 매운맛[辛味]을 내고, 키우고 거두어들일 수 있는 것은 단맛[甘味]을 낸다."[17]

이와 같지만 오행은 단순히 정의되지 않는다. 자연현상을 모두 표방하는 오행을 단순하게 하나의 기운이나 하나의 현상으로 표현할 수는 없는 일이다. 표면적으로 드러나는 것처럼 오행의 개념은 다섯 종류의 기본적 물질이라고 할 수 있다. 그러나 다섯 가지 물질이라기보다는 다섯 가지 기본 과정, 다섯 가지 본질을 이야기한다는 것이 적당하다. 또한 멈추지 않는 윤전(輪轉) 기능을 한다. 멈추지 않고 순환하는 다섯 가지 기(氣)를 나타낸다.

---

17) 한국학중앙연구원, 《한국민족문화대백과》 참조.

《서경》〈홍범〉에서 보듯 오행은 각기 다른 모습으로 나타나고 설명될 수 있다.

먼저 오사(五事)이다. 오사는 사람이 살아가며 취해야 하는 행동을 표현하고 있다. 외모, 말, 보는 것, 듣는 것, 생각하는 것을 지칭한다. 외모는 품행을 말하니, 늘 상대를 향해 공손해야 한다. 말은 그 사람의 생각을 나타낸다. 조리가 있어야 한다고 기록되어 있으나, 조금 더 넓게는 맺음이 정확해야 하고 뒤끝을 흐리면 안 된다는 것이다. 보는 것은 밝아야 한다고 기록하고 있으니, 사람의 눈에 가치를 둔 말이다. 사람의 눈은 마음의 창이라고 했다. 듣는 것은 분명해야 한다고 기록되어 있다. 인간이 투쟁과 정쟁, 다툼을 하는 것은 잘못 듣고, 들은 것을 올바로 판단하지 못하거나 곡해(曲解)가 있기 때문이다. 생각하는 것은 지혜로워야 한다고 하였다. 오사(五事)에 나오는 것처럼 공손함은 엄숙을, 조리가 있음은 이치를, 밝음은 맑음을, 분명함은 도모를, 지혜는 성인(聖人)을 만든다.

이 기록에는 오기(五紀)도 있는데, 오기(誤記)가 아니다. 오기(誤記)로 일어나는 분쟁을 생각하면 올바른 기록이 얼마나 중요한지 알 수 있다. 그러나 이 책에서 오기(五紀)는 해[歲], 달[月], 날[日], 별[辰], 역법(曆法)의 계산을 지칭한다. 오행은 단순히 다섯 가지 기운이 아니라 모든 사물의 본질이다.

우리가 흔히 말하는 오복(五福)도 《서경》〈홍범〉에 있다. 오복에 대한 이야기는 오래전부터 분분했다. 흔히 말하기를 처복이네, 먹는 복이네 하는데 이는 근거가 없을 뿐만 아니라 삶을 천하게 살았던 사람들의 우스갯소리다. 권력과 학식(學識)이 있으며, 삶에 여유가 있는 사람은 오복을 논할 때《서경》〈홍범〉에 나오는 오복을 말한다. 오복은 수(壽), 부(富), 강녕(康寧), 유호덕(攸好德), 고종명(考終命)을 말한다. 이 또한 오행에 배속된다.

음양의 이치는 단순하고 명쾌하나 오행은 다르다. 음양의 극치는 날이 바뀌는 것이다. 낮이 되고 밤이 되는 이치이다. 이를 음과 양의 계기(繼起, 잇달아 일어나는 일)라고 한다. 음과 양이 번갈아 교대로 일어나는 것이다. 어두우면 곧 밝아지는 것이고, 낮이 오면 곧 밤이 오는 방식이다. 이처럼 음양은 두 가지 흐름이 변성(變性)하는 것이다. 음양을 논하는 기저는 이 두 가지 기(氣)의 변화로 간주한다. 따라서 1번 아니면 2번이다, 혹은 음이 아니면 양이다의 순서가 가능하다.

문제는 오행설이다. 맑은 물에 물감을 떨어뜨리면 어떻게 번져갈지 알 수 없다. 오행설이 그렇다. 음양이 맑은 물이라면 오행은 먹물이다. 어떤 문제가 생길지 알 수 없다. 어떤 변화가 일어날지 알 수 없다. 결국 음양의 순환에 오행설이 발전하여 개입하고 하나의 몸체를 이루며 복잡한 문제가 발생하였다.

처음에는 단순한 적용과 전개가 이어졌다. 대표적인 예가 진(秦)나라 이래 우주 사물을 다섯 가지로 나눈 것이다. 목화토금수 배열을 중시했다. 목화토금수 다섯 가지 이치나 이론, 물건 혹은 다섯 가지에 해당하는 다양성을 배치하는 것이다. 사계(四季)는 분명 네 계절이다. 그러나 환절기를 삽입하여 오행으로 만들었다. 처음에는 지금처럼 춘하추동(春夏秋冬)이라고 정의되지 않았다. 춘동하추라는 말처럼 마구잡이식 배열이었으나 점차 오행의 영향으로 배치가 이루어졌고, 이후 다양한 오행이 적용되었다. 오행을 적용하여 계절과 공간적인 방위(方位)를 지정하고 설명했다. 이어 신체의 기관과 장기(臟器), 육친(六親), 한자(漢字)의 자원(字源), 색깔, 냄새, 소리, 맛 등에 모두 적용했다.

많은 시간이 흐르며 오행의 적용에 대한 이해와 발견, 발전이 이루어졌다. 선각자들은 오행을 어떤 경우에, 어떤 방식으로 적용할지 연구한 것이 틀림없다. 오랜 시간이 흐르면서 오행을 여러 가지 상황과 경우로 배열할 수 있는 두 가지 중요한 방법이 나타났다.

그 첫째는 사람이 나고 자라며, 병들고 죽음에 이르는 것처럼 생로병사와 비슷한 방법이다. 이를 적용하면 사람의 일생뿐 아니라 식물의 일생도 파악할 수 있다. 이를 논리적으로 정리하였다. 자연계를 파악하는 과정으로서 음양을 바탕으로 다섯 가지 단계로 정리한 것이다. 이를 소장(消長)이라고 한다. 어떤 대사에 대해 멸(滅)하여 사라짐과 성(盛)하여 자라나는 것을 다섯 가지 단계로 나누어 오행을 배치하는 것이다. 지금도 이와 같은 방법으로 오행의 성쇠와 생의 관계를 설명한다.

이 다섯 단계는 비교적 명료하다. 제1단계는 양이 성장하는 단계이다. 제2단계에서는 양이 성숙의 경지에 도달한다. 제3단계에서는 양이 소모되지만 음은 아직 움직이지 않는다. 이를 균형이 이루어진 상태로 보았다. 제4단계에서는 음이 성장을 시작한다. 제5단계에서는 음이 성숙하여 힘을 발휘하게 된다. 이와 같이 순환이 반복되나 양이 다시 성장하기 전의 균형상태를 이루는 부분은 생략되어 있다. 이 도식은 오행상생설(五行相生說)이라고 불린다.

오행을 적용하는 두 번째 이론은 물질 자체를 인정하는 개념이다. 물

【성보명리】 **오행의 소장(消長)이론**

이 5단계는 자세히 생각하면 조금 이상하기는 하다. 세상의 이치와 어긋나는 점이 발견된다. 어쩌면 애써 5단계로 축약했기 때문일 것이라는 생각이 든다.
제1단계는 모든 것이 시작되는 것을 말한다. 양은 성장하기 전에 생을 이루어야 한다. 따라서 제1단계는 양의 성장이 아니라 생장이 어울린다. 즉 음이 가득한 세상에서 양이 생성되어 성장을 시작하는 시기로 봐야 하지 않을까? 그렇다면 이 시기를 봄이라 해도 좋을 것이다.
제2단계는 양의 성숙단계를 말한다. 이는 충분히 가능한 단계라는 생각이 든다. 이 시기는 양이 극단적으로 강해지기 때문에 음이 밀려나고 자치도 없다는 개념이 적용되어야 할 것이다. 계절로는 여름이 적당하다.
3단계도 문제다. 양이 소모되지만 음은 아직 움직이지 않는다. 이를 균형이 이루어진 상태로 보았다. 균형이라는 말이 어색하다. 균형을 이룬다면 양이 5이면 음도 5가 이루어져야 하는 것이 아닌가 생각한다. 차라리 3단계를 양이 쇠하고 음이 들어오는 시기로 보았어야 하는 것은 아닌가 생각한다. 계절로는 가을이 어울린다.
제4단계는 음이 성장하는 것으로 보았다. 음이 막강하여 양이 완전히 밀려난 것으로 보아야 하지 않을까? 2단계에 양이 극대화를 이루었다면 4단계는 음이 극대화되는 시기가 어울린다. 계절로는 겨울이다.
제5단계는 환절기 개념이 어떨까? 그래서 5단계는 순서에 입각한 것이 아니라 각 단계 사이에 분포하는 것이다. 그렇게 된다면 제5단계는 순서 개념이 아니라 사이사이에 끼어 있는 개념이다. 1단계와 2단계 사이, 2단계와 3단계 사이, 3단계와 4단계 사이, 4단계와 5단계 사이에 존재한다. 음양의 비율도 여기에 맞추어질 것이다.

질의 근본이념을 이해하는 개념이다. 결국 각 물질의 개별적 힘을 강조한 것이다. 목은 목질(木質)이라는 식이다. 화는 화질(火質)이고 토는 토질(土質)이고 금은 금질(金質)이고 수는 수질(水質)이다. 여기에서 질(質)은 본질이다. 특이한 것은 각 물질과 각 단계가 선행자(先行者)를 정복한 결과를 말한다는 것이다. 선행자를 정복하는 결과치를 나타내는 것으로 파악한다. 만약 계절을 적용한다면 여름이 봄을 정복한 것이다. 오행을 그대로 가져간다면 화가 목을 정복한 개념이다. 이를 오행상승설(五行相勝說)이라고 한다.

이와 같은 이치를 그대로 오행에 적용한다. 목은 금에 지고 금은 화에 지며, 화는 수에 지고 수는 토에 지며, 다시 토는 목에 지는 순서를 구성한다. 따라서 순서는 목, 금, 화, 수, 토의 배열로 이루어진다. 어쩐지 생의 관계가 아니라 극의 관계가 이루어진다. 이 개념은 생과 극의 관계에서 극을 강조한다. 물질세계를 이루는 각 요소의 본질이 끊임없는 갈등을 일으킨다.

이러한 이치에 따라 동서남북이 배치된다. 목, 금, 화, 수는 대립적 위치에 자리한다. 목금은 마주 보는 상대적 배치를 차지하고 화수도 서로 대립적 위치를 차지한다. 중앙은 토에 각각 배정된다. 춘하추동을 나타내는 계절적 위치에 배정된다. 지금의 동서남북에 춘하추동이 배치된 이치가 설명된다. 그럼에도 명확하게 다섯 가지 개념으로 구분되지 않는 이치가 있다.

이처럼 서로 상대적인 개념의 오행 배치 개념이 현재의 오행에 해당하는 다양한 관점을 정립했다. 유교에서 사용하고 주장하는 도덕의 개념인 오상(五常)도 이와 같은 배치의 개념에 적용한다. 오상에 해당하는 인(仁), 의(義), 예(禮), 지(智), 신(信)이 오행의 배치적(配置的) 관념에 따라 동서남북과 일치하는 배치관념을 가진다. 이를 구체적으로 살피면 인(仁)은 목을 나타내는 방향이니 동쪽에 배치한다. 의(義)는 금을 나타내는 방향인 서쪽에 배치한다. 예(禮)는 화의 방향인 남쪽에 배치한다. 지(智)는 수의 방향인 북쪽에 배치한다, 신(信)은 토의 방향인 중앙에 배치한다.

위대한 철학자 묵자(墨子)도 오행을 논했다. 묵비사염(墨悲絲染)이라는 고사성어에서 묵자의 음양오행 사상을 알 수 있다. 묵자가 어느 날 실이 물드는 것을 보고 한탄하면서 말했다.

"실이 푸른 물감에 물들면 파래지고 누런 물감에 물들면 누레진다. 물에 물들어가는 것도 변하고 그 색 또한 변한다. 다섯 가지 색감에 들어가면 끝내 다섯 가지 색으로 되니 물드는 것에 신중하지 않을 수 없다."

음양오행은 동양의 사상에서 뿌리와 같다. 중국은 물론이고 동양의 모든 근본 이론은 음양오행에서 시작한다. 인도의 이론인 지수화풍(地水火風)이 있기는 하지만 중국의 음양오행에 가려 빛을 보지 못하였다. 우리도 모든 이론과 사상의 근간을 음양오행에 두고 있다.

조선은 유교를 국시(國是)로 표방하였다. 이에 따라 한양도성을 지을 때도 오행을 차용하였다. 따라서 한양성의 대문에 각각 오행을 표방하니 남쪽에 지어진 남대문(南大門)은 숭례문(崇禮門)이라 하여 남쪽을 나타내고 화(火)의 기상인 예(禮)를 배치하였다. 동대문(東大門)은 흥인지문(興仁之門)이라 하여 동쪽을 나타내고 목(木)의 기상인 인(仁)을 배치하였다. 서대문(西大門)은 돈의문(敦義門)이라 이름을 지었는데 오행에서 서쪽을 나타내고 금(金)의 기상인 의(義)를 사용하였다. 북대문(北大門)은 숙정문(肅靖門)인데 원래는 숙청문(肅淸門)이라는 주장도 있다. 북쪽에 해당하는 지(智)를 사용하지 않았지만 의미가 같은 글자를 사용하였다. 그 대신 북쪽에 사람이 많이 출입하는 문에 지(智)를 사용하니 홍지문(弘智門)[18]

18) 조선 숙종 41년(1715)에 서울 성곽과 북한산성의 방위 시설을 보완하기 위하여 세운 문. 1921년에 허물어진 것을 1977년에 다시 세웠으며, 서울특별시 종로구 홍지동에 있다.

이 그것이다. 마지막으로 중앙을 나타내는 신(信)은 문에 사용할 수 없었으므로 보신각(普信閣)에 사용하였다.

이뿐 아니다. 궁궐의 문에는 좀 더 적극적으로 계절적 감각으로 이름을 지어 사용하였다. 경복궁(景福宮)의 동문은 건춘문(建春文)이고, 서문은 영추문(迎秋門)이다. 북문은 신무문(神武門)이고 남문은 광화문(光化門)이다. 이 문 이름 역시 5행에 의거하여 지은 것이다. 북문을 신무문이라 한 것은 현무(玄武)를 나타낸 것이다. 현무는 북쪽을 지키는 수신(水神)을 표현한 것이다.

POINT

한양도성의 문

한양도성을 지을 때 동서남북 각각의 방향에는 대문을 설치하고 측면으로는 소문을 네 개 설치하였다. 특히 네 대문에는 오행을 의미하는 글자를 사용하였는데 이것이 오상이다.

우리나라의 사상적 기반을 뒷받침하는 음양오행설은 언제 유입되어 어떻게 발전했을까? 오행사상이 우리나라에 전래된 것은 삼국시대다. 이 시기에 음양오행설이 이 땅에 전래된 흔적을 찾아볼 수 있다. 특히 고구려나 백제의 고분벽화(古墳壁畵)에서 나타나는 사신도(四神圖)는 오행설의 정설을 보여준다. 오행설을 표방하여 그려진 사신도에는 중앙을 나타내는 그림이 없다. 이는 중앙이 모든 상황을 통제하는 위치에 있기 때문으로 보인다.

사신사(四神砂)는 동서남북을 가리키는 신물이다. 혹은 사방을 나타내기도 하지만 오행의 의미에서 색이나 계절을 나타내기도 한다. 사신사는 각각 북쪽을 나타내고 겨울과 수(水)의 기능을 나타내는 현무(玄武), 남쪽을 나타내고 여름과 화(火)의 기능을 나타내는 주작(朱雀), 동쪽을 나타내고 봄과 목(木)의 기능을 나타내는 청룡(靑龍), 서쪽을 나타내고 가을과 금(金)의 기능을 나타내는 백호(白虎)를 말한다. 이러한 그림에서 오행 개념을 찾아볼 수 있다.

삼국시대 오행에 관한 기록은《삼국유사(三國遺事)》에서 충분히 파악된다. 현존 유물 중에도 오행을 나타낸 것이 적지 않다. 대표적인 것이 신라시대에 만들어졌으나 지금은 볼 수 없는 황룡사(黃龍寺) 9층탑 하부에 자리한 심초석(心礎石) 아래의 적심석(積心石) 사이에서 발견된 청동거울이다. 이 유물에도 사신(四神)이 양각되어 있다. 이는 이미 이 시기에 오행설이 유입되어 사용되었으며 불교 사상에도 영향을 미쳤음을 보여준다.

우리 역사를 기록한《삼국사기(三國史記)》[19]에도 오행설을 보여주는 다양한 기록이 있다. 물론《삼국사기》가 중국에 가까운 기술이라는 모화사상(慕華思想) 내지 친중적(親中的) 기술이라는 비판이 없는 것은 아니다. 그렇다 하더라도 사학계에서《삼국사기》를 정사(正史)라는 개념으로 받아들이는 것도 사실이다.《삼국사기》에는 다양한 기술이 있으며 우리에게 전래된 오행설의 실체를 확인해주고 있다.

《삼국사기》〈고구려본기(高句麗本紀)〉 난에 해당하는 곳곳에 오성(五

19) 1145년(인종 23)경에 김부식 등이 편찬한 삼국시대의 정사로 기전체 역사서다. 보물 제722호로 성암고서박물관에 소장되어 있다.

星)에 관한 다양한 기록이 남아 있다. 이 시기의 오(五) 개념은 오행을 바탕으로 하는 경우가 많다. 다양한 현상이나 다변하는 실상을 다섯 가지 개념으로 나누어 선택하거나 분석하려는 시도는 대부분 오행의 관점에 기인한다.

그뿐 아니라 나라를 통치하고자 한다면 제도가 필요하다. 동양적 개념은 수마다 의미를 부여한다. 고구려는 오행을 받아들여 제도를 만들었다. 오부제(五部制)는 대표적인 제도적 장치이다. 나라를 통치하는 제도적 장치에 오행을 받아들여 설치하였음을 알 수 있다.

7. 동양의 수리학

동양에서 숫자는 각각 의미를 가지고 있어 수리 개념에서 파악하고 적용할 필요가 있다. 하나에서 열까지 숫자는 각각의 기능과 의미를 부여한다. 예를 들어 하나는 원(元, 原)이라는 의미를 가진다. 시작이라는 의미이고 모든 것이라는 의미이다. 둘은 양의(兩儀)이다. 즉 음양(陰陽)을 의미한다. 혼돈에서 갈라진 것이다. 셋은 삼재(三才)를 나타낸다. 천인지(天人地)이니 하늘과 사람, 땅의 조화를 나타낸다. 우리는 이 삼재라는 말을 아주 좋게 사용하기도 하지만 나쁘게 사용하는 경우도 많다.

특히 일각에서는 삼재를 아주 극악한 살기(殺氣)로 판단하고 혹세무민하여 굿을 하게 하거나 부적을 쓰게 하거나 하여 얼토당토않게 선량한 사람의 재물을 갈취하거나 사기를 치는 방법으로 사용하기도 한다. 이는 일종의 참위설(讖緯說)인데 명리학에서는 삼재살(三災殺)을 그다지 중요하게 생각하지 않는다.

동양, 특히 우리의 수리 개념에서 넷은 사상(四象)을 의미한다. 주역에 의거하여 해석하면 음양이 다시 확대된 개념이다. 다양한 의미로 해석하면 넷이라는 의미는 사방(四方), 전후좌우(前後左右)의 평면적 의미가 있다. 다섯은 오행이라 한다. 오행은 다섯 가지 본질이 움직인다는 의미를 가진다. 오행의 본질은 각각 목화토금수(木火土金水)이다.

여섯은 육합(六合)을 나타낸다. 애초에 육합은 《초학기(初學記)》[20]에 기록되어 있는 것과 같이 하늘과 땅과 동서남북을 가리키는 말이었다. 이것이 명리에 반영되었다. 제자백가의 음양가는 자(子)와 축(丑), 인(寅)과 해(亥), 묘(卯)와 술(戌), 진(辰)과 유(酉), 사(巳)와 신(申), 오(午)와 미(未)가 서로 합치는 것을 육합이라 한다. 이 이론이 명리학에 받아들여져 지합(地合) 또는 육합이라고 한다.

일곱은 칠성(七星)을 말한다. 칠성은 북두칠성(北斗七星)을 이르는 말이다. 다양한 해석이 있어 칠성이 불교적 용어라는 주장도 있지만 도교적 색채가 강하다. 도교에서는 인간의 길흉화복을 맡았다고 하여 칠성여래(七星如來), 칠아성군(七牙星君), 칠원성군(七元星君)이라고 한다. 주로 수명장수, 소원성취, 자녀성장, 평안무사 등을 비는 신이다. 우리에게 칠

20) 당나라 서견(徐堅) 등이 편찬한 유서(類書, 일종의 백과사전). 고래가 새끼를 낳다 입은 상처를 치유하기 위해 미역을 뜯어 먹는 것을 보고 고려인들이 산모에게 미역을 먹이기 시작했다는 기록이 있다.

성은 조상을 나타내는 의미적 용어이기도 하다. 별자리에서 북두칠성은 큰곰자리에서 국자 모양을 이루며 가장 뚜렷하게 보이는 일곱 개 별을 이야기하는데 동양학의 구성학(九星學)이나 풍수지리에서 인용할 때는 각각의 별에 이름을 붙인다. 일곱 개 별은 각각 탐랑(貪狼), 거문(巨門), 녹존(祿存), 문곡(文曲), 염정(廉貞), 무곡(武曲), 파군(破君)이라 한다. 이곳에 보조하는 두 별인 좌보(左輔)와 우필(右弼)을 포함하면 구성학이 된다.

여덟은 팔괘(八卦)를 의미한다. 음양의 세계관을 토대로 그 구체적인 삼라만상을 나타낸 것이 바로 팔괘다. 팔괘는 주역의 가장 기본적 의미를 해석하는 자료가 된다. 《주역》〈계사〉에는 팔괘를 해석하는 세계관이 적혀 있다. 즉 혼돈을 의미하기도 하는 태극에서 태어나는 양의를 바탕으로 분화되어 팔괘에 이르는 가정이다. 《주역》에는 태극에서 생겨나 팔괘에 이르는 세계관을 설명하는 문구가 있다.

"역(易)에 태극이 있으며, 이것이 양의(兩儀)를 낳고, 양의는 사상(四象)을 낳고, 사상은 팔괘를 낳는다."

팔괘는 의미가 조금 더 넓다. 팔괘는 점술학으로 사용했던 《주역》에 나오는 중요한 이론이지만, 일반적인 개념에서는 사상이 발전한 것이다. 사상이 사방(四方)이라는 개념으로 방향을 의미했던 것처럼 팔방(八方)도 방위를 나타낸다. 사방이 동서남북을 의미했다면 팔방은 정방위(正方位)인 동서남북에 더해 우방위(隅方位)에 해당하는 동북, 서북, 동남, 서남 방위가 포함된다.

팔괘의 방위는 자오묘유(子午卯酉)의 4정방위와 건곤간손(乾坤艮巽)의 4우방위를 나누어놓은 것이다. 풍수지리에서도 많이 사용하는 팔택법

(八宅法)에서도 팔괘의 방위 파악은 필수적이다. 자(子, 正北), 오(午, 正南), 묘(卯, 正東), 유(酉, 正西)는 4정방위(四正方位)라 하고 건(乾, 西北), 곤(坤, 西南), 간(艮, 東北), 손(巽, 東南)은 정방위의 중간방위(中間方位)가 되므로 4우방위(四隅方位)라고 한다.

풍수지리에서 양택을 파악할 때 24방위를 4정방위와 4우방위를 합하여 8방위로 구분하고 3자가 1택이 되도록 파악하는 방법을 사용하니 이를 동서사택법(東西舍宅法)이라 한다. 그뿐 아니라 팔괘라는 의미는 방향은 물론이고 시공간(時空間)을 의미하는 개념도 포함된다. 사방이 평면적이라면 팔괘는 공간적이다. 방향을 의미하는 동서남북과 전후좌우라는 의미가 있기도 하고, 동서남북을 평면적 개념으로 보고 위와 아래, 과거와 현재의 의미로 해석하기도 한다.

아홉은 구궁(九宮)이다. 우선 깊은 곳, 먼 곳, 함부로 들어갈 수 없는 곳이라는 의미가 있다. 그래서 궁궐을 표현할 때 구중심처(九重深處), 구중궁궐(九重宮闕)이라는 표현을 한다. 근본적으로 학문적 정의는 아홉 방위의 자리를 말한다. 낙서(洛書)에 응한 구성(九星)에 중궁(中宮)과 팔괘를 팔문(八門)에 배합한 것이다. 구궁은 운명론과 삶의 철학에서 중요한 요소이나 그 깊이가 많이 알려진 것은 아니다.

구궁이란 공간구획(空間區劃)의 기초가 되는 것이다. 사각형을 아홉 개로 등분한 도판(圖板)이다. 즉 팔괘를 나누고 중앙을 하나의 공간으로 등분한 것이다. 구궁은 방위와 계절, 시간, 공간을 모두 나타낸다. 구궁은 인간과 만물이 처해 있는 시간과 공간을 나타낸다. 동양학에서는 술사들이 많이 사용하는데, 이를 구궁진이라고도 한다. 《구궁비결(九宮秘訣)》

에서는 "하늘에 구궁이 있고 땅에도 구궁이 있으니, 이는 곧 우주 전체의 도식과도 같은 것이다. 그러므로 모든 기운의 교통이 구궁에서 일어나고 만물 또한 이곳에서 생성되고 사멸되는 것이다"라고 기록되어 있다. 《오행대의(五行大義)》에도 "구궁은 위로는 하늘에서 나뉘어 있고, 아래로는 땅에서 구별되어 각각 아홉 개 자리가 있으니, 하늘에는 이십팔수(二十八宿)와 북두칠성이 있고, 땅에서는 사방(四方)과 사유(四維) 그리고 중앙의 아홉 구역으로 나뉜다. 궁이라고 말한 것은 각 궁이 모든 신이 노니는 곳이기 때문에 궁이라고 이름했다"라고 기록되어 있다.

후한시대 유학자이며 대사농(大司農) 벼슬을 해서 정사농(鄭司農)이라 불리는 정중(鄭衆)이 말하기를 "태일(太一)이 팔괘(八卦)의 궁을 운행하는데, 중앙은 지신(地神)이 거처하는 곳이다. 그러므로 구궁이라고 한다"라고 하였다.

이처럼 구궁은 공간을 나눈 개념이다. 즉 팔괘는 전 구간을 여덟 개로 나누었다. 공간을 여덟 개로 나누고자 하면 중앙은 없이 나누는 선이 모아져야 하고 모든 구간은 원뿔형이 되어야 한다.

그러나 구궁은 모두 동일한 공간으로 등분이 가능하다. 정사각형을 나누므로 각각 가로선 두 개와 세로선 두 개로 나누면 아홉 개 공간이 나뉜다. 돌아가며 외측 여덟 곳의 공간에 팔괘를 배치하면 중앙이 남는다.

【앗, 잠깐!】 수리의 의미

동양학의 수리에서는 하나에서 아홉에 이르는 과정에 모두 의미를 부여한다. 이러한 의미의 적용은 일반적인 생활을 포함하여 인문, 지리, 과학, 학문에도 영향을 미치고 기저에 근본이념으로 자리하였다.

이 중앙을 포함하여 아홉 개 공간이 만들어지는데, 이를 구궁이라 한다.

8. 도참설

참위설은 풍수지리와 밀접한 관계를 가지고 발전한다. 참위설과 풍수지리설의 한국적 수용과 전개과정도 음양오행설과 밀접하게 연결되어 있다.《삼국사기》〈백제본기〉에 "백제동월륜 신라여월신(百濟同月輪 新羅如月新)"이라는 문구가 보인다.《삼국사기》는 비교적 확인된 사실 위주로 기록했을 것으로 보인다. 이러한 기록으로 보아 백제시대에 이르러서는 이미 참위설이 전국으로 퍼져 있던 것은 아닌가 생각할 수 있다. 대체로 백제에서는 참위설을 믿었던 것으로 추측하거나 확정할 수 있다. 이후 고구려, 백제, 신라의 흥망성세가 어우러지고 민생이 도탄에 빠지며 도참설은 점차 힘을 얻게 되었을 것이다.

도참은 통일신라시대 말기에 이르러 절정에 이른 것으로 보인다. 당시 신라는 말기의 쇠국현상(衰國現象)이 일어나고 있었으므로 관료들의 횡포가 심해지고 있었고 왕권은 무너지고 있었다. 지방 호족들이 봉기하고 국민의 생활은 도탄에 빠져 있었다. 이 시기에 힘없는 신민들은 새로운 구원이 필요하였다. 이 시기에 맹위를 떨친 것 중 하나가 미륵신앙(彌勒信仰)[21]이다. 이와 더불어 참위설과 풍수지리설이 결합된 풍수도참설(風水圖讖說)이 크게 유행하게 된다.

어지러운 세상에는 대안이 나타나게 마련이다. 혼란한 국가 말기의 대비되는 대안은 새로운 국가를 형성하는 것이다. 그러나 그전에 여러 가지 현상이 나타나게 마련이다. 통일신라가 기울어가는 시기에 가장 강력한 대안을 제시한 사람은 옥룡자(玉龍子)로 알려진 도선국사(道詵國師)[22]이다.

승려였던 도선은 풍수지리의 대가였다. 풍수지리는 모든 형세를 오행의 관점에 대비하여 해석하는 방법을 사용한다. 도선은 국가 위기를 타파할 수 있는 방법을 주장한다. 그가 주장한 지리쇠왕설(地理衰旺說), 산천순역설(山川順逆說)은 풍수지리를 바탕으로 산천을 해석한 것이다. 이에 따라 방비하는 방법으로 비보설(裨補說)을 주창한다. 이 비보풍수 이론에는 도참사상이 대단히 많이 가미되어 있다.

비보풍수의 요지에는 오행의 흐름을 바탕으로 하여 충살(衝殺)과 지기의 성쇠를 포함하고 있다. 비보풍수 이념은 땅의 기운을 파악하는 것이다. 지리는 기가 일정하거나 지기의 흐름이 같지 않다. 따라서 위치와 장소에 따라 쇠왕(衰旺)이 있고 순역(順逆)이 있다. 이를 판단하여 조치해야 기가 올바로 안정을 이룰 수 있다. 기가 강한 왕처(旺處)와 기가 순리적으로 흐르고 존재하는 순처(順處)를 택하여 거주해야 올바로 살 수 있고

21) 미래의 부처인 미륵이 나타나 세상을 구원한다는 신앙이다. 사회가 혼란스러워질 때마다 사회개혁을 원하는 사람들 사이에서 인기가 높았다. 미륵신앙은 지난날 석가모니불이 그 제자 중 한 사람인 미륵에게 장차 성불하여 제1인자가 될 것이라고 수기(授記)한 것을 근거로 삼고, 이를 부연하여 편찬한 미륵삼부경(彌勒三部經)을 토대로 하여 발생한 신앙이다(한국학중앙연구원, 《한국민족문화대백과》 참조).

22) 도선국사(道詵國師, 827~898)는 신라 말의 승려이며 풍수설의 대가이다. 영암 출신으로 성은 김씨이며 왕가의 후예라는 설도 있다. 신라의 선종 발전에 기여한 도선은 풍수지리설을 처음 도입한 인물로 알려져 있다.

목적을 이루는 좋은 일이 일어날 수 있다. 그러나 기가 이미 쇠하고 파했으며 흩어져버린 쇠처(衰處)와 기가 거꾸로 흐르거나 좋지 않은 기가 흐르는 역처(逆處)는 피하면 좋으나, 피하기 어려운 곳이라면 인위적인 방법으로 비보(裨補)해야 한다는 것이다. 이러한 도선국사의 비보설은 크게 반향을 일으키고 부흥하였으며, 전국적으로 열풍처럼 번졌고 당시 유력자들에게 각광받았다.

【집중】 비보풍수(裨補風水)

비보풍수는 어떤 지형이나 산세가 풍수적으로 허하거나 부족하면 이를 보완하는 술법이다. 이를 비보압승 또는 비보염승이라고도 일컫는다. 다양한 목적을 충족하기 위해 각종 사물을 이용하여 비보한다. 수목비보, 물비보, 조산비보, 사탑비보 등 다양한 비보 방법이 있다.

통일신라의 국운(國運)이 다하고 고려 태조 왕건(王建)이 후백제의 견훤(甄萱)과 신라의 마지막 왕 경순왕(敬順王)을 무너뜨리고 태봉(泰封)을 이어 고려를 건국한다. 고려 건국에서 가장 특징적인 것이 바로 도선의 비보풍수론이다. 고려 태조가 남겼다는 《훈요십조(訓要十條)》에는 도선 이야기가 나온다.

고려 건국에서 불교가 어떤 의미를 가지는지 보여주는 《훈요십조》는 고려 태조가 자손들을 훈계하기 위해 942년(태조 25)에 몸소 지은 열 가지 유훈(遺訓)을 말한다. 943년 태조가 세상을 떠날 무렵 박술희(朴述希)에게 전해 후세의 귀감으로 삼게 한 것이라고 한다. 이 열 개 조항에서 훈요 2조가 도선과 관련이 있다. 신설한 사원은 도선(道詵)이 산수의 순

(順)과 역(逆)을 점쳐놓은 데 따라 세운 것이다. 그의 말에 "정해놓은 이외의 땅에 함부로 절을 세우면 지덕을 손상하고 왕업이 깊지 못하리라"라고 하였다. 후세의 국왕, 공후(公侯), 후비(后妃), 조신들이 각기 원당(願堂)을 세운다면 큰 걱정이다. 신라 말에 사탑을 다투어 세워 지덕을 손상해 나라가 망한 것이니 어찌 경계하지 아니하랴.[23]

고려 초기 건국의 이념과 다름없이 고려시대에는 전반에 도참사상이 크게 유행하였다. 국가가 위기에 이르렀을 때도 화두는 늘 풍수지리와 도참이었다. 특히 묘청(妙淸)의 양경지덕쇠왕설(兩京地德衰旺說)에서도 도참은 확인된다. 이러한 풍수지리 해석은 반드시 오행을 바탕으로 한다. 이후 건국한 조선의 각종 행위나 미래 예측에 관한 《정감록(鄭鑑錄)》[24]과 같은 서적도 하나같이 음양오행설에 뿌리를 두고 있다.

건국이 이루어지고 왕조는 발전하지만 세월이 흐르면 쇠하게 마련이다. 조선은 500여 년 역사를 자랑하지만 조선 말기에 이르면 각종 비리와 권력의 누수, 왕권의 약화와 신권(臣權)의 강화, 세도정치(勢道政治)의 여파로 국세는 약해지고 민중은 도탄에 빠진다. 가진 자들의 권력이 왕권을 무력화하고 관료들의 폭정이 민중의 분노를 자아낸다. 결국 민란(民亂)은 반복되기에 이른다. 반복적으로 일어나는 숱한 민란과 봉기의 사상적 원동력은 음양오행설이다. 돌고 도는 윤전이야말로 음양오행의 근본이다. 모든 기는 순환하고 바뀐다. 고이면 썩고 멈추면 부패한다. 음

23) 한국학중앙연구원,《한국민족문화대백과》 참조.
24) 조선시대 이래 민간에 널리 유포되어온 예언서. 우리나라의 대표적 예언서이다. 여러 가지 감결류(鑑訣類)와 비결서(秘訣書)의 집성이며 이본(異本)이 많은 것도 특징이다.

양오행은 돌고 도는 윤전 개념을 바탕으로 한다. 멈추면 체(滯)한다.

민중 저변에 깔려 오늘에 이른 이러한 사상은 음양오행을 바탕으로 하며 오늘날에도 민중의 삶이나 사상에 적지 않은 영향을 미치고 있다. 현대가 되어 산업이 발달하고 통계로 답하며 첨단기술이나 기계가 과학의 현시적 모습을 보여주는 지금도 풍수지리설이나 참위설뿐만 아니라 성리학의 세계관도 살아 있다. 더구나 이 모든 세계관과 정신적 바탕에는 음양오행설이 상당한 영향력을 행사하고 있다.

9. 성리학과 음양오행

중국 송대에 성립된 성리학(性理學)이 이 땅에 지대한 영향을 미친 것은 사실이다. 성리학은 오래도록 중국과 한국, 동양을 이끌어온 학문이다. 성리학의 가장 중요한 이치는 우주의 법칙과 인간의 법칙을 통일적으로 파악하려는 것이다.

이 성리학은 음양오행설을 수용하여 동양 전체로 퍼져나갔다. 만약 유학이 음양오행설을 수용하지 않았다면 학문적 발전은 지금과 달랐을 테고 동양의 중심 사상으로 자리 잡지 못했을 것이다. 음양오행의 원리는 우주만물의 법칙과 원리를 규명하는 것이다.

우리나라에 가장 영향을 미친 유학사상은 성리학이다. 성리학은 중국의 송나라와 명나라 때 학자들이 성립한 학설이다. 도학(道學), 이학(理

學), 성명학(性命學) 또는 이것을 대성시킨 이의 이름을 따서 정주학(程朱學)이라고도 한다. 고려 중기 이후 성리학이 유입되면서 우리나라도 큰 영향을 받게 되었다.

성리학에서 주창하고 설파하는 음양오행설은 동양 문화에 지대한 영향을 일으켰다. 성리학의 대표적 학자 주돈이(周敦頤)의 저서《태극도설(太極圖說)》[25]에는 성리학에서 바라보는 음양오행의 이치가 잘 나타나 있다.

"태극이 움직여 양을 낳고, 움직임이 극도에 이르면 고요하게 되는데, 고요하여 음을 낳는다.… 양이 변하고 음이 합치되어 수, 화, 목, 금, 토를 낳는다."[26]

성리학은 조선의 역사와 함께 성장하고 발전하기에 이른다. 특히 전 세대를 거슬러 유학자들은 성리학을 바탕으로 한 논쟁을 벌이기 일쑤였다. 조선시대에 이르러 국가의 지배사상으로 정착된 성리학은 유학자와 선비, 사대부는 물론이고 일반 백성에 이르기까지 생활의 바탕이 되었다. 내부적으로는 불교의 영향이 남아 있으나 표면적으로는 성리학의 영향이 지대하였다. 결국 성리학은 귀족에서 평민에 이르기까지 일상 구석 구석까지 막대한 영향을 미치며 보급되었다. 이러한 이치에 대하여 현대적 해석은 분분하나 당시는 대안 없는 유일한 규범이었다.

---

25) 태극도(太極圖)의 원리와 내용을 밝혀놓았다. 송학(宋學)의 연원으로 일컬어질 정도로 깊은 내용을 담고 있다. 우주의 생성, 인륜의 근원을 논한 249글자의 짧은 글이지만, 그 뒤 남송의 대유(大儒) 주자가 정치(精緻)한 해석으로 자신의 철학을 서술하였으므로 주자학(朱子學)의 성전(聖典)으로 여겨지고 있다(두산백과 참조).

26) 한국학중앙연구원,《한국민족문화대백과》참조.

【집중】 **성리학**

성리학의 근본은 유학(儒學)으로 성리학은 유학을 발달시킨 이론이다. 유학은 중국 사상의 주류를 이루었는데 송나라와 명나라 시대에 이르러 정치적 또는 종교적 색채를 지닌다. 당시 사회체제에 따른 변화를 수용해 노장과 불교의 사상을 가미하여 철학적인 체제를 갖추었다.

이론 전개는 북송에 들어 정호(程顥)에서 시작된다. 정호는 천리(天理)를 논한다. 그의 아우 정이(程頤)는 '성즉리(性卽理)'의 학설을 전개하였다. 《애련설(愛蓮說)》로 유명한 주돈이가 가세하였다. 이어 장재(張載)와 소옹(邵雍) 등이 학설을 전개한다. 이러한 학설에 이어 남송의 위대한 학자 주희(朱熹)가 집성(集成)하여 논리를 편 것이 성리학이다. 달리 주희가 주자(朱子)의 칭호를 받고 자(子)의 반열에 오름으로써 주자학(朱子學)이라고도 한다.

성리학은 이(理)와 기(氣)의 개념을 구사한다. 우주의 생성과 구조를 논하고 인간 심성의 구조를 논한다. 사회에서 인간의 자세 등에 관하여 깊이 사색한다. 한나라와 당나라 때 유행한 훈고학과 달리 형이상학적(形而上學的)이고 내성적(內省的)이며 실천철학적 학설을 수립한다. 그 내용은 각기 태극설(太極說), 이기설(理氣說), 심성론(心性論), 성경론(誠敬論)으로 구별할 수 있다(네이버 지식백과 '성리학(性理學)' 수정 · 보완).

학문적 발달은 논쟁을 촉발하고 심지어 권력을 건 사화(史禍)로 비화하기도 한다. 아울러 학문은 논쟁으로 발달한다. 조선 중엽에 일어난 일련의 철학 논쟁들은 유수한 유학자들의 출현을 보여주는 잣대이다. 또한 학문의 발전을 나타낸다. 그러나 학문의 해석과 적용에서 촉발된 논쟁이 결국 사화로 이어지기도 하고 정치적 소신으로 작용하여 무수한 목숨을 앗아가기도 하였다.

성리학의 해석과 적용에 대한 논쟁과 정치적 입지를 위한 대립은 조선 전 시대에 걸쳐 권력과 이어져 있다. 회재(晦齋) 이언적(李彦迪)과 망재(忘齋) 손숙돈(孫叔暾)의 무극태극(無極太極) 논쟁은 구구하게 이어졌다.

결국 이언적은 모든 것을 버리고 경주 외곽에 독락당을 짓고 높은 담 안으로 몸을 숨겨버렸다. 사실 손숙돈은 이언적의 외손이다. 이언적은 그의 저술《서망재망기당무극태극설후(書忘齋忘機堂無極太極說後)》에서 일관되게 자신의 주장을 했다.

이황(李滉)과 기대승(奇大升)의 사단칠정(四端七情) 논쟁은 그야말로 목숨을 걸 정도로 논쟁적이었는데 결과적으로 학문과 사상을 더한층 발전시키게 된다. 성리학의 두 철인은 지금도 존중과 존경을 받으며 각 지역의 학자로서 추대받고 있다.

이외에도 수많은 학문적 논쟁이 일어났다. 이이(李珥)와 성혼(成渾)의 사단칠정 논쟁이 학계와 유림을 흔들었고, 서경덕(徐敬德)과 조식(曺植)의 철학적 주장은 조선 전체를 흔든 논쟁이자 학문적 자존심이었다. 이와 같은 논리 전개에는 음양오행이 빠지지 않았다. 이로써 음양오행설은 성리학을 표현하는 중요한 근본사상임을 알 수 있다. 이 시기에 음양오행은 이미 성리학의 세계관으로 자리 잡았으며 학문 전개에 반드시 필요한 기본원리로 적용되어 모든 유학자와 사대부의 학문적 주장에 일관되게 관철되고 있음을 알 수 있다.

이와 같이 음양오행의 작용을 세계의 원리로 인식하는 성리학적 세계관은 이후 실학자들이 부분적으로 비판하기도 하지만, 조선시대 말엽까지 유교적 세계관과 동일시되면서 우리 민족의 사상에 큰 영향을 미쳐왔으며, 오늘날에 이르기까지 그 흔적을 찾아볼 수 있다.

10. 음양오행의 문화적 적용 사례

음양오행은 일상에서 늘 적용받고 있다. 무심하게 지나친다고 해서 음양오행의 법칙이 사라지는 것은 아니다. 음양오행은 기본적으로 음과 양의 조화로 이루어진다. 음양은 반(反)하고 합(合)하며 변전(變轉)한다. 음양이 나뉘고 합하는 과정이 변화를 주도한다.

파생의 원리는 변화를 가져온다. 방위(方位)를 상징하는 사신(四神)은 단순하게 풍수지리의 방위관(方位觀)으로 만족하지 않는다. 사신은 음양오행의 원리에 따라 파생되었다. 사신은 단순히 방향을 나타내는 것이 아니라 방향에 따른 각각의 상징으로서 고유의 색을 지향한다.

POINT

사신사(四神砂)

풍수지리로 지세를 살필 때 전후좌우에 있는 네 개의 산. 풍수이론 장풍법(藏風法)의 중심인 좌청룡(左青龍), 우백호(右白虎), 전주작(前朱雀), 후현무(後玄武) 등 네 종류의 산을 말한다. 현무수두(玄武垂頭), 주작상무(朱雀祥舞), 청룡완연(青龍蜿蜒), 백호준거(白虎蹲踞)가 요결이다.

서울의 도성을 막고 있는 모든 성문에는 이 방향성을 지닌 색이 칠해진다. 방향성과 그에 따른 색의 조감은 왕궁 조성이나 일반 건축에 영향을 미쳤다. 오방색(五方色)이라는 의미가 만들어진 것이다. 오행에서 출발한 이 오방색의 의미는 우리 사회 깊숙이 침투하여 식생활과 의복에까지 영향을 미치고 있다. 결국 음양오행의 근본사상을 바탕으로 파생된 사상이 우리의 생활 문화 전반에 넓게 퍼져 있는 셈이다.

이 땅에서 살아가는 사람들은 서양문물이 도입된 이후로도 과거와 다르지 않게 여전히 음양오행을 접한다. 일상에서 살필 수 있는 음양오행은 아주 다양하다. 이를 음양오행의 영향, 음양오행의 여파, 음양오행의 현상이라고 파악할 수 있을 것이다.

음양오행은 우리 생활에 영향을 미쳤으며 생활사적으로는 깊숙한 내면까지 침투해 있다. 우리의 관혼상제(冠婚喪祭)나 민속(民俗)은 물론이고 의복과 주거, 사상 등에도 영향을 미쳤다. 우리 조상들이 결혼할 때도 음양의 이치와 오행을 무시하지 못했으며 색동저고리와 같은 옷을 입음으로써 의복에도 오행에 준하는 색을 사용하였다.

불교의 논리도 오행의 이치를 벗어나지는 못했다. 대표적인 것으로 단청(丹青)[27]을 들 수 있다. 단청은 청, 적, 황, 백, 흑 다섯 가지 색을 기본색으로 하며 진하고 흐리기를 이용하여 칠한다. 이 또한 오행의 범주에서 벗어나지 않는다.

학문적으로도 음양오행은 인문지리(人文地理)에 통합된다. 음양오행은 자연현상을 그 근거로 들기 때문에 자연과학에 속한다. 음양오행의 변전은 철학으로 발전하였다. 음양오행은 동양학문의 근간을 이루고 서양학문이 가지고 있는 분리적 성격(分離的性格)을 극복하는 통합학문이다. 서양문물은 한동안 동양을 압도하는 물리적 입장에 있었으나 다변화되는

27) 건물의 격과 쓰임에 따라 단청 내용을 달리했다. 단청은 각종 문양이 베풀어지는데 이는 벽사의 의미와 화재를 막아주는 상징적 의미를 담고 있다. 단청은 오행사상에 따라 기본적으로 청, 적, 황, 흑, 백의 오방색을 기본색으로 배합해 사용한다. 안료는 조선조까지는 천연안료를 사용했으나 요즘에는 화학안료를 쓴다(한국콘텐츠진흥원, 문화콘텐츠닷컴(문화원형백과 목조건축 부재별 조합 조립체험), 2004 참조).

사회와 과학의 정점에서 동양학의 근간인 음양오행을 적용하고자 노력하고 있다. 오래전부터 이 땅에 뿌리를 내린 음양오행 사상은 국민적이다 못해 민족적이다. 음양오행이야말로 한국적 우주관의 근원을 이루고 있다. 음양오행을 배제하고는 우리 문화를 설명하기 어렵다. 음양오행은 우리 민족의 역사와 사상적 원형에서 바탕을 이룬다. 문화와 문학, 이치와 이론, 정치와 과학, 의술을 포함하는 모든 면에서 음양오행 사상은 적용되고 있다.

각각의 방위는 색과 오행의 본질을 의미하고 방위를 상징하는 사신(四神)을 포함하고 있다.

우리의 음양오행 사상은 다양한 물상이나 흔적으로도 확인할 수 있다.

오행의 방위관

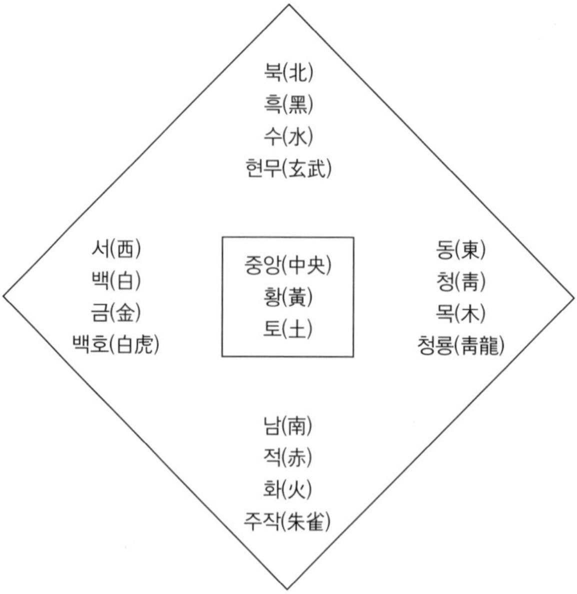

고분의 벽화, 비석의 귀부(龜趺), 직위에 적용하여 지어진 오경박사(五經博士), 감은사지(感恩寺址)[28]의 태극도형(太極圖形)에서 볼 수 있듯이 음양오행의 이치는 한국인의 정신과 일상생활에 깊이 자리해 있다.

1) 오방색

오방색(五方色)이라고 하면 어쩐지 무속적인 느낌을 받는 사람도 있을 것이다. 무속인들이 신내림굿이나 무속적인 행위를 할 때 입는 옷이나 천들이 다섯 가지 색으로 이루어졌기 때문이다. 또 그들이 내림굿에서 공수[29]라는 신의 문답을 받는 행위를 하며 사용하는 깃발도 오색이다. 이때 다섯 가지로 이루어진 색을 오방색이라고 한다. 그러나 오방색이 무속인들의 상징은 아니며 무속적인 색도 아니다.

오색은 오행의 기운을 표시하는 색이다. 동양적 사상에서 다섯 가지 색은 근원적인 개념을 가진 색이다. 오행을 나타내는 색의 근본이다. 모든 색의 시작이고 원초이다. 다양한 색을 이루는 모든 색의 근본이다. 이 다섯 가지 색은 각기 청(靑), 적(赤), 황(黃), 백(白), 흑(黑)의 색상을 말한다. 오행의 기본사상에서 오방색은 색 이상의 의미가 부여되며 표면적으로는 다섯 가지 기본색을 말한다.

---

28) 경북 경주시 양북면 용당리에 있는 신라 때 감은사 절터. 《삼국유사》에 따르면 문무왕이 왜병을 진압하고자 감은사를 짓기 시작하였으나 끝내지 못하고 죽었다고 한다.

29) 강신무가 모시는 신령이 굿을 진행하거나 점사를 풀어보는 과정에서 무당을 통해 인간에게 내리는 신탁 중 말로 이루어진 부분을 가리키는 용어.

음양오행을 바탕으로 하여 풀어낸 다섯 가지 색은 우주 만물에서 가장 근원적이고 가장 기본이 되는 순수한 색이다. 때가 침습하지 않아 순수한 색으로 잡색(雜色)이 아니다. 다른 색과 혼합되지 않은 근본적인 색이다. 섞음이 없는 기본색으로 달리 정색(正色), 정색(定色), 오방색(五方色)이라고 했다. 이름에서 말해주듯 가장 원초적이고 근본이 되는 색으로 오색(五色), 오채(五彩)라고도 했다.

오채라고 불리는 이유는 순수한 다섯 가지 색채를 말하기 때문이다. 만약 다른 색과 어울려 혼합되었거나 변질되었다면 달리 불렸을 것이다. 불가(佛家)에서 사용하는 단청의 색도 순수한 오채를 사용한다. 오채 개념은 이미 오래전에 쓰였으며 기록은《삼국사기》에 남아 있다.

"진골의 방은 장광이 24척을 넘지 못하며 당와를 덮지 않고, 비첨을 하지 않으며 조각한 현어를 달지 않고, 금은유석과 오채로 장식하지 않는다(眞骨 室長廣不得過二十四尺 不覆唐瓦 不施飛簷 不雕懸魚 不飾以金銀鍮石五彩)."[30]

이는《삼국사기》 권제33 10장 앞쪽에 있는 내용이다. 이 글을 인용하여 살펴보면 신라시대 진골이라는 계급에 해당하는 사람들은 자신의 거처나 집을 꾸밀 때 오채를 사용하지 못한다는 내용이다. 장식이라는 말은 지금으로 보면 인테리어 개념이다. 다섯 가지 색을 사용하지 못한다는 말은 다섯 가지 색 모두를 사용하지 못하지만 일부는 사용할 수 있으며 잡색을 사용해야 한다는 의미이다.

30) 세종대왕기념사업회,《한국고전용어사전》, 2001. 3. 30 참조.

신라시대 진골(眞骨)은 대단한 권력의 소유자들이었다. 어느 시대나 지배계급이 있기 마련이다. 진골은 지배계급으로 부귀를 누리는 계급에 속했다. 성골(聖骨)에는 미치지 못했지만 왕족(王族)이었다. 진골은 진짜 뼈라는 뜻이고 성골은 성스러운 뼈라는 의미이다. 이렇게 힘과 권력을 지닌 가문에서도 오채를 모두 사용하지 못했다는 것은 매우 중대한 이유를 말해준다. 오채가 대단한 위엄을 지녔거나 더 높은 것을 암시하는 기능을 하지 않았을까 하는 의구심을 가질 수 있다. 즉 오채는 왕권을 의미하는 색일 수 있다.

조선시대 왕의 의자 뒤에는 봉우리 다섯 개와 둥근 원 두 개, 즉 일월을 그린 병풍이 있었다. 일월오봉도(日月五峰圖)[31]라 불리는 이 병풍은 임금의 권위를 상징한다. 중국에서는 황제만이 황금색 옷을 입을 수 있었다. 조선시대에 목단(牧丹) 그림은 부귀공명(富貴功名)을 의미하여 귀족이라 해도 사용할 수 없었다.

【앗, 잠깐!】 목단 그림

재복에 좋은 그림으로 널리 알려진 목단 그림은 조선시대만 하더라도 누구나 집 안에 걸 수 있는 그림이 아니었다. 목단은 왕가의 신물이나 다름없었다. 목단은 부귀공명을 나타낸다. 부귀공명은 왕이나 왕족을 의미하는 단어이다. 귀족이라 하더라도 부귀공명을 이룰 수는 없다.

31) 조선시대 궁궐 정전의 어좌 뒤 또는 야외행사 때 천막 안의 옥좌 뒤에, 사후에는 빈전에, 진전에는 국왕의 초상화 뒤에 반드시 있어야 하는 병풍. 달과 해 앞의 다섯 산봉우리를 그린 그림이라는 뜻이며, 왕의 권위를 상징한다.

청나라 황실에서는 주묵(朱墨)이라는 붉은 먹을 이용해 대나무를 그리고 이를 금죽(金竹)이라 불렀다. 역시 황실 사람만 사용할 수 있는 것으로 만약 일반인이 사용하면 역적의 죄로 다스렸다. 신라시대에 오색을 모두 사용한다는 것은 이와 비슷한 의미를 가지는 것은 아니었을까?

【앗, 잠깐!】 **금죽(金竹)**

2003년 중국 최후의 황족 후예인 화가 아이신조우뤄 워즈워이(愛新覺羅 毓紫微, 당시 43세)가 내한 전시회를 하려고 서울에 왔다. 그는 서울 종로구 원서동 공간그룹 오픈 시어터와 인천문화예술회관에서 차례로 개인전을 열어 금죽(金竹), 쌍마도(雙馬圖) 등 황족화(皇族畵) 50여 점을 선보였다. 금죽은 청나라 황실에서만 사용하는 그림으로 누구나 그릴 수 있거나 일반 가문에서 소장하는 그림이 아니라 황제의 권위를 나타내는 그림이었다.

신라의 신분제도인 골품제(骨品制)에서 진골은 계급이 높은 사람들로 통치자이고 권력자였다. 어느 시대나 지위는 있는데 이는 과거로 갈수록 더 엄격했다. 그래서 계급사회라고 한다. 신라의 골품제는 직위를 나누는 일종의 품계제도 같은 것으로 사람의 등급을 가르는 제도이다. 이 제도는 또한 사람의 사회성을 가르며 그 격(格)을 가른다.

신라의 골품제는 성골(聖骨), 진골(眞骨), 육두품(六頭品), 오두품(五頭品), 사두품(四頭品) 등으로 나뉘어 있다. 마치 인도의 카스트(caste)제도[32]와 같은 것이다. 인도의 카스트제도는 각기 신을 모시는 바라문 또

32) 인도 특유의 신분제도로 영어로는 사성(四姓)·계급·혈통·인종 등을 의미하며, 어원은 포르투갈어 카스타(casta, 혈액의 순수성 보존)이다. 결혼, 식사, 직업 등에 관해 엄격한 규제에 놓인 배타적 사회집단으로, 카스트가 경제적인 상호의존 관계와 상하의 신분관계에서 유기적으로 결합된 제도를 카스트제도라고 하는데 법적으로는 금지하고 있다.

는 브라만(神官), 왕족을 포함하여 우리의 양반격인 크샤트리아(武士), 농민이나 상인과 같은 일반적인 바이샤(庶民), 다른 사람의 핍박을 받으며 살아가는 천민 계급인 수드라(奴婢) 네 계급으로 나뉜다.

카스트제도에 대한 해설을 참고하면 사람은 태어나면서부터 각기 카스트에 속한다. 그들은 자신의 지위나 계급, 족속을 추월하거나 초월할 수 없다. 결국 결혼은 물론이고 직업 등을 구하거나 선택하는 과정에서 제약을 받는다. 그들은 동일한 카스트 내에서 모든 일을 행한다. 신라의 골품제도는 인도의 카스트제도와 크게 다를 것이 없다.

신라는 1,000년 역사를 지속한 나라다. 오래도록 신라 왕권을 유지한 계급은 성골이다. 성골은 양쪽 부모가 모두 왕족으로 이루어진 후손이다. 남녀 두 사람이 결혼했다면 남자의 부모도 모두 왕족이고 여자의 부모도 모두 왕족이어야 한다. 아마도 근친혼(近親婚)으로 왕족의 권위를 이었을 것이다. 그러나 근친혼이 유전적으로 문제가 있다는 것은 잘 알려진 사실이다. 결국 성골은 유전적으로 문제가 있었을 테고 일탈이 일어났을 것이다. 사람이 살아가는 데 모든 법도가 지켜지는 것은 아니다. 또 모두가 왕위에 욕심을 부리는 것도 아니다. 성골 중에도 왕족이 아닌 사람과 혼인하는 사람이 나타났을 것이다. 이때 태어나는 아이는 진골이다.

진골의 근본은 왕족이다. 즉 성골과 마찬가지로 왕족에 속하나 혈통이 왕위를 잇기는 어려웠다. 어쩌면 성골 쪽에서 볼 때 진골은 흐려진 피일 수도 있다. 잡스러운 피가 섞인 것으로 여겨질 수도 있다. 순수혈통이 아니라고 여겼을 것이다. 이처럼 진골은 양친이 왕족인 성골과는 다르다.

부모 중 한 사람은 왕족이나 다른 한 사람이 왕족이 아니다. 양친의 혈통을 살펴보면 어느 한쪽이 왕족이 아닐 수 있고, 대를 이어오는 과정에서 어느 대에 왕족이 아닌 혈통이 섞인 핏줄이다.

신라 전반기는 성골로 이루어진 세계(世系)가 왕위를 이었으나 어느 정도의 세계가 이루어지자 성골의 이어짐은 끝이 났다. 성골로 이루어진 혈맥이 끝난 것이다. 이에 진골이 왕위를 잇기 시작한다. 골품으로 따져 성골이 끊어진 29대 태종무열왕(太宗武烈王)[33] 때부터 진골이 왕위에 오른다.

신라시대에 진골은 강력한 힘을 지닌 지배세력의 일부로 왕족임에도 오채색을 모두 사용하지 못했다. 즉 오방색을 이용해 집을 치장하지 못하게 한 것은 성골만이 그 특권을 누리고 있었음을 의미한다. 결국 오방색을 모두 사용한다는 것은 권력을 나타내는 것으로 가장 숭고한 것을 뜻한다.

오방색은 단순히 오행의 의미만 갖는 것은 아니며 드러나는 색상 이상의 의미가 있다. 오방색의 근본이념은 음양과 오행을 나타낸다. 음과 양의 기운이 생겨나 하늘과 땅이 되고, 다시 음양의 기운이 목(木), 화(火), 토(土), 금(金), 수(水)의 오행을 생성했다는 음양오행 사상을 기초로 한다.

오방색은 음양오행의 오행을 색상으로 나타냈는데 목(木)은 청(靑), 금(金)은 백(白), 화(火)는 적(赤), 수(水)는 흑(黑), 토(土)는 황(黃)의 색을 가지게 된다. 청은 동방(東方), 적은 남방(南方), 황은 중앙(中央), 백은 서방(西

33) 신라 제29대 왕으로 당나라와 연합하여 백제를 멸망시켜 삼국통일의 기초를 마련하였다(재위 654~661). 성은 김(金), 이름은 춘추(春秋)이고 시호(諡號)는 무열(武烈)이다.

方), 흑은 북방(北方)의 방향을 적용한다. 음양오행 사상에 따르면 흰색, 황색, 적색은 양(陽)이고 청색, 흑색은 음(陰)이다. 그러나 사상을 분석하는 학자에 따라서는 황색을 중(中)에 두고 음양의 교류라고 해석하는 이들도 있다.

오방색은 우리 일상생활에 다양하게 적용되었다. 우리 언어 중에는 오방색이나 오색, 오(五)를 나타내는 단어가 많다. 모두 오행을 바탕으로 하고 오행의 의미가 깃든 말이다. 이러한 단어들 속에 들어 있는 색의 의미는 매우 광대하며 각각의 색이 지닌 의미와 상징에 사용하거나 적용하는 범위가 달라진다.

무속에는 오방신장(五方神將)이라는 말이 있고, 오방처용무(五方處容舞)는 예부터 전해지는 춤이다. 관복에도 오방색이 적용되어 품계(品階)와 직급(職級)을 나타낸다. 그밖에도 오방을 나타내거나 오색을 나타내는 말이 적지 않은데 오방낭자, 오색실, 오채떡, 색동옷, 색동저고리, 오곡, 오색단청, 오미(五味), 오색의 화문석이 모두 해당된다.

오신채(五辛菜)도 오행 개념을 가지고 있다. 오신채는 매운맛이 나는 다섯 가지 채소로 만든 새봄의 생채요리를 말하다. 입춘채(立春菜), 진산채(進山菜), 오훈채(五葷菜), 오신반(五辛盤)이라고도 한다. 오신채로 움파, 산갓, 승검초, 미나리싹, 무싹 다섯 가지를 들기도 하지만 이론이나 지역에 따라서는 파, 마늘, 달래, 무릇, 부추와 같이 자극성이 강한 채소를 말하기도 한다.

오신채는 다른 의미도 있다. 불가에서는 이를 금지하기도 하지만 불가에서 말하는 오신채는 약간 다른 식물이다. 우리나라 사찰에서 특별히 먹지 못하게 하는 음식은 마늘, 파, 부추, 달래, 흥거 다섯 가지로, 대부분 자극이 강하고 냄새가 심한 것이 특징이다. 우리에게 생소한 흥거는 백합과 식물이다. 한국과 일본, 중국에서는 구할 수 없는데 왜 동양학에서 오신채로 사용했는지 알 수 없다.

한국에서는 양파를 금지한다. 하나같이 자극적이고 혀가 아린 식물이다. 달리 남자의 정력을 불러일으키는 식물로 인정받기도 한다. 흔히 자양강장(滋養强壯)하는 식물이다. 몸의 영양을 붙게 하여 영양불량이나 쇠약을 다스리고 특히 장(臟)의 기운을 돋우며 오장에 속하는 심(心), 간(肝), 비(脾), 폐(肺), 신(腎)을 튼튼히 하는 데 좋은 식물이다.

사찰에서 오신채를 금하는 것은 향이 강하고 자극성이 강해 수련하거나 수도하는 불자의 수도를 방해한다고 보았기 때문이다. 사실 다른 의미도 있을 것이다. 신(腎)이 튼튼해지면 수도자는 잡스러운 생각을 할 수도 있다. 사찰음식에서는 이들 식물을 대신하기 위해 다시마, 들깨, 방앗잎, 제피가루, 버섯 등을 사용한다. 이처럼 오행의 이념은 우리 일상에 들어와 있으며 의식주 생활 전반에 걸쳐 다양하게 작용하고 적용되고 있다.

오행에는 오색이 따르고 방위가 따르는데 여기에는 오방이라는 의미가 있다. 이는 풍수지리에서 정방위(正方位)에 해당한다. 황색(黃色)은 중앙, 청색(靑色)은 동, 백색(白色)은 서, 적색(赤色)은 남, 흑색(黑色)은 북을 뜻한다. 풍수지리의 패철(佩鐵)을 이용한 좌향(坐向), 양택을 살피는 팔택법(八宅法)[34]에 따르면, 황색은 땅을 나타내며 축간인(丑艮寅) 방향에 해당하여 간(艮) 중심의 동북(東北)과 미곤신(未坤申) 방향으로 곤(坤) 중심

POINT

패철의 방향 분석

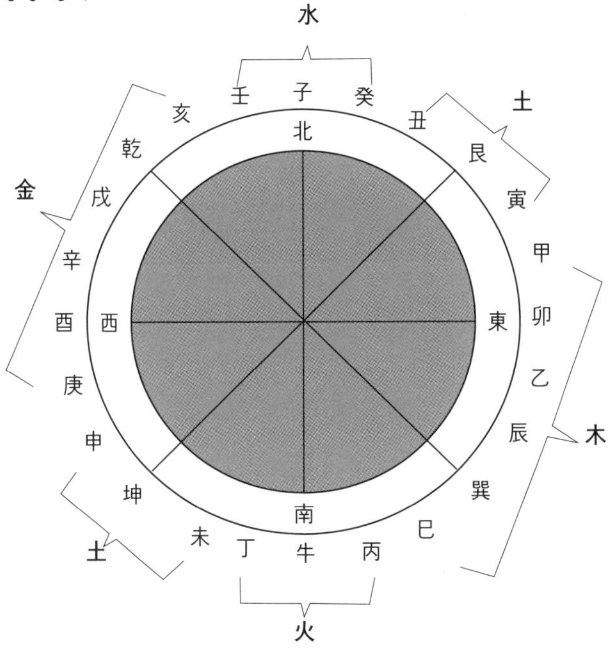

의 서남(西南)의 방향이다. 청색은 나무를 의미하며 갑묘을(甲卯乙) 방향으로 묘(卯)의 중심의 동쪽과 진손사(辰巽巳) 방향의 남동쪽 방향이다. 백색은 경유신(庚酉辛) 방향으로 유(酉) 방향 중심의 서(西)와 술건해(戌乾亥) 방향으로 건(乾) 방향 중심의 서북(西北)이고, 적색은 병오정(丙午丁) 방향으로 오(午) 방향 중심의 남쪽이다. 흑색은 임자계(壬子癸) 방향으로

34) 중국에서 팔택법(八宅法)이라고도 불리는 동서사택법(東西舍宅法)은 양택법의 주류를 이루는 가상법으로 주택 판단의 3요소인 대문(大門), 주(主), 조(灶)가 어느 위치에 있느냐에 따라서 동사택과 서사택으로 나누어 판단한다.

자(子) 방향 중심의 북쪽이다.

풍수지리에서는 우방위(隅方位)도 살핀다. 건물에서 좌향(坐向)을 살필 때 우방위를 살피듯 색을 논할 때도 사이[間]의 색도 주의한다. 청색과 황색의 간색에는 녹색(綠色)이 존재한다. 청색과 백색의 간색으로는 벽색(碧色)이 존재한다. 벽색은 근본적으로 맑은 구슬과 같은 색이다. 청색과 백색의 중간색으로 오간색(五間色)의 하나에 속하고 푸른 옥구슬의 색이라 한다. 적색과 백색의 간색에는 홍색(紅色)이 있다. 흑색과 적색의 간색으로는 자색(紫色)이 있다. 흑색과 황색의 간색에는 유황색(硫黃色)이 있다. 이들의 색을 오간색(五間色)이라고 하지만 때로는 오방잡색(五方雜色)이라고 한다. 잡색이라는 것은 섞였음을 의미한다.

각각의 색은 의미가 남다르다. 마구잡이로 쓰이는 것이 아니라 각각의 의미에 어울리게 사용한다. 황색은 오행 가운데 토(土)에 해당하며 구궁에서는 중심을 차지한다. 우주의 중심이라는 의미가 있다. 땅이라는 의미도 있다. 가장 고귀한 색으로 인식되어 중국에서는 황제의 옷을 만들 때 사용했다. 이는 황제가 만물의 중심이라는 의미이다. 중국은 자신들이 세상의 중심이라는 생각으로 중국(中國)이라 하였으며 중화(中華)에도 세상의 중심이라는 사상이 나타난다.

푸른색을 의미하는 청색은 오행 가운데 나무의 질(質)을 의미하는 목(木)에 해당한다. 청색은 만물이 생성하는 봄의 색으로 푸르른 색이다. 생동감과 기(氣)가 피어나는 것을 의미한다. 동쪽을 의미하고 푸름, 어린, 새로운, 시작, 맑음의 의미가 있다. 예부터 귀신을 물리치고 복을 비는 색으로 쓰였다. 강하다는 의미와 젊다는 의미가 있다. 그래서 청년(青年)

이라는 말이 의미가 있다.

아무런 색이 없는 것을 백색(白色)이라고 한다. 백색은 오행 가운데 금(金)에 해당한다. 왜 금이 백색이냐고 반문할 수 있다. 쇠는 표면적으로 검은색이다. 무쇠를 보면 검다. 그러나 그 금이 깨지면 빛나는 백색이다. 백색은 순백의 색, 순결의 색, 오염되지 않은 색이라 한다. 결백과 진실, 삶, 순결 등을 의미한다. 우리 민족은 예부터 흰옷을 즐겨 입었기 때문에 백의민족(白衣民族)이라 불렀다.

붉은색을 의미하는 적색(赤色)은 오행 가운데 불길의 질(質)을 의미하는 화(火)에 해당한다. 화의 기운은 열과 빛이다. 쇠를 녹이는 강한 기운이다. 생성과 창조, 정열과 애정, 적극성을 의미하고 심장이라는 의미를 부여한다. 모든 것을 태워버리는 불의 색이다. 따라서 가장 강한 기운이 퍼져 나오므로 벽사(辟邪)[35]의 빛깔로 쓰였다. 부적(符籍)을 그릴 때 사용하는 색도 이 붉은색이다. 왕릉이나 향교와 같이 삿된 것이 들어오는 것을 방어하는 목적으로 세운 홍살문(紅箭門)도 한결같이 붉은색으로 칠해져 있다.

검은색을 의미하는 흑색(黑色)은 오행 가운데 물의 질(質)을 의미하는 수(水)에 해당한다. 물의 특징은 흐름이고 처세(處世)이다. 물은 계곡을 따라 흐르지만 지형에 따라 자기 모습을 변형시키고 그 지형에 담기는데 이를 상선약수(上善若水)라고 한다. 상선약수란 최고의 선(善)은 물과 같다는 뜻으로, 노자 사상에서 물을 이 세상에서 으뜸가는 선의 표본으

35) 사귀(邪鬼)를 물리치는 것 또는 재앙을 불제(祓除)하는 일. 사예(邪穢)를 물리친다, 즉 마귀를 쫓는다는 뜻.

로 여겨 이르던 말이다. 물의 흐름은 인간의 지혜를 관장한다고 생각했다. 오행사상은 다양한 사물의 형태로 분석이 가능하다. 우리 삶은 음양오행 사상에 기반하여 판단이 가능하다. 오행은 우리 생활과 뗄 수 없는 밀접한 관계가 있다. 우리 조상은 필요한 곳에 음양과 오행을 적절하게 이용했다. 때로는 오행을 모두 이용하기도 하지만 상황에 따라서는 필요한 부분에 오행의 한 부분을 이용하기도 했다. 특히 해당하는 오행을 독립적으로 사용하기도 했다.

혼인(婚姻)은 인륜지대사(人倫之大事)이다. 신부와 신랑이 만나 한 가정을 이루는 혼례는 축복이며 큰 행사였으므로 중요한 행사를 그르치는 음귀(陰鬼)를 막아야 했다. 혼례식을 치르는 신부가 얼굴과 이마에 붉은 색으로 연지곤지를 바르는 행위는 나쁜 기운을 방어하고자 함이다. 바로 홍살문이나 부적에 사용하는 붉은 기운과 그다지 다르지 않다.

명절이 되면 어른들은 어린아이들에게 색동저고리를 입힌다. 오래전 인간의 수명이 회갑(回甲)을 넘기기 어려웠을 때는 60년의 육갑(六甲)을 돌아 다시 자신이 태어난 갑자에 돌아오면 회갑잔치를 벌였다. 이때도 색동저고리를 입혔다. 나쁜 기운을 막고 무병장수를 기원하는 것이다. 지금도 돌이나 명절에 어린아이에게 색동저고리를 입히는 것은 여전히 오행의 개념이 적용되고 있음을 보여준다.

우리 생활에서 오행 개념은 의식하지 못하는 사이에도 여전히 활용되고 있다. 이러한 행위와 생활습관은 전통적이며 풍속적인 것으로 발전하였다. 가장 대표적인 것이 간장 항아리에 붉은 고추를 띄워놓는 것이다. 붉은 것은 나쁜 기운을 방어한다. 조각보에도 오방색은 여전히 사용되고 있다. 새해에는 붉은 글씨로 쓴 부적을 대문이나 안방 문 위에 붙인다.

시대가 변해 아이가 태어나면 아이와 산모가 산후조리원으로 가서 몸을 추스르지만 아직도 일부에서는 여전히 집에 돌아오면 고추와 솔가지를 끼워 금줄을 두르는 풍습이 남아 있다. 잔치를 하는 집에서 제공하는 국수에는 고명이 올라온다. 이 고명으로는 본시 오색이 올라오는 것이 정석이다. 모든 구색이 갖추어지지 않더라도 노란색 달걀지단과 붉은색 실고추는 올라온다. 지금도 일부에서는 건강과 장수를 위해 붉은빛이 나는 황토로 집을 짓는다. 과거 궁궐이나 사찰, 향교에 단청을 칠했던 것처럼 지금도 새로 지어지는 사찰은 단청을 입힌다. 아직도 우리 생활에서 오행을 의미하는 오방색은 활용되고 계속 사용되고 있다.

오방색의 정의	
청색	동(東), 봄, 간장, 신맛, 기쁨, 인(仁)
백색	서(西), 가을, 폐장, 매운맛, 분노, 의(義)
적색	남(南), 여름, 심장, 쓴맛, 즐거움, 예(禮)
흑색	북(北), 겨울, 신장, 짠맛, 슬픔, 지(智)
황색	중(中), 환절기, 위장, 단맛, 욕심, 신(信)

2) 오방대제(五方大帝)

음양오행은 다양한 논리로 해석이 가능하다. 음양오행의 근본원리는 태극에서 시작하여 음과 양으로 분리되고, 다시 오행으로 확장되면서 이루어진다. 세상의 모든 이치와 사물은 근본적으로 음양의 작용과 분화, 화합, 적용으로 태어나고 발전하며 성장 과정을 거친다. 따라서 음양은 모든 변화의 시작이다.

음양에서 분화되어 발전한 오행은 사방과 중앙을 나타내며 종교적인 개념과 관점으로는 이 방향을 지키는 신이 주재한다. 세상에는 무수한 신이 존재한다. 따라서 무수한 신을 통제하는 상위의 신이 있어야 한다. 최고신이 있지만 일반적인 신들을 다스리는 신도 필요하다. 다섯 방향을 지키는 신은 다양한 모든 신의 어버이가 된다.

음양오행의 전능을 부여받은 신을 흔히 오방대제라고 한다. 다섯 방향을 지배하는 큰 신이라는 의미이다. 오방대제는 대단히 포괄적인 개념이다. 불교, 도교 혹은 무속에서도 사용하지만 각각 다른 이름으로 존재한다. 이 다섯 신은 각기 다른 모습으로 세상에 존재를 드러내고 있으며 형태적으로는 사신(四神)으로 나타난다. 그런데 사신 개념에서는 중앙을 비워두고 있다. 이는 여러 가지 의미로 해석된다. 중앙은 바로 지금, 현재 혹은 주재자의 자리이기에 비워두는 것으로 보인다. 풍수지리에서는 사신사를 그대로 인용하여 사용한다. 사신도는 동서남북의 방위를 나타내고 우주의 질서를 수호하는 상징적인 동물을 그린 그림이다.

사신을 상징하는 동물은 동쪽이 청룡(青龍), 서쪽이 백호(白虎), 남쪽이 주작(朱雀), 북쪽이 뱀과 거북을 혼합하여 만든 상상의 동물인 현무(玄武)이다. 이를 풍수지리에서는 달리 사신사(四神砂)라고 하는데 이는 사격(砂格)의 의미가 된다. 사신사는 중앙의 한 지점을 에워싸는 개념이다. 이러한 개념에서 중앙은 혈(穴)이 된다. 혹은 사신사가 에워싼 범위 내부는 명당이라 하고 달리 국(局)이라고도 한다. 이러한 사신사는 단순히 짐승 형태로만 존재하는 것이 아니라 음양오행 사상에 기초한 천문, 방위, 색채관과 관련이 깊다.

오방은 중앙을 포함하여 동서남북을 이르는 말이다. 현재의 입체적 개념이 아니라 지극히 평면적 개념이다. 오방 개념은 중국에서 다양한 신화적 상황과 전설에 적용되었다. 또한 역사에도 적용되었다. 중국은 하나의 민족으로 이루어진 국가가 아니다. 따라서 다양한 민족의 신화와 설화가 복합되어 있다. 중복되거나 동일한 신적 개념이 각기 다른 곳에 배치되는 경우도 있다. 그렇다고 해도 오방 개념은 오행의 이념과 사상에서 벗어나지 않았다.

신화는 때로 혼돈을 일으키기도 한다. 특히 중국은 그 경우가 심하다. 이는 다민족(多民族)으로 이루어진 국가이기 때문으로 보인다. 각각 다른 사상과 이념이 있지만 하나의 나라를 이루었다. 같은 신화라 해도 각각의 조상은 각각의 다른 신이 된다. 자연히 그 사상이 실타래처럼 엉키기 마련이다.

중국의 신화를 바탕으로 하는 오방의 신들은 이름이나 역할, 기능 등이 확고하게 고정되지 않았다. 때때로 중복되거나 사라지기도 하며 위치나 역할에서 자리바꿈을 하기도 한다. 홍수남매혼 신화는 그 불합리와 혼란을 대변하는 신화다. 이 신화에서 소년 복희(伏羲)는 신성한 동방의 신이 되어 있다. 서방의 신 소호(小昊)는 때로 동방의 신이기도 했으므로 일관성을 찾아보기 어렵다. 북방의 신 전욱(顓頊)은 자신의 조상뻘인 황제의 자리를 차지하고 중앙의 신인 황제 노릇을 한다. 이처럼 혼잡스럽고 정리에서 혼란을 유도하는 점은 있지만, 근본적인 사상에는 오행이라는 개념이 존재한다.

오행을 그 바탕으로 하는 오방을 나타내는 다양한 이론은 그 끝을 정하기 어렵다. 오행사상이 전해진 동남아 곳곳을 살피면 각각의 의미를 지닌 이론과 전설이 있다. 중국과 일본, 한국의 이론과 전설만 분석해도 그 끝을 헤아리기 어렵다.

이론에 따르면 오방(五方)에는 각기 맡아 다스리는 신이 있다. 우리가 흔히 사용하는 단어에는 신화적 의미가 있다. 하늘에 있는 것을 임금[帝]이라 한다. 그러나 우리가 인식하는 임금은 왕(王)이다. 우리가 인식하는 임금의 정의는 군주국가(君主國家)에서 나라를 다스리는 최고통치자를 말한다. 고려의 임금, 조선의 임금, 백제의 임금과 같은 형식이다. 따라서 일반적인 개념에서 임금은 왕이다. 임금은 시대에 따라, 계급에 따라, 인식에 따라 군왕(君王), 군주(君主), 주군(主君), 인군(人君), 왕(王), 왕자(王者), 나라님, 상감마마, 황제 등으로 달리 불렸다. 그러나 임금의 의미는 하늘을 다스리는 존재이다.

길을 가다가 장승을 볼 수 있다. 그 장승에는 천하대장군(天下大將軍), 지하여장군(地下女將軍)이라는 글이 쓰여 있다. 신화적 개념에서 땅에 있는 것을 대장군(大將軍)이라 한다. 땅을 다스리고 제압하는 존재가 대장군이다. 이 대장군의 개념에 음양 개념을 적용하면 다시 두 가지 역할로 나뉜다. 광명이 비치는 범위에서 오방(五方)을 감독하고 살피는 존재를 천하대장군이라고 한다. 흔히 길을 가다 만나는 장승에서 남자 모양을 한 장승이 천하대장군인 것은 양(陽)을 표현한 것이다. 음의 공간인 땅속을 감독하고 살피는 존재를 지하여장군이라 한다. 지하여장군이 여성 모습을 구현하는 것은 음(陰)을 표현한 것이다.

> **【아차!】** **장승**
>
> 한국의 마을 또는 절 입구, 길가에 세운 사람 머리 모양의 기둥이다. 돌로 만든 석장승과 나무로 만든 목장승이 있으며 전국에 분포한다. 10리나 5리 간격으로 이수(里數)를 나타내 이정표 구실을 하거나 마을의 수호신 역할을 한다. 대개 남녀로 쌍을 이루어 한 기둥에는 '천하대장군(天下大將軍)', 또 한 기둥에는 '지하여장군(地下女將軍)'이라고 새긴다. 일반적으로 푯말 구실을 하였고 점차 신앙으로서 역할을 하였다. 그러나 가장 큰 역할은 비보풍수여서 삿된 것을 방어하려고 세운 경우가 많다.

《한단고기(桓檀古記)》36)를 참조하여 살펴보면, 오제는 방향을 주재하는 신으로 동서남북과 중앙의 다섯 방위와 관련이 있다. 이러한 사상이 반드시 중국의 사상은 아니다. 우리의 민족사관을 지닌 학자들은 오방 개념이 중국을 이루는 한족의 사상이 아니라 우리 조상인 동이족의 개념이었다고 주장한다.

1970년대에 단군교 계통의 종교단체인 단단학회에서 펴낸《한단고기》에 따르면 청제(青帝)는 낳고 기르는 것을 주관하고, 적제(赤帝)는 빛과 열을 주관하고, 백제(百濟)는 성숙을 주관하고, 흑제(黑帝)는 생명이 다함을 주관하고, 황제(皇帝)는 조화를 주관한다고 한다. 이를 해석하면 청제는 낳고 기르는 것을 주관하니 생명의 태동을 나타낸다. 적제는 빛

---

36) 1979년 단단학회(檀檀學會) 설립자이자 교주인 이유립(李裕岦)이 펴낸 책으로 '환단고기'라고도 한다. 범례에는 태백교(太白教)라고도 불리는 단학회(檀學會)의 계연수(桂延壽)가 민간에 은밀히 전해지던 문헌 4종을 묶어서 이기(李沂)의 감수를 받아 필사한 뒤 1911년 인쇄했다고 기록되어 있다(두산백과 참조).

과 열과 관련 있으니 성장, 예술, 정열, 꽃의 개화를 의미한다. 백제는 성숙을 주관한다고 했으니 과일이다. 성숙은 열매를 맺는 것이다. 열매를 맺어야 씨를 가질 수 있다. 흑제는 생명을 주관하니 수의 존재는 생명의 근원이 된다. 생명의 근원은 씨앗의 존재이다.

또한 오행 개념에서 오령(五靈)은 태수(太水), 태화(太火), 태목(太木), 태금(太金), 태토(太土)라 한다. 역시 오행 개념을 정확하게 목화토금수로 정의하고 있다. 이러한 이론은 명리학의 종격(從格)[37] 적용에서도 드러난다.

명리학에 적용하여 오령에 기입하면 다음과 같다. 태수는 크고 윤택하게 하니 이를 수기(水氣)의 모음으로 살피면 윤하(潤下), 태화는 녹이고 익히는 것이니 화기(火氣)의 모음으로 살피면 염상(炎上), 태목은 지어 이루는 것이니 목기(木氣)의 모음으로 살피면 곡직(曲直), 태금은 재량하여 자르는 것인데 혁신(革新)을 의미하니 금기(金氣)의 모음으로 살피면 종혁(從革), 태토는 씨 뿌림을 주관하는 것으로 토기(土氣)의 모음은 생장하고 기르는 바탕이니 가색(稼穡)이라 한다.

《한단고기》에서는 다섯 가지 방위를 관장하는 다섯 영물을 적시하고 있다. 용왕현구(龍王玄龜)가 그 하나로 북쪽을 나타낸다. 용왕현구는 흔히 현무(玄武)로 표현되는 상징물이다. 현무는 거북 모양이지만 용과 결합된 형태를 나타낸다. 이는 상상적인 신수(神獸)로 서수(瑞獸) 개념이다.

37) 격의 일종으로 종격이란 '기명종격(棄命從格)'을 말한다. 글자 그대로 "나를 버리고 강한 자에게 내 운명을 맡긴다"라는 뜻이다. 음양오행 가운데 특정 오행의 기운이 왕해지므로 그에 따라 기세가 편중해지고 운의 흐름 역시 그 기운을 따라가 발복하게 되는 사주팔자를 지칭한다.

고구려 고분이나 백제 무덤에서 나타나는 현무는 거북의 몸을 했지만 목과 꼬리가 길며 용의 다리를 가지고 있다. 용과 거북은 물을 주관하는 수신(水神)이다. 현무는 북방을 의미하는데 이는 물을 나타내는 방향이기 때문이다. 우리 전통에서 집을 지을 때 상량문(上樑文)에 용(龍)과 구(龜)라는 글자를 쓰는 것은 화재를 방어하기 위한 비보풍수에 해당한다. 물을 주관하는 서수들은 선악을 주관하는 것으로도 알려져 있는데 해치도 그런 서수에 속한다.

남방을 주관하는 영물은 흔히 주작(朱雀)이라고 한다. 주작 역시 상상의 동물이다. 붉은 봉황(鳳凰)을 형상하여 탄생된 상서로운 영물이다. 우리 전통에 따르면 예부터 무덤과 관(棺)의 앞쪽에 주작을 그렸다. 《한단

【집중】 **상량문**

새로 짓거나 고친(중수 또는 중건) 집의 내력, 공역 일시 등을 적어둔 글로 중국 육조 때 시작되었으며 창건상량문 · 중수상량문 · 중건상량문 등이 있다. 원래 상량대에 간략하게 붓으로 쓰지만 궁실, 관아, 학교, 사원 등에는 따로 긴 글을 짓기도 한다. 간단하게 쓰는 방법은 여염집에서 많이 이용된다. 장여 배바닥에 먹글씨로 써서 마루에서 올려다볼 수 있게 한다. 여염집 상량대에는 집의 좌향과 개기(開基), 입주, 상량 날짜와 시각을 한 줄로 내려 쓴다. 즉 몇 년, 몇 월간지, 며칠이라고 쓴다. 그 아래에 두 줄로 기원하는 내용이 담긴 글귀를 적는다. 즉 응천상지삼광(應天上之三光) 비인간지오복(備人間之五福) 같은 글이다. 이를 이어보면 세재기해년음이월이십일신시입주상량(歲在己亥年陰貳月貳十日申時立柱上樑)과 같이 쓰고 그 아래 두 줄로 應天上之三光 備人間之五福이라고 쓴다. 이 글의 뜻은 하늘의 세 빛이 비추고 인간세상의 오복이 갖추어지기를 기원한다는 것이다. 때로는 집주인의 방명(芳名)을 기록하기도 한다. 글의 아래위에 용(龍)과 구(龜) 자를 써서 천리에 순응하는 집을 지었음을 하늘에 고한다. 이때 쓰는 용(龍)과 구(龜)에는 불이 나지 말라는 화재 예방의 뜻이 깃든 비보풍수의 의미가 있다. 즉 물을 다스리는 용과 물에서 사는 장수 짐승인 거북이를 의미하는 글자로, 나무와 흙으로 지어진 집에 불이 나지 않기를 바라는 마음을 표시한 것이다.

고기》에는 주작적표(朱鵲赤熛)라고 기록되어 있고 목숨을 주관한다고 적혀 있다. 주작은 남방(南方)을 지키는 신령인 남방성수(南方星宿)의 이름이다. 사마천이 지은 《사기》 〈천관서(天官書)〉에 남궁주조(南宮朱鳥)라는 말이 있어 중국에서도 일찍이 남방을 지키는 영물로 주작 개념을 설명했음을 알 수 있다.

좌측 산을 청룡(靑龍)이라 한다. 좌측은 동쪽이라는 개념과 같다. 그런데 왜 용이라고 하였을까? 용은 상상의 동물이다. 높은 산에 올라 산의 흐름을 바라보면 마치 그 모습이 뱀이 구불구불 나아가는 것 같다. 그러나 뱀은 발이 없다. 산은 지각(地脚)이 뻗는다. 이는 상상의 동물인 용과 다름없다. 《한단고기》에는 청룡영산(靑龍靈山)이라 기록되어 있으며 곡식을 주관한다고 했다. 이는 봄이 되어 곡식을 심고 싹이 자라남을 의미한다.

서쪽 산을 백호(白虎)라고 한다. 오른쪽 산이라는 개념이 적용된다. 오른쪽에는 서쪽이라는 개념이 있다. 《한단고기》에는 백호병신(白虎兵神)이라고 기록되어 있다. 군사와 정신을 주관하니 병권(兵權)이다. 혹은 금(金)의 이미지다.

중국의 오행 개념에서 중앙은 비워져 있는 경우가 많다. 이는 오행의 개념 창시가 중국이 아니기 때문에 적용에 문제가 생겼다는 의견이 많다. 《한단고기》에는 황웅여신(黃熊女神)이라 기록되어 있고 병을 주관한다고 언급했다. 우리 전설에 환웅(桓雄)이 웅녀(熊女)를 만나 100일간 쑥과 마늘을 먹게 하여 사람을 만들었다는 이치가 이에 통한다.

음양오행의 출처는 중국이 아니라 한민족의 전신인 동이족(東夷族)이라는 주장이 매우 강하게 제시된다. 이 오행을 바탕으로 만들어진 것이 사신도(四神圖)이다. 중국의 사료(史料)에서 사신에 대한 유래는 불분명하다. 중국 전국시대와 진한시대(秦漢時代)에 걸쳐 완성되고 전래되며 정립되었다는 설이 일반론이다. 그러나 중국의 자료를 살피면 중국에는 사신도가 거의 없고 그 대신 이신도(二神圖)가 있다. 그러나 고구려벽화에는 정확하게 사신도가 나온다. 중국 그림이 아니라 우리 민족의 그림이라는 의미이다. 고구려에 이르러 사신도가 정확하게 증명되는 셈이다.

사신도 개념은 홍산문화(紅山文化)[38]에서 기원한 것으로 보인다. 용과 봉황의 문화가 홍산문화에서 출발한 것이 증명되었기 때문이다. 용과 봉황의 문화는 홍산문화에서 처음 출발했는데 사신사의 좌청룡과 남주작이 배치되었다. 이로써 중국의 문명이 황하문명이 아니라 동이족 문화인 홍산문화에서 발원하였음이 증명되었다.

사신도에서 북쪽을 차지하는 현무 그림이 최초로 발견된 곳은 요령성 조양(朝陽)의 십이대영자 유적이다. 이곳 또한 동이족의 유적지다. 이곳에서 발견된 현무 그림은 고구려벽화로 넘어가기 전 단계에 해당한다.

음양오행에 따르면 사신도가 아니라 오신도(五神圖)여야 한다. 그러나 중국의 벽화나 유적에는 오신도가 없다. 중국이 주장하는 사신도는 어쩌면 자신들이 오행을 창시한 민족이 아님을 드러내는 것인지도 모른다. 그러나 고구려벽화에는 오신도가 있다. 즉 오방신을 제대로 표현하고 있

38) 내몽골과 요하 유역에서 발굴된 문화를 '홍산문화'라고 한다. 중국의 신석기 문화는 기원과 계통이 다른 문화가 동시다발적으로 생성되고 발전했다. 황하와 양자강을 따라 발생한 문명인 '하강문명'과는 다른 문명이며, 동이족 문명이라는 설이 증명되고, 힘을 얻고 있다.

다. 고구려벽화인 통구사신총, 오회분4호묘, 강서대묘에는 정확하게 오신도가 그려져 있다. 이는 오행을 정확하게 구현함을 나타내며 오방신 개념을 정확하게 드러내는 것이다. 또한 오행 개념을 창시한 민족이 중앙의 토를 정확하게 그려낸 한민족임을 나타내는 것이기도 하다.

증산도(甑山道)[39] 《도전(道典)》[40]에는 오방신장(五方神將)이라는 말이 나온다. 오방신장은 중앙을 포함하여 동서남북의 다섯 방위를 지키는 신장이다.《한단고기》에도 다섯 방위를 주관하는 신의 이름이 기록되어 있다. 각각 중앙태토신(中央太土神), 동방태목신장(東方太木神將), 서방태금신장(西方太金神將), 남방태화신장(南方太火神將), 북방태수신장(北方太水神將)이라는 기록이 있다. 이 기록으로 살펴보면 각각의 방위를 차단하고 주재하는 신장이 있으며 무엇을 상징하는지 오행으로 나타나 있다. 또 다른 기록에 따르면 이 오방을 감독하고 살피는 자를 천하대장군이라 하고 지하를 감독하고 살피는 자를 지하여장군이라 한다.

우리 이론과 현상, 역사와 설화, 개념에는 오행과 관련하거나 의미를 지닌 말과 단어 혹은 행정과 역사적 관점, 관직 등이 적지 않다. 재야사학자들의 주장에 따르면 '쥬신제국'의 벼슬을 알리는 관직에도 오행은 적용되어 있다. 민족사학자들이 말하는 쥬신제국은 고조선(古朝鮮)이다. 즉 고조선의 벼슬 중 오행을 나타내는 벼슬이 있다고 한다. 그 벼슬 이름이 오제(五帝)이다. 오제는 각각 황제(黃帝-大加: 中央)를 수석장관으로

39) 증산(甑山) 강일순(姜一淳)을 교조로 모시는 종교 중 증산교 계열 민족종단의 하나로, 보천교 신자였던 안운산과 그 아들 안경전이 1974년 창교하였다.
40) 증산도 도조(道祖) 강증산(姜甑山) 상제의 생애와 말씀을 수록한 증산도의 경전이다. 1992년 초판, 2003년 개정판으로 완간됐으며 현재 영어, 중국어, 일본어 등 10개 주요 언어로도 번역 중이다.

해서 현제(玄帝/黑帝-加: 北部), 적제(赤帝-狗加: 南部), 청제(青帝-馬加: 東部), 백제(白帝-牛加: 西部)가 그것이라고 한다.

역사에서 수많은 선인이 기록을 남겼다. 이익(李瀷)이 쓴《성호사설(星湖僿說)》[41]에 보이는 오방신장의 명칭은 각각 태호(太昊), 염제(炎帝), 소호(少昊), 전욱(顓頊), 황제(黃帝)이며 제왕의 명칭은 각각 복희(伏羲), 신농(神農), 금천(金天), 고양(高陽), 헌원(軒轅)이다.

오방신장이 상징적인 동물로 등장할 경우 방위를 상징하는 색채와 결부되는 경우가 흔하다. 주작, 백호, 현무, 청룡이 곧 그러한 사례이다. 그런데 중앙을 나타내는 의미와 색채는 빠져 있는 경우가 흔한데 우리 민족이 남긴 오신도에는 중앙을 황웅(黃熊)으로 정의하고 있다. 이러한 사실은《오제주(五帝注)》[42]에 기록되어 있다.

오방을 지킨다는 장군도 동의 청제(青帝), 서의 백제(白帝), 남의 적제(赤帝), 북의 흑제(黑帝), 중앙의 황제(黃帝)로 나타난다.《악학궤범(樂學軌範)》이나 현재의 처용무(處容舞)를 보면, 오방처용(五方處容)이 나타나서 동서남북의 오방잡귀를 쫓는다.[43]

---

41) 조선 후기의 학자 성호 이익의 대표적 저술. 평소에 기록해둔 글과 제자들의 질문에 답한 내용을 1740년경 집안 조카들이 정리한 것으로, 30권 30책이다.

42) 오제주에 가로되, 오방이 각유사명(各有司命)하니 재천왈제(在天曰帝)시오 재지왈대장군(在地曰大將軍)이시니 독찰오방자(督察五方者)는 위천하대장군(爲天下大將軍)이시오 독찰지하자(督察地下者)는 위지하여장군야(爲地下女將軍也)시니, 용왕은 현귀(玄龜)시니 주선악(主善惡)하시며 주작은 적표(赤熛)시니 주명(主命)하시며 청룡은 영산(靈山)이시니 주곡(主穀)하시며 백호는 병신(兵神)이시니 주형(主刑)하시며 황웅은 여신(女神)이시니 주병(主病)하시니라. 오방에 저마다 사명이 있으니, 하늘에서는 제이시오, 땅에서는 대장군이시다. 오방을 감찰하는 이는 천하대장군이시고, 지하를 감찰하는 이는 지하여장군이시다. 용왕 현귀는 선악을 주관하시고, 주작 적표는 왕명을 주관하시며, 청룡 영산은 곡식을 주관하시고, 백호 병신은 형벌을 주관하시며, 황웅 여신은 질병을 주관하신다 (막노동하는 선비(nowjsd1221) 참조).

43) 한국학중앙연구원, 한국민족문화대백과 참조.

① **동방**

동방을 다스리는 신은 흔히 동방청제(東方靑帝)라고 한다. 동방청제는 색의 관념이 들어 있는 이름이다. 청(靑)은 푸르다는 의미이다. 동쪽을 의미하는 데서 그치지 않고 푸른색이 나는 모든 것을 의미한다. 나라와 민족 혹은 역사와 시기에 따라 동방을 다스리는 신이 달리 표현된다. 가장 일반적인 개념은 청룡일 것이다.

중앙을 주관하는 상제(上帝)는 황제로 불린다. 이 이름에서 방향이 지향하는 색이 나타난다. 황제와 4명의 제(帝)가 방향을 주관한다. 동방을 주관하는 상제는 태호(太皞)라고 불리는 이인(異人)이다. 그는 달리 복희(伏羲)라고 하며 봄을 주관한다고 한다. 그 이유는 그를 보좌하는 신으로 목신(木神)인 구망(句芒)이 있기 때문이다. 하위 신들이 주관하는 모든 것은 주신(主神)의 영향을 받는다. 따라서 동쪽은 목이라는 의미가 성립된다. 구망은 손에 컴퍼스를 들고 있으며 봄을 관장한다고 한다. 따라서 태호복희는 동쪽을 주관하고 목을 의미하며 봄을 관장한다.

《여씨춘추(呂氏春秋)》〈맹춘기(孟春紀)〉에 기록되어 있는 바에 따르면 복희씨는 살아 있을 때 목덕(木德)으로 천하의 왕으로 행세했고, 죽어서는 동방에 제사를 지냈기 때문에 목덕의 천제가 되었다고 한다. 도교에서도 그를 동방의 천제라고 한다. 이는 고유(高誘)라는 학자가 단 주석에서 찾을 수 있다.

중국 사람들의 관념에서 동방을 다스린 신은 복희라고 부른다. 중국 사상에 영향을 받은 동북아, 동남아, 동아시아 전반에서는 같은 사상을 적용하는 경우가 많다. 복희는 문헌에 따라 복희(宓羲) 혹은 포희(庖羲)라고 쓰여 있다. 이런 이름은 '희생을 길러서 포주(敍廚)에 가득 채운다'든가 '희생을 포락(署烙, 굽고 지짐)한다'는 의미로 해석되므로 인간들에게 동물의 고기를 지지고 볶고 익혀서 먹는 법을 가르쳐준 것으로 해석할 수 있다.

농서(隴西) 지역 출신인 태호복희는 감숙성 태안현 북쪽에 있는 성기(成紀) 사람으로 성(姓)은 풍(風)이다. 전설 속에서 상고시대 동이족의 유명한 수령으로 포희(包犧), 복희(伏戲), 희황(犧皇), 황희(皇羲), 태호(太昊), 청제(青帝)라고 일컫는다. 동이는 모두 아홉 갈래로 나뉘어 있었기 때문에 달리 구이(九夷)라고도 불렀다. 그는 최대 부족을 이끌던 공동 수령이자 동이족 상상 속의 선조로 받들어졌다.

복희는 중국의《명당경(明堂經)》에 등장하는 존재로 동방을 관장한다고 한다. 중국은 그가 신화의 인물이 아니라 역사적 인물이라고 주장하며 근거를 제시하는 노력을 하고 있다. 복희는 대단히 신화적이다. 용의 몸에 사람 머리를 하고 있다고 표현된다. 사람이라고 하기보다 신장(神將)에 가깝다. 이러한 모습은 흔히 불교의 신장에서 볼 수 있으며 신화적으로 천상(天上)과 지상(地上)을 연결하는 존재로 표현된다. 고전적 역사시대 개념에서 용인(龍人) 형태는 무당과 같은 존재의 의미가 강하다. 150년간 재위하고 하남성 회양현에 속하는 진(陳)에서 죽었다고 하며 회양현 서남 회양성(淮陽城) 북쪽 3리 지점에 장사지냈다고 한다. 복희와 떼려야 뗄 수 없는 것이 팔괘(八卦) 이야기다. 복희의 가장 큰 공적은 팔괘를 만든 것이다. 복희는 음양 변화의 이치에 근거해 팔괘를 만들었다고도 한다. 팔괘는 여덟 종류의 간단하면서도 의미심장한 부호를 사용해 천지간의 사물을 개괄한 것이다.《주역》〈계사〉에 따르면 복희는 위로는 하늘의 천체를, 아래로는 땅의 지형을 살피고 사물의 빼어난 모습을 고려해 팔괘를 만들었는데 이것으로 신의 원리와 통하고 만물의 이치를 설명할 수 있었다고 한다. 전설에 따르면 네모난 단에 앉아 팔방에서 들려오는 음악을 듣고 ☰(건乾), ☷(곤坤), ☳(진震), ☴(손巽), ☵(감坎), ☶(간艮), ☱(태兌), ☲(이離)라는 팔괘를 만들었다고 한다.

복희가 중국 동쪽 먼 나라 출신이고 동방을 주관하는 신이라는 내용 때문에 일부 한국 사람들은 복희가 고대 동이족이라고 생각한다. 이런 한국인의 사상은 중국의 개념과 다를 수 있다.《한단고기》에서는 복희를 적제(赤帝)로 칭하고 남방을 관장하는 것으로 묘사한다. 청제 대웅은《한단고기》〈삼신오제본기(三神五帝本紀)〉에 등장하며 동방을 관장한다.

재야학사들이 주장하는 위서류(僞書流)에 따르면, 동방을 맡아 다스리는 자를 태목(太木)이라 한다. 그를 청제라 하며, 호는 동인호생(同仁好生)이고, 그를 보좌함을 대웅(大雄)이라 한다. 그는 태평(太平)의 하늘에 있다고 하는데 이를 대광명(大光明)이라고 한다.

② 서방

서방을 다스리는 신은 서방백제(西方白帝)라고 한다. 이 또한 색상을 포함하는 포괄적인 개념이다. 먼저 중국에서의 개념을 살펴본다. 서방의 신은 소호(少昊)이다. 소호의 탄생신화는 아주 문학적인데 이렇듯 지나치게 문학적이거나 전설적인 것은 탄생과 배경, 전설의 전후를 의심하게 만들지만 방향을 주재하는 신의 개념은 변하지 않는다. 소호 이야기는 4세기경 왕가(王嘉)라는 도인이 지은 소설집 《습유기(拾遺記)》에 조금 더 자세히 실려 있다.

이에 따르면 서방을 장악하고 주재하는 상제는 소호(少昊)이다. 그의 이름은 지(摯)이고 태호복희의 법을 닦아서 소호라 불린다. 그에 대한 전설과 사실적 묘사에 따르면 쇠[金]의 덕[金德]으로 임금이 되어 금천(金天)이라고 한다. 북방의 신으로 추앙받는 전욱의 숙부이다. 소호의 어머니 황아(皇娥)는 천상의 선녀로 하늘에서 옷감 짜는 일을 했다. 궁상(窮桑)이라는 나무에서 놀다가 백제(白帝)의 아들과 사귀어 소호를 낳았다. 소호를 부르는 이름 중 궁상씨가 있는데, 그의 어머니가 놀던 나무 이름을 차용한 것으로 보인다. 또 상(桑)이라는 글자로 보아 뽕나무를 의미하는 것 같다. 그의 어머니가 옷감 짜는 일을 하였다고 했으니 궁상은 누에가 먹는 뽕을 생산하는 나무를 상징하는 것으로 보인다. 전설에 따르면 그는 자라나서 동쪽바다 밖에 소호지국을 세웠다고 한다. 그의 어머니가 만난 남자가 백제의 아들이라 했으니 백제라는 이름은 어떤 한 사람에게 독자적으로 붙여주는 지위나 명호가 아닌 것으로 볼 수 있다. 이는 백제라는 이름이 다양하게 적용되었다는 사실을 보여주는 것이기도 하다.

사마천이 저술한 《사기》는 총 130권으로 이루어졌다. 이 중 〈세가(世家)〉는 총 30권이다. 제3권이 〈노주공세가(魯周公世家)〉인데 이에 따르면 무왕(武王)이 문왕(文王)의 아들이라고 나온다. 무왕은 자기 동생으로 이름이 단(旦)인 주공(周公)을 노(魯)나라에 봉하였지만, 주공은 봉국(奉國)인 노나라에 가지 않고 무왕을 보좌했다고 기록되어 있다. 그것으로 그치지 않고 무왕은 주공 대신 주공의 아들 백금(伯禽)으로 하여금 노나라를 다스리게 하였다는 기록이 있다. 이 기록에 소호와 동이족에 관련된 기록이 나온다.

"이 노나라는 소호(少昊) 동이족의 나라로 한웅국시대의 후손이다."

이는 배달국시대 고시씨(高矢氏) 후예의 종족을 나타내는 것이다. 고시씨는 동이족의 이름이다. 동이는 9개 족속으로 이루어져 구이족이라고 부른다.

사마천이 지은 《사기》 〈오제본기〉에서는 이러한 기록을 뺐다. 아마도 동이족에 대한 기록이었기 때문일 것이다. 중국을 건립한 민족은 화족(華族)이다. 중국 고대 역사는 대부분 동이족 역사이다. 화족 역사라 주장했던 많은 부분이 동이족 역사이다. 동이족은 중국이 아니라 한국의 선조이다. 사마천은 《사기》에서 동이족인 소호의 기록은 뺐지만 나머지 황제 헌원의 손자이며 북방의 상제인 전욱(顓頊)과 황제 헌원의 증손인 제곡(帝嚳)은 그대로 기록하였고 황제 헌원 맏아들의 후손인 요임금에 대한 기록도 그대로다. 또 황제 헌원 둘째 아들의 후손인 순임금에 대한 기록도 온전하다. 이는 중국 사관들이 역사 속에서 동이족의 기록을 지우려 노력한 흔적이다.

이러한 기록으로 보아 중국에서 소호는 동이족으로 인식된 것으로 보인다. 실제 중국 고대 역사 연구에 따르면 동이족의 거주지와 분포는 매우 광범위했다. 중국은 오래도록 동이족 역사를 자신들의 것으로 각색해 사용한 것으로 보인다. 그러나 연구가 거듭될수록 동이족 역사가 빛날 뿐이다. 중국 학자들은 동이족 역사를 자신들의 역사로 각색하거나 배척하는 방법을 선택해야 했다. 이것이 현재 동북공정(東北工程)[44]의 문제다. 중국 역사가들은 과거에도 이런 문제에 봉착했다.

현재 남아 있는 중국 고대 기록의 거대한 줄기는 대부분 황제 헌원 일가의 기록이다. 이는 동이족의 기록과 역사적 사실을 지우기 위한 과정이었다. 남아 있는 여러 기록으로는 화족이 이룬 혹은 화족을 바탕으로 뭉쳐져 이루어진 중국인들이 사방(四方)의 신으로 인식하는 전설적인 황제와 소호를 비롯한 전설적인 인물이나 신을 동이족으로 인식하는 경우가 많다. 이는 중국 고대 역사를 이룬 민족이 동이족임을 말하는 것으로 중국의 문화와 역사는 동이족의 역사와 문화를 바탕으로 이루어졌다.

동이족인 소호를 지원하고 돕는 보좌신은 금신(金神)인 욕수(蓐收)이다. 사방의 신을 논할 때 보좌신은 오행을 표현한 것이다. 보좌신들이 오행의 근본이념을 말한다. 소호의 보좌신인 욕수는 가을을 관장한다. 따라서 소호는 서방의 신으로 금을 의미하고 가을을 주관한다.

한국의 민족학자들 중에는 소호도 동이족이라고 주장하는 이들이 많다. 흔히 민족사관(民族史觀)이라고 하는 정신을 바탕으로 하는 연구가들을 중심으로 중국 고대 역사에서 우리 것을 찾아내는 연구가 활발하다. 이들이 중국 역사가 동이족 문명에서 이루어졌음을 증명하고 밝혀내고 있다.

중국의 여러 기록에서도 소호는 처음에는 동방의 신이었다. 《산해경(山海經)》에 따르면 그는 황제의 손자라고도 하는데 동해 바깥 먼 곳에 그의 나라가 있었다고 한다. 그러한 족보를 따져 들어가면 황제도 동이

44) 중국에서 만주 지방의 역사, 지리, 민족문제 따위를 연구하는 국가적 연구 사업의 명칭. '동북변강사여현장계열연구공정(東北邊疆史與現狀系列硏究工程)'을 줄여 이르는 말이다.

족이라는 판단이 가능하다. 《산해경》은 동아시아 지역에서 가장 오래전 성립된 중국의 대표적 신화집이다. 이런 신화집은 역사성을 가지고 있다. 오래된 역사를 신화처럼 각색하는 경향이 있기 때문이다. 《산해경》은 대체로 기원전 4세기에서 기원전 3세기경에 쓰인 것으로 보인다. 이 시기는 춘추전국시대이고 제자백가의 시대이다. 특이한 사실은 《산해경》이 역사가나 학술가가 쓰지 않고 무당들이 쓴 책으로 보인다는 것이다. 중국 중앙, 즉 화족에 대한 기록이 아니다. 중국과 변방 지역의 기이한 사물, 인간, 신들에 대한 기록과 함께 그림이 실려 있다.45)

《산해경》과 기타 여러 자료와 기록에 따르면, 소호는 동쪽 바닷가에 나라를 세운 것으로 전해진다. 소호는 창시자(創始者)이자 건국자(建國者)이다. 고대신화에서 대부분 신은 건국자로 나타난다. 그런데 소호가 동쪽에 나라를 세웠다는 이 내용이 심상(尋常)하다.

고대에 동이족은 중국 대륙의 동쪽과 북쪽에 거주했다. 소호가 동쪽에 나라를 세웠다는 점에서 동이족의 나라일 가능성이 크다. 동이족은 고대 중국의 동쪽 해안 지역에 거주했다. 또한 동이계(東夷系) 종족은 새를 토템으로 숭배한 것으로 전해진다. 소호는 새의 왕국을 세웠으며 새들의 신이었다. 이러한 상황은 소호가 동이족 수장이었음을 보여준다. 동이족 문화를 연구하는 학자들 중 일부는 전설로 전해지는, 소호가 이룩한 새의 왕국 신화에 주목한다. 즉 소호가 세운 새의 왕국에 대한 전설과 설화를 동이계 종족의 새 토템신앙을 반영한 것으로, 변형되고 각색된 것으

45) 김장환 외, 《동양의 고전을 읽는다》, 휴머니스트, 2006.

로 설명한다. 동방의 지배자 소호는 이유와 시기를 알 수 없지만 동방을 떠났다. 그리고 아들인 가을의 신 욕수를 거느리고 서방을 다스리는 신으로 나타났다.

재야학자들이 주장하는 위서류(僞書流)에 따르면 서방(西方)을 맡아 다스리는 자를 태금(太金)이라 한다. 그를 백제(白帝)라 하며, 호는 청정견허(淸淨堅虛)라 한다. 그를 보좌하는 이를 치우(治尤)라 하는데, 그는 구화(鉤和)의 하늘에 있으며 대희리(大喜利)라 한다.46) 서방을 관장하는 백제 치우는《한단고기》에 나오는 백제로 이해할 수 있다.

《태백일사》에 이런 기록이 있다.

가기어포만유사열이자물종행신이리세무(呵氣於包萬有射熱以滋物種行神以理世務) 미유기이시생수사태수거북방사명상흑(未有氣而始生水使太水居北方司命尙黑) 미유기이시생화사태화거남방사명상적(未有機而始生火使太火居南方司命尙赤) 미유질이시생목사태목거동방사명상청(未有質而始生木使太木居東方司命尙靑) 미유형이시생금사태금거서방사명상백(未有形而始生金使太金居西方司命尙白) 미유체이시생토사태토거중방사명상황어시편재천하자주오제사명시위천하대장군야편(未有體而始生土使太土居中方司命尙黃於是遍在天下者主五帝司命是爲天下大將軍也遍) 재지하자주오령성○시위지하여장군야(在地下者主五靈成○是爲地下女將軍也).

숨을 불어넣어 만물을 만드시고 열을 뿜어 만물의 종자를 세우시며 신묘하게 행하여 세상일을 다스리시니라. 기(氣)가 있기 전에 처음으로 물

46) 문화콘텐츠닷컴, 문화원형백과 오방대제, 한국콘텐츠진흥원, 2002.

을 낳게 하여 태수(물의 근원, 조상)라 하고 태수는 북방에 있으면서 흑(黑)을 다스리게 하였다. 기가 있기 전에 처음으로 불을 낳게 하여 태화라 하고 태화는 남방에 있으면서 적(赤)을 다스리게 하였다. 질(質)이 있기 전에 처음으로 나무를 낳게 하여 태목이라 하고 태목은 동방에 있으면서 청(靑)을 다스리게 하였다. 형(形)이 있기 전에 처음으로 금을 낳게 하여 태금이라 하고 태금은 서방에 있으면서 백(白)을 다스리게 하였다. 체(體)가 있기 전에 처음으로 흙을 낳게 하여 태토라 하고 태토는 중앙에 있으면서 황(黃)을 다스리게 하였다. 이에 하늘 아래 두루 있으면서 오제의 사명을 주관하는 바 이를 천하대장군이라 한다. 지하에 두루 있으면서 오령의 이름을 주관하는 바 이를 지하여장군이라 한다.[47]

③ 남방

사방은 각기 동서남북을 가리킨다. 중국 신화에서 각 방향에는 다스리는 신이 있다. 남방을 다스리는 통합적인 개념의 신적 명칭은 남방적제(南方赤帝)이다. 이 이름에서 붉다, 불과 같은 통념적 사고가 가능하다. 이미 우리 사고에서 방향 개념은 여러 가지 의미를 부여한다. 기이한 것은 다른 방향을 주재하는 것으로 나타나는 신들과 달리 중국의 신적 개념에서 남방을 주재하는 신인 적제의 입지가 비교적 허약하고 그다지 두드러지지 않는다는 사실이다. 보통의 경우 신적 개념에서 사방의 신은 비슷한 능력과 비슷한 힘을 지닌 것으로 나타나야 하는데 사실은 그렇

47) silvino111님의 블로그 https://terms.naver.com/entry.nhn?docId=1820142&cid=49223&categoryId=49223

지 않다.

중국 신화나 각종 전설에 따르면 남방의 신은 신농(神農)이다. 일반적 개념에서는 신농씨의 이름이 그의 역할을 말해준다. 농(農)자가 붙었으니 농사와 관련이 있다. 그도 중국 전설상의 제왕이다. 최근 중국은 사방을 주재한 신들이 실존 인물이었다는 주장을 내고 있으나 생김새나 전설에 따르면 아직 그들은 인간에 가까운 존재일 뿐이다.

남방을 다스리는 것으로 알려진 신농씨는 중국 상고시대 임금으로 정식 이름은 염제(炎帝)이다. 염제라는 말에서는 뜨겁다는 것이 느껴진다. 불을 다스렸을 것이라는 의미가 강하다. 불과 관련되었으니 열, 화기, 빛과 관련이 있다. 신농씨라는 이름에서 농사를 생각할 수 있다. 신농씨는 인간의 몸에 소의 머리를 갖고 있다고 여겨졌다. 신화에서는 모든 사물을 성역화하고 희화화하기도 하지만 신농씨는 생김새만으로도 농사와 관련 있는 신이라는 것을 알 수 있다.

신농씨는 의술과 농사를 담당한 신으로 전해진다. 흔히 중국에서 의술이라 하면 황제라는 의식이 강하다. 황제가 지은 의학서적이 다수 존재하는데 《황제내경(皇帝內經)》[48]이 대표적이다. 물론 《황제내경》을 반드시 황제가 지었다는 것은 아니다. 누군가 황제 이름을 도용 내지는 가차했을 것이라는 주장이 설득력이 있다. 그러나 중국 신화에 따르면 의료에 대한 직접적 권능자(權能者)는 신농씨이다. 신농씨는 의료에 대한 조사를 하였다고 전해진다. 신농씨는 이를 바탕으로 병에 대한 처방을 집

48) 중국의 가장 오래된 의학서. 내경(內經)이라고도 하며, 의학오경(醫學五經)의 하나이다. 소문(素問)·영추(靈樞) 두 부분으로 나뉘어 각각 9권 81장으로 구성되었다.

대성하였다. 그런 이유로 신농씨야말로 중국의학의 기초를 확립하였다고 존중받을 수 있다. 중국에서는 신농씨를 약신으로 숭상하는데 그의 얼굴을 그린 화상을 게시하여 손님을 불러 모으기도 하고 비보풍수로 사용하는 경우도 많다.

염제는 이름에서 드러나듯 중국 신화에서 불의 신이라고 정의되었다. 불은 자연발화로 시작되나 인간의 의식에서는 창시자 개념이 요구되었다. 즉 불을 만들었거나 창조한 존재가 필요했는데 그가 바로 염제였다. 그러나 중국의 전설 곳곳에는 불을 만들거나 어디선가 가져온 신들이 존재한다.

고대 중국의 설화나 역사를 되짚어보면 불을 의미하는 신이 다종다양하다. 곳곳에 불을 다스린 신이 나타난다. 이는 여러 가지 의미가 있다. 불은 인간이 살아가며 가장 요긴하게 사용한 문명의 상징이다. 곳곳에 불을 상징하는 신이 나타나는 것은 문명이 다채롭게 발상했음을 나타낸다. 다른 의미는 여러 부족이 각기 다른 신을 모셨음을 나타낸다. 불을 다스리는 신이나 불의 창제자(創製者)는 민족마다 다른 이름으로 불렸다. 이는 상징성이 있기 때문에 그 형태나 생김도 각각 달랐다.

오랜 세월이 흐르며 염제라는 상징이 만들어졌다. 염제는 하나의 개념이 아니라 여러 가지 개념이 함축된 의미이다. 이는 중국이라는 국가 혹은 민족이 하나의 민족이 아님을 의미한다. 각 민족이 지니는 상징성을 통합하는 과정을 드러낸다. 드넓은 땅에는 각각의 민족이 있었으며 이 민족이 이합집산한다. 각 민족이 교류하고 불의 이념을 하나의 신형(神形)으로 정리하는 과정에서 염제라는 신화의 주인공을 만들어낸다.

중국 십삼경(十三經)의 하나인 《춘추좌전(春秋左典)》을 지은 좌구명(左仇明)의 《국어(國語)》에도 불의 신인 염제 이야기가 나타난다. 시대적 상황이나 보는 방향에 따라 신화는 달리 해석하거나 주석을 붙이고 확대 재생산하기도 한다. 좌구명의 기록에 따르면, 신농씨는 강씨(姜氏)의 시조신(始祖神)으로 나온다. 그런데 심상하게 생각할 일이 있다. 중국은 자신들의 조상이 아니라면 신이라도 하대하거나 이름으로 격하하는 습성이 있다. 그러한 이치에 따르면 염제도 신농씨라는 이름에서 그 유래를 파악할 가치가 있다. 신농씨라는 이름에서 내려다보는 하대(下待) 개념이 나타난다. 그렇다면 신농씨도 역시 중국의 조상이 아니라 이족이나 여타 민족으로 볼 수 있다.

이름이 말해주듯 염제는 불을 의미하므로 남쪽이라는 상징성이 강하다. 혹 염제는 화족이 아니라 남방의 민족에서 얻은 신화일 가능성도 있다. 염제는 중국 일부 지역과 일부 민족에게 태양신으로 받들어지기도 했다. 중국은 50개 이상의 큰 민족으로 구성되고 작은 민족으로 다시 나누면 수천의 민족이 모여 이루어졌다. 현재 이를 이끌고 주도하는 민족이 화족이니 현재의 신화적 해석은 화족의 관점을 반영한다. 그러나 고대신화에 대한 해석은 당시 관점이다. 따라서 남방적제의 이름과 역할로 보아 남방의 민족일 가능성을 배제할 수 없다.

남방적제의 보좌신은 화신(火神)으로 알려진 축융(祝融)이다. 중국 남방에서는 신농이 아니라 축융이 염제 역할을 대신한다. 염제보다는 축융이 신으로 받아들여지기도 한다. 적제(赤帝) 축융은 중국 신화에서 불의 신이자 남쪽의 신이다. 중국 남방에는 신농씨보다 축융에 대한 전설이 더 많으며 전래되는 전설도 많다. 따라서 중국을 이루는 여러 민족의 전설이 모여 신화를 이룰 때, 염제의 전설도 화족의 이치에 따라 정해졌지만 남방의 여러 민족에게는 남방의 신은 축융으로 받아들여졌음을 보여주는 현상이다.

남방에서 불의 신인 축융은 또한 전쟁의 신으로 용맹함을 상징한다. 갑옷을 입고 칼을 휘두르며 커다란 호랑이를 탄 모습이다. 매우 강한 존재로 하늘과 땅을 분리하는 신인 축융은 존경의 대상이다. 《삼국지(三國志)》[49]에서는 축융부인이 축융의 후예라고 서술하였다. 또 다른 전설과 설화에 따르면 축융은 균형 잡힌 시각을 지닌 신으로 손에 저울을 들고 있는 모습으로 형상되고 있다.

중국 사람들은 과시하기를 좋아한다. 그 결과가 신화의 후손이라는 주장이다. 중국 사람들은 자신들을 염황(炎黃)의 후손이라고 말하기를 주저하지 않는다. 이는 자신들이 염제 신농씨와 황제 헌원의 후손이라는 주장이다. 그런데 이 말이 언제부터 전해지고 어느 시기에 융성하였는지 살필 가치가 있다. 이러한 주장이 2,000년 전이나 1,000년 전 시작되었다면 진실성을 의심받을 이유가 없다. 그러나 이는 최근에 만들어졌다. 중국의 역사왜곡은 일본의 역사왜곡보다 심하면 심했지 약하지 않다.

공자(孔子)가 동이족 후손이라는 이야기는 어제오늘 나온 것이 아니다. 공자 스스로 자신을 동이족 후손이라고 하였다. 맹자(孟子)의 기록에

---

49) 중국 위·촉·오 3국의 정사(正史). 진나라 학자 진수(233~297)가 편찬한 책으로 《사기》, 《한서》, 《후한서》와 함께 중국 전사사(前四史)로 불린다. 《삼국지연의》는 14세기에 나관중이 위·촉·오 세 나라의 역사를 바탕으로 전승되어온 이야기들을 장회소설 형식으로 편찬한 장편 역사소설이다.

따르면 공자는 은나라 왕실의 후예라고 한다. 사마천의 《사기》에도 은나라는 동이족 나라라고 표기하였다. 중국 역사에서 은나라를 일으킨 사람들은 동이족이라고 한결같이 말하며 유적들도 많이 남아 있다. 대만대학교 서량지 교수도 공자가 동이족임을 논문으로 밝혔다.

중국 최초의 사전인 《설문해자(說文解字)》[50]에는 "동이란 동쪽에 사는 사람이다. 오직 동이만이 대의(大義)를 따르는 대인(大人)들이다"라고 기록되어 있다. 공자는 "중국에 도가 행해지지 않으니 나는 군자불사지국(君子不死之國)인 구이(九夷) 나라에 가고 싶다"라고 하였다.

약 2,300년 전, 공자의 7대손 공빈(孔斌)이 고대 한국에 관한 이야기를 모아서 쓴 《동이열전(東夷列傳)》에는 "동방에 오래된 나라가 있는데 동이라 한다. 훌륭하신 분인 단군이 계셨는데 구이(九夷, 동이의 아홉 나라)의 추대를 받아 임금이 되셨다. 요임금 때의 일이다. 순임금은 동이에서 태어나 중국으로 와서 임금이 되어 훌륭한 정치를 하였다. 동이에는 자부선인(紫府仙人)이라 하는 도에 통한 훌륭한 분이 계셨는데 황제 헌원씨가 그 문하에서 내황문(內皇文)을 배워 와서 염제 신농씨의 뒤를 이어 중국의 임금이 되셨다"라는 기록이 있다.

중국은 이러한 역사를 무시하고 자신들의 역사를 왜곡하고 있다. 과거 기록과 역사를 자신들 역사로 편입하고자 획책하고 있다. 공자시대에는 자신들의 역사를 왜곡하여 요순을 뿌리로 삼고 한나라 때는 황제 헌원을 자신들의 역사로 소급시키더니 1980년대 후반에 와서야 염황 자손

---

50) 중국 후한시대에 허신이 편찬한 자전으로 총 15편이며 그중 말미의 서(敍) 1편은 진한(秦漢) 이래 문자정리의 연혁을 밝힌 것으로 100년에 완성되었다.

이라는 말이 담론이 되었다. 실상 염제 신농씨는 동방민족의 조상이지 중국 민족과 관계가 없으며, 있다 해도 그 지류에 지나지 않는다. 그러나 현재는 중국인들이 자신들이 염제와 황제의 자손이라고 주장하고 있다.

재야학자들이 주장하는 위서류에 따르면 남방을 맡아 다스리는 자를 태화(太火)라 한다. 태화는 큰 불이니, 큰 불을 다스리는 사람이다. 이는 염제와 같은 의미이다. 이로써 남방은 불을 의미함을 적시했다. 그를 적제(赤帝)라 하였는데 염(炎)이나 적(赤)이나 의미가 같다. 남방을 다스리는 자의 호는 성광보명(盛光普命)이라 한다. 빛이 융성했다는 의미니 남방은 불을 나타냄과 동시에 열과 빛을 모두 포함한다. 그를 보좌하는 이를 복희라 하는데, 그는 원정(元精)의 하늘에 있어 대안정(大安定)이라 한다. 이와 같은 이치를 적은 글에서 알 수 있듯이 중국 신화에 나오는 각종 인물과 신은 마구 엉켜 있고 불규칙하다.

④ 북방

북방을 주관하는 신은 북방흑제(北方黑帝)라 불리는데 방향과 색을 나타내는 것으로 역시 포괄적 개념의 이름이다. 중국의 신뿐 아니라 각각의 나라, 민족, 시기에 따라 신이나 주재자는 그 이름과 적용 개념이 달라질 수 있다.

중국 개념에서 북방을 주재하는 신은 전욱(顓頊)이다. 전욱은 중앙을 주재하는 신인 황제(黃帝)의 증손자라고 한다. 중국의 신적 개념은 처음과 달리 황제와 연관이 있는 형태로 정리되었다. 이는 자신들이 황제의 후손임을 증명하기 위한 방법이다. 그러나 황제도 동이족이라는 전설을 어찌 각색하고 왜곡하려는지 알 수 없다. 북방을 주재하는 신으로 나타나는 전욱은 어려서 숙부인 소호의 양육을 받았다. 전설에 따르면 그가 소호의 조카라고 한다. 그렇다면 소호가 동이족이라는 사실을 어찌 해석할 것인가? 전욱은 동이족이라는 관계가 성립된다. 그가 황제의 증손자라면 황제 또한 동이족이다.

전욱은 성장해서 북방의 신이 되었다. 다른 신들은 각기 다른 성정을 가지고 인간 중심의 전설로 나타나 인간에게 도움이 되는 기물을 만들거나 발명한다. 그러나 전욱은 인간 중심의 다른 신들과 달리 과격한 신이다. 북방의 신이라는 개념이 그러한 사상으로 나타났을 가능성도 있다. 중화는 늘 북방의 공격에 시달렸고 전전긍긍했다는 사실을 무시할 수 없다. 또한 중국에서 북쪽은 늘 차가운 바람이 불고 겨울이 밀려 내려오는 방향이었다. 당연히 다른 방향보다 불편하고 두려운 쪽이었다.

전욱은 신화 속에서 신과 인간을 구별하고자 하여 자신이 신이라는 존재감을 나타내려고 한다. 전욱은 신화적인 과감함을 드러냈을 뿐 아니라 인간에 대한 비교에서 우월감도 드러낸다. 신과 인간 사이를 구별 지어 신의 영역을 확실히 하려는 의도를 드러낸 것이다. 설화에 따르면 전욱은 신하인 중(重)과 려(黎)를 시켜 하늘과 땅의 통로를 끊어버렸다. 하늘은 신의 영역이고 땅은 인간의 영역인데 통로가 끊겼으니 신과 인간은 더는 교류할 수 없게 되었다. 영역이 나뉘자 인간은 신의 영역에 들어설 수 없게 되었다. 그렇다면 이 시기에 신을 부르는 무(巫)의 영역이 넓어졌다고 볼 수 있다.

신화적 개념에서 호칭은 다양하게 적용될 수 있다. 신의 개념을 상제라고 명명하는 경우도 있다. 북방을 주재하는 신은 북방의 상제이다. 전욱은 황제의 손자이자 창의(昌意)의 아들로 기록되어 있다. 또한 중국을 통치한 전설상 황제인 오제에 속한다. 이처럼 역사와 전설 사이에 존재하는 이들이 사방을 주재하는 신이다.

중국 고대 역사는 대부분 황제의 가계로 이어진다. 황제의 역사는 중국의 뿌리라는 전통을 만들어가고 있다. 황제의 증손자인 전욱은 장수하였다. 당시 신적 존재들은 비교적 긴 생명력을 유지한다. 영생(永生)이 아니라는 것은 서양의 신적 개념과 큰 차이 중 하나이다.

전욱은 20세에 즉위하여 78년간 재위하였다고 한다. 전욱은 처음에 고양(高陽)이라는 지역에서 나라를 일으켰다. 그가 일으킨 지역 이름을 따서 성씨를 고양씨(高陽氏)라고도 불렀다. 전욱을 이르는 이름에서 낮추어 부르는 하대 개념을 지우지 못했음을 볼 수 있다. 이 또한 전욱이 화족의 조상이 아님을 나타내려는 것으로 보이지만 황제의 후손이라는 점에서 일관성이 떨어짐을 알 수 있다.

이 시기에 전욱이 공공(共工)이라는 자와 제위를 놓고 다투었다는 설이 있다. 염제의 후손 공공과 전욱이 우두머리 자리를 놓고 격전을 벌였다는 것인데 이러한 신적인 존재들의 권력다툼과 충돌은 신화적 의미를 부여한다. 아울러 신화가 지니는 사상적 기틀을 마련해준다. 공공과 전욱이 다툴 때 공공의 힘이 넘쳐 불주산(不周山)에 서 있던 천주(天柱)를 부러뜨렸다고 한다. 이 때문에 하늘은 북서로 기울고 일월성신(日月星辰)은 북서를 향해 운행하게 되었다는 것이다. 이러한 가설은 우주천체의 변화가 신의 영향임을 부여하는 잣대가 된다. 그렇게 하지 않으면 지구와 우주천체의 변화를 설명할 방법이 없기 때문이다. 이러한 전설은 지금의 지구가 기운 것을 설명하는 실마리가 된다. 전욱을 보좌하는 하위의 신은 물을 다스리는 수신(水神)인 현명(玄冥)이다. 현명은 해신(海神)이자 풍신(風神)인 우강이기도 하다. 손에는 저울추를 들고 있으며 겨울을 관장한다. 따라서 북방상제 전욱은 북쪽을 다스리고 물의 신이며 겨울의 신이다.

재야학자들이 주장하는 위서류를 살필 필요도 있다. 북방을 맡아 다스리는 자를 태수(太水)라 한다. 그를 흑제(黑帝)라고도 하며, 호는 현묘진원(玄妙眞元)이다. 이러한 이름을 따서 살피면 대단히 도교적인 색채를 무시할 수 없다. 그를 보좌하는 이를 환인(桓仁)이라 하는데, 그는 소유(蘇留)의 하늘에 있다. 환인은 우리 상고사에도 나타나는 단군의 조상 이름이다. 남방의 주재자인 염제를 논할 때, 남방에서는 신농씨를 염제로 인정하는 것이 아니라 축융을 염제로 인정하는 것 같다.

북방에서는 전욱을 북방의 신으로 살피는 것이 아니라 환인을 북방의 신으로 삼기도 한다. 이를 대길상(大吉祥)이라 한다. 흑제 왕검은《한단고기》에 나오는 백제로 이해할 수 있으며 북방을 관장한다. 흑제는 생명이 다함을 주관한다.

⑤ 중앙

중국 사상에서 중앙을 다스리는 신은 황제이다. 황제라는 이름은 색을 중심으로 살펴야 한다. 황색(黃色)은 흙을 상징하는 색으로 토(土)의 개념이다. 이와 같이 황제라는 이름은 오행사상의 토(土)와 연관된 사고에서 비롯했다. 흙을 나타내는 오행의 토(土)가 지닌 색은 황색이고 이를 주재하는 신은 황제로 칭하게 되었다. 즉 땅을 주재하는 신이다. 땅은 중앙을 의미한다.

황제(黃帝)는 중국의 전설상 제왕이다. 중국 역사는 보통 삼황오제(三皇五帝)로 시작된다. 이전 역사가 있겠으나 기록이 없으므로 소급하기가 어렵다. 최근 동이족 문명으로 보이는 홍산문화가 있지만 아직 정확한 정리가 되지 않았다. 만약 홍산문화가 정리되면 삼황오제는 그 후대 인물 정도로 치부되고 말 수도 있다. 어쨌든 고대부터 현재까지 역사와 전설로 볼 때 삼황오제는 중국 고대사에서 빼놓을 수 없는 역사적 가치가 있다.

황제는 중국을 지배한 오제 중 첫 번째 위치를 차지한다. 황제의 성은 공손(公孫)이고 이름은 헌원(軒轅)이다. 따라서 황제 헌원이라 부른다. 다른 황제와 비교하여 황제에 대한 기록이나 전설은 비교적 소상한 편이다. 황제는 사실상 중국 최초의 황제로 대우받고 있다. 중국은 황제 이후 중국의 모든 제왕과 한(漢)민족이 그의 자손이라고 주장한다.

그러나 중국은 황제가 동이족의 후손이라는 문헌과 주장에는 명확한 답을 내놓지 못하고 있다. 만약 황제를 동이족의 후인이라 용인하거나 수용하면 중국은 동이족의 후손이거나 동이족 지배자를 모신 민족으로 전락하고 만다.

황제는 중원을 지배하는 상제이다. 전설 속 황제는 중원인인지 동이인인지 알 수 없는데 이는 중국의 사관(史觀) 때문이다. 황제는 동이족인데 화족 조상으로 둔갑시키다 보니 입지가 모호해졌다. 어쨌든 황제는 중국

원시시대 중원대륙을 통치했던 한 부락의 수령이자 현재 중화민족을 표방하는 화족의 선조다. 역사적으로 중국을 최초로 통일한 황제는 진시황(秦始皇)이다.

그러나 중국 건국신화에 나타나는 제왕으로는 황제가 최초 황제다. 황제는 중국을 처음으로 통일한 군주이다. 역사적으로 중국 통일의 역작을 이룬 진시황과는 대비되는 인물이다. 황제는 문명의 창시자로 숭배되므로 인간이기보다는 신에 해당하는 대상이다.

황제는 역사 속 인물로 묘사되지만 사실은 신화적 인물일 가능성이 높다. 실존인물인데 신화가 되었을 가능성도 높다. 오행이라는 사상에서 중요한 것은 그의 입지가 토(土)를 의미한다는 것이다. 중국에서 고래부터 전해져 내려오는 방향성의 정리에 해당하는 오방에 대한 신화의 내용은 다양하다. 그 방향은 동서남북이며 중앙을 포함하여 오방이다.

또한 오방은 오행의 개념선상에 놓여 있다. 중국 신화 중 방향성에 관한 신화에 따르면 중앙은 황제의 영역이다. 황제는 중앙을 관장한다. 즉 황제는 이름이 말하듯 토를 나타내고, 토는 중앙을 나타낸다. 따라서 황제는 중앙부를 관장하는 상제였다.

중국의 방향에 관한 신화에서는 동서남북 네 방향을 주관하는 상제가 존재한다. 상제는 신적인 인물들이다. 인간이되 신으로 표현되는 인물이다. 따라서 이 오방으로 나뉘는 방향 개념에서 각 방향을 주재하는 신적 존재들은 역사 속 인물들이다. 고대 역사에서 실제 존재했던 인물들이다. 물론 인간이었던 존재가 방향을 나누어 신격화하는 과정에서 인간의 모습과는 달라졌다. 그 모습이 신격화하는 과정에서 신수(神獸)와 가까운 모습으로 변하고 형상은 달라졌다. 어느 나라, 어느 민족의 신화에서도 신적인 존재들은 인간의 모습에 짐승이나 상상 속 괴물들의 형상이 덧입혀지기 마련이다. 혹자는 실존인물에 존재하지 않는 형상이 덧입혀졌다는 의견을 제시하기도 한다. 심지어 어디에도 이러한 신들이 존재하지 않았을 것이라는 주장도 있다.

그러나 최근 점차 연구가 진행됨에 따라 최소한 현재 신화에서 오방을 장악한 인물들은 실제 존재했다는 것이 증명되고 있다. 단 그 형상은 후인의 상상에 원하는 것을 추구함에 따라 변하고 정립되었다.

재야학자들이 주장하는 위서류에 따르면 중방(中方)을 맡아 다스리는 것을 태토(太土)라 한다. 그를 황제라 하며, 호를 중상유구(中常悠久)라 한다. 역시 그 이름의 사용에서 도가적 분위기가 나타난다. 그를 보좌하는 것을 왕검(王儉)이라 하는데 그는 안덕(安德)의 하늘에 있으며, 대예락(大豫樂)이라고 한다.

황제는 오제 가운데 하나로서 방위상으로 중앙에 위치하며 조화(造化)를 주관한다. 따라서 토는 중재하는 역할을 한다. 기운을 중화하고 중재하며 조화를 이루도록 조정하는 능력이다. 오행의 역할에서 토의 역할과 다르지 않다.

중국 신화에 나오는 중앙의 역할과 다르게 우리 민족의 신화와 그 적용에서 중앙은 각기 용(龍)과 황웅(黃熊)으로 나타난다. 중국이 자신의 문화로 편입하려고 했으나 난관에 부닥치자 잠시 멈춘 홍산문화는 명백한 동이족 문화이다. 이 문화의 유전 속에서 오행은 완성된 것으로 보인다. 이를 바탕으로 살펴보면 동이족 문화는 이미 8,000년 이상의 유구함을 자랑한다. 홍산문화를 바탕으로 추정하면 오행사상을 만들어낸 이들은 동이족이며, 중앙의 토(土)에 대한 개념 또한 동이족이 만들어낸 것으로 사료된다.

3) 불교에서의 오방 적용

사상은 목적이 동일하거나 같은 사물을 지칭하는 과정에서도 판단과 적응에 따라 결과가 달리 나타난다. 용어와 적용 방식도 달라진다. 또한 종교의 발상과 용어 선택도 지역이나 문화에 따라 달라진다. 역으로 종교가 문화와 삶의 방식, 언어에 영향을 주는 경우도 생겨난다. 따라서 동일한 개념에 대한 판단에서도 각각의 종교에 따라 그 형상이 다를 수 있으며 이름도 다를 수 있다.

오행의 개념은 불교적 용어로는 사천왕(四天王)이라고 한다. 표면적으로 중앙은 비워두었다. 중앙을 비우고 네 왕이 동서남북을 방어하니 사신사(四神砂) 개념과 그다지 다르지 않다. 중앙을 비운 것은 중앙이 수미산(須彌山)이라는 개념으로 인식되기 때문으로 보인다. 즉 중앙은 부처가 머무는 공간이고, 이 공간을 에워싸고 보호하는 신성한 수호신들이 사천왕이 된다. 이를 묶어 살펴보면 오행의 조건이 갖추어진다.

불가에서 수미산의 구성은 매우 복잡하다. 수미산을 중심으로 하나의 사상적 국가가 이루어진다. 수미산 주위로는 승신주(勝身洲), 섬부주(贍部洲), 우화주(牛貨洲), 구로주(俱盧洲)라고 불리는 4대 주(州)가 동남서북으로 에워싸고 있다. 그것으로 그치지 않고 에워싸고 있는 구산(九山)과 팔해(八海)가 있다. 이러한 구조를 풍수지리에서는 나성(羅星)이라 한다. 이 수미산의 하계(下界)에는 지옥이 있고, 가장 낮은 곳에는 인간계가 있다. 인간은 수미산의 가장 낮은 곳에서 살고 있다. 또 수미산 중턱의 사방으로 동쪽에는 지국천(持國天), 남쪽에는 증장천(增長天), 서쪽에는 광목천(廣目天), 북쪽에는 다문천(多聞天)의 사왕천(四王天)이 있다.

수미산 중턱에서 사방을 지키는 신이 사천왕이다. 이 사천왕에 중앙의 신을 합하여 오방신이라고 부른다. 사천왕은 제석천(帝釋天)의 권속에 속한다. 그들이 하는 일은 수미산 사방을 수호하는 것이다. 각각의 천왕은 방향성을 가진다. 지국천은 동쪽, 증장천은 남쪽, 광목천은 서쪽, 다문천은 북쪽을 지킨다. 이는 중국 신화에서 말하는, 사방을 지배하거나 지키는 천제와 다를 바 없다. 중국은 각 방향을 지키고 수호하는 천제를 각기 청제, 백제, 적제, 흑제라고 정의하였다.

사천왕을 오행으로 배치하여 오방을 적용했을 때, 아직까지 중앙의 신은 누구인지 확실하지 않다. 그러나 이 사천왕을 지배하거나 이끄는 불보살이 있을 거라는 것은 어느 정도 인식이 가능하다.

사천왕은 산스크리트어로 차트루마하라베라(Caturmaharajakayikas)라고 불린다. 제석천의 외장(帝釋天之外將)이다. 제석천이 부리고 명령하는 신장에 속한다. 제석천은 수미산 정상에 있는 하늘인 도리천의 주인으로, 수미산 중턱의 사천왕을 거느리고 불법과 불제자를 보호한다. 이때 네 방향을 방어하고 지키는 사천왕을 달리 4대 금강이라고도 한다.

사천왕이 애초부터 불교의 수호신이 된 것은 아니다. 원래 사천왕은 고대 인도의 종교에서 전승되었다. 고대 인도의 종교에서 숭상했던 수많은 귀신의 왕은 쿠베라이다. 이 쿠베라는 야크샤의 대장으로 위력과 생산력을 갖추고 있으며, 특히 재보(財寶)의 신으로 추앙받는다. 쿠베라는 고대 인도의 신화에서는 마족(魔族)의 왕에 불과했으나 서사시(敍事詩)에서는 매우 중요한 신이 되었다. 이 쿠베라의 사형제가 바로 사천왕이다. 그들 형제는 모두 불교에 귀의하여 부처님과 불법을 지키는 수호신이자 불교의 성산인 수미산을 수호하는 임무를 맡게 되었다. 그들은 수미산 중턱에서 각각 자신이 거느리는 권속들과 살면서 동서남북 네 방위를 지킨다. 또한 불법 수호와 사부대중의 보호를 맡는다.[51]

① 동방청제: 지국천(持國天)

불교사상에서 동방을 지키는 신장은 지국천이다. 달리 천왕(天王, Deva)이라고 한다. 지국천은 드리타라슈트라(Dhritarashtra)라는 인도어를 옮겨 해석한 것이다. 드리타라슈트라는 나라를 지킨다, 나라를 다스린다는 뜻이다. 이를 한역으로 풀이한 것이 중국에서 이 땅으로 들어오며 의미가 바뀌고 수정되면서 강화되었다. 지국천은 자신의 영역인 수미산 중턱에서 건달바와 비사사라귀신을 부리면서 동방(東方)을 지킨다. 동방을 지킨다는 의미는 여러 가지 사상과 현상이 복합된 것으로 방향, 색의 개념을 포함한다.

불교의 경전이나 신화, 불보살의 외호 같은 여러 가지 이름이나 이념

---

51) 문화콘텐츠닷컴, 문화원형백과 오방대제, 한국콘텐츠진흥원, 2002.

은 고대 인도의 사상이나 신화에서 전이된 것이 적지 않다. 지국천도 그와 같은 과정을 거쳐 정착되었으며 동방국가를 지킨다는 의미 또한 그러한 과정으로 고착되었다. 사천왕은 각기 자신을 나타내는 신물을 가지고 있다. 동방지국천왕이 가지고 있는 물건[持物]에 대해서는 경전마다 조금씩 달리 표현되어 있다. 다른 사천왕도 크게 다르지 않다. 그러나 어느 정도는 통일된 모습을 보여주기도 하는데 다양한 불경을 표식으로 삼아 지국천왕의 형상을 살펴본다.

먼저 《다라니집경》을 기본으로 삼아 형상을 유추하고 확인해보고자 한다. 동방지국천왕은 왼손에 팔을 내려 칼을 잡고, 오른손을 구부려 보주(寶珠)를 쥔다고 한다. 우리 땅에 지어진 대찰에는 지국천왕이 목각이나 소조로 세워져 있거나 그려져 사천왕문에 배치되므로 파악하기가 어렵지 않다. 《일자불정륜경(一字佛頂輪經)》에 따르면, 왼손에는 창을 들고 있으며 오른손은 손바닥을 올려드는 형상으로 표현되어 있다. 《약사여래유리광칠불본원공덕경》의 〈염송의궤공양법〉에는 비파(琵琶)를 든 모습으로 표현되어 있다.

우리나라 곳곳의 사찰을 살펴보면 규모에 따라 사천왕상이 비치되었거나 없는 곳도 있다. 사천왕문은 전각 형태를 취하며 문이 앞뒤로 트여 있다. 그리고 그 안에 사천왕이 장엄되어 있다.

우리나라 대찰 중에는 사천왕문이 건립되어 있는 곳이 많다. 대표적 사찰 중 하나인 불국사 천왕문을 살펴본다. 불국사 사천왕상은 목각이다. 사천왕상 중 손에 비파를 든 천왕이 바로 동방지국천왕이다. 동쪽을 지키는 천왕을 나타내기 위해 허리가 청색으로 치장되어 있기도 하고 시선이 동쪽을 향해 있기도 하다. 불국사의 지국천왕은 칼을 잡은 오른손과 새끼손가락의 표현이 섬세하여 눈길을 끈다. 왼손으로는 살며시 칼을 받쳐 든 모습에서 지국천의 심중한 심리 묘사를 엿볼 수 있다. 둥글고 툭 튀어나와 노려보는 눈동자가 죄지은 자를 벌하는 느낌이다.

동쪽을 수호하는 지국천왕은 백성들을 안심시키고 도와주는 신장이다. 안민(安民)의 신으로 추앙받는 그는 수미산 동쪽 중턱의 황금타(黃金埵)에 있는 천궁(天宮)에서 살고 있다. 불교 이론에 따르면 16선신(善神)의 하나이기도 하다. 지국천왕은 대단히 정의로운 사상을 가지고 있다. 따라서 선한 자에게 상을 내리고 악한 자에게 벌을 주는 의인적인 개념으로 형상되기도 한다. 항상 인간을 돌보아 고루고루 보살피는 심성을 지녔다. 이름이 말해주듯 국토를 수호하겠다는 서원을 세웠다고 한다.

종교가 호국적인 이유는 달리 만들어지는 것이 아니다. 동쪽의 색은 푸른색이다. 그것을 증명하듯 지국천의 얼굴은 푸른빛을 띠고 있다. 왼손에는 칼을 쥐었는데 칼은 싸우기 위한 무기다. 지국천은 정의를 위해 싸우며, 수미산을 보호하고 죄 없는 중생을 보호하기 위해 싸운다. 죄지은 중생을 계도하기 위해서도 싸운다. 때때로 굵은 오른손은 자신의 허리를 잡고 있는 모습으로 조형되기도 한다. 때때로 보석을 손바닥 위에 올려놓은 형상을 취하는 경우도 있다. 그도 신의 위치에 있으므로 휘하에 권속을 거느린다. 권속의 행위나 의미가 신의 행위와 의미로 투영되기도 한다.

지국천은 휘하에 팔부신의 하나로서 술과 고기를 먹지 않고 향기만 맡는 음악의 신 건달바(乾達婆)를 거느리고 있다. 건달바는 범어(고대 인도어)로는 간다르바(Gandharva)로 식향(食香), 심향(尋香), 심향행(尋香行), 향신(香神), 후향(嗅香), 향음(香陰) 등으로 번역된다. 인도 고대의 신화에서 건달바는 별자리를 조정하는 신이었다. 건달바는 갖가지 신화를 갖고 있는데, 천상의 신성한 물이라는 소마(soma)를 지킨다고 한다. 소마는 신령스러운 약으로 알려져왔으니 건달바는 훌륭한 의사이기도 하다. 권속이 이러한 능력을 가지고 있으므로 지국천도 이와 같은 능력을 부리는 것으로 인식된다.

② 서방백제: 광목천(廣目天)

광목천이라는 이름이 보여주듯 눈이 크다. 멀리, 크게 본다는 의미가 부여된다. 비루팍샤(virupaksha)라는 고대 인도어는 큰 눈을 가졌다는 뜻이다. 이를 한자로 옮기니 광목천(廣目天)이 되었다. 그러나 반드시 옳거나 아름다운 개념만 있는 것은 아니다. 비루팍샤를 음역하고 의미를 부여하는 과정에서 이상한 눈, 추악한 눈을 가졌다는 해석이 나오기도 했다. 이러한 이유로 추목(醜目), 오안(惡眼)이라고 번역되기도 한다.

광목천은 서방을 지키는 불교의 신이다. 광목천의 거처는 수미산 서쪽 중턱에 있으며, 권속으로는 용과 부단나(富單那)를 거느리면서 불법을 수호한다. 일부 경전에 따르면 권속으로 용과 비사사(毘舍斤)를 거느렸다고 한다. 이러한 현상도 중국의 여러 부족이 각 방위의 천제를 각기 부르는 이름이 있고 이를 합하는 과정에서 오류가 있었던 것과 다르지 않을 것이다.

인도도 한때는 중인도를 비롯하여 동서남북의 인도로 나뉜 적이 있다.

아울러 인도는 넓은 땅에 수많은 민족이 모여 이루어졌다. 따라서 신의 권속이 지역마다 다르거나 비슷하고 때로 틀린 것은 이 민족들이 합쳐지는 습합(習合)과정으로 보인다.

불교의 사천왕 중에서 서쪽을 방어하는 신은 광목천왕(廣目天王)이다. 광목천왕은 수미산 중턱 백은타(白銀埵)에 살고 있다. 그에게는 흔히 잡어(雜語), 비호보(非好報), 악안(惡眼)이라는 어울리지 않는 이름이 따라붙기도 한다. 이는 그가 평상시와 다른 모습을 보여주는 데서 유래한 것이다. 그러나 어떤 이름이라도 그가 하는 행위나 드러내는 사상과 관련되어 있고, 또 보여주는 모습이 이름이 된다. 그의 얼굴이 강하고 눈이 두려울 정도인 것을 반드시 나쁘다고 표현할 수는 없다. 그의 형색이 목적을 이루는 용도로 나타나기도 하기 때문이다. 그가 눈을 부릅떴다고 해서 나쁜 무언가를 하려는 것은 아니다. 오히려 험악한 눈으로 악한 것을 방어할 가능성이 크다.

그의 몸은 한결같은 특징이 있으며 여러 가지 색으로 장식되어 있다. 고함이라도 치는 듯 입을 크게 벌린 형상으로 천하를 울리는 웅변을 하며 세상에 맴도는 온갖 나쁜 이야기를 물리친다. 또 눈을 크게 부릅뜸으로써 위엄을 보인다. 그가 드러내는 위엄으로 나쁜 것들을 차단하고 몰아낸다. 따라서 악안(惡眼)과 광목(廣目)은 반드시 나쁘다는 의미가 아니라 나쁘게 보여 좋은 것을 받아들이게 하는 역설이다. 강한 기상을 보이는 광목천왕의 근본 서원은 죄인에게 벌을 내리는 것이다. 또 여기에 국한하지 않고 법을 어기거나 죄를 지은 자가 매우 심한 고통을 느끼게 하는 것이다. 그러한 가운데 죄를 뉘우치며 마음을 가다듬고 도심(道心)을 일으키도록 하는 것이다. 심성이 악한 자를 설득하기보다 겁을 줘서 깨닫도록 하는 것이다.

모든 사찰에 사천왕문이 있는 것은 아니지만 사천왕문이 있다면 반드시 그가 있다. 그는 일반적으로 붉은 관을 쓰고 갑옷을 입고 있다. 오른손에는 팔꿈치를 세워 끝이 셋으로 갈라진 삼차극(三叉戟)을 들고 있고, 왼손에는 보탑을 받들어 쥐고 있다. 그의 눈에 주의하라.

③ 남방적제: 증장천(增長天)

이름이 말해주듯 무엇인가 자꾸 증가하고 늘어나게 하는 것이다. 증장천의 인도어 이름 비루다카(Virudhaka)는 자꾸 늘어난다, 자꾸 확대된다는 의미이다. 일이 자꾸만 벌어져 커져서 주체할 수 없으리만치 확대되는 현상을 나타낸다. 이러한 의미가 있어 증장천(增長天)이라고 한역하였다. 증장천은 다른 사천왕과 마찬가지로 수미산 중턱에서 권속을 거느리고 산다. 증장천이 거느리는 권속은 굼반다(Kumbhanda)와 프레타(Preta)라는 귀신이다.

달리 해석하면 증장천왕(增長天王)은 수미산 중턱 남쪽의 유리라는 지방을 관장하는 천왕(天王, Deva)이다. 즉, 유리가 집의 개념이 아니라 지역의 개념일 수 있다. 이 경우 남방을 지키는 증장천왕은 수미산 남쪽의 유리타(瑠璃埵)에 살고 있다고 해석할 수 있다.

증장천왕은 자신의 위덕을 증가시켜 만물이 태어날 수 있는 덕을 베풀겠다는 서원을 세웠다고 한다. 불교 세계에서 대부분 불보살과 천왕, 권속은 하나같이 서원을 세운다. 이는 불교교리가 추구하는 것을 나타낸다. 즉 인간을 위해 서원을 세우는 모습이다. 무수한 귀신을 거느리고 사는 증장천왕은 남쪽을 표현하듯 온몸이 적육색(赤肉色)이다. 서방백제 광목천과 마찬가지로 노한 눈을 특징으로 한다.

그러나 사천왕상을 살펴보면 모두 눈이 크고 불거져 나와 있다. 그는 다른 사천왕과 마찬가지로 갑옷으로 무장하고 있다. 사천왕이 모두 갑옷으로 무장했다는 것은 불합리한 여러 가지와 싸운다는 의미를 내포한 것으로 보인다. 증장천을 살피면 오른손은 용을 잡아 가슴 바로 아래에 대고 있다. 왼손은 위로 들어 엄지와 중지로 용에게서 빼앗은 여의주를 쥐고 있는 경우가 많다. 용이 여의주를 구하면 날아가 버리므로 여의주를 잡아 취하지 못하게 하는 것으로 보인다.

증장천왕이 거느린 권속 중 굼반다는 배가 매우 부른 모습으로 표현되어 있다. 굼반다는 욕심이 아주 많은 아귀(餓鬼)로 비사사처럼 사람의 정기를 빨아먹는다고 한다. 그래서인지 천왕상을 살펴보면 하나같이 발아래 귀신이나 아귀 혹은 흉측한 몰골의 군상을 발로 밟고 있다. 프레타는 죽은 사람들의 영혼을 부리는 일을 한다. 불가(佛家)에서 보통 6악도(惡道)라고 불리는 중생이 거처하는 아귀를 의미한다.

증장천왕이 소유하거나 손에 들고 있는 지물(持物)에 대하여 여러 경전을 참고해 살필 수 있다. 《다라니집경》에는 증장천왕이 왼손을 펴서 칼을 잡고 오른손에는 창을 잡는다고 기록되어 있다. 《일자불정륜경》에는 오른손을 허리에 대고 왼손에는 창을 잡는다고 기록되어 있다. 《약사유리광칠불본원공덕경(藥師瑠璃光七佛本願功德經)》에는 칼을 잡는다고 기록되어 있다.

이와 같이 기록을 살펴보면 증장천왕은 칼을 잡은 모습으로 의인화되고 표현되고 있음을 알 수 있다. 창을 들고 있다고 표현되어 있는 경전도 있으므로 간혹 그런 모습의 증장천왕도 볼 수 있을 것이다. 증장천왕의 몸은 붉은 기운이 도는 적육색으로 이는 오방의 색을 나타낸다. 남방은 화의 기운이고, 화의 기운은 붉은색이다. 몸의 색만으로도 그가 어느 방향을 주재하는 천왕인지 알 수 있다. 모든 천왕의 피부색은 방향을 나타낸다.

④ 북방흑제: 다문천(多聞天)

북방을 지키는 북방흑제를 비사문천이라고도 한다. 고대 인도의 아타르바베다에서는 지국천왕이 암흑계(暗黑界)에 머무는 악령의 우두머리로서 재물과 복덕을 주관하는 존재로 표현되어 있다. 어느 경우나, 어느 나라나, 어느 민족이나 북방은 경계의 대상인 듯 표현된다. 북방을 다스리면서 부처님의 도량을 지키며 부처님 설법을 많이 듣는다고 해서 다문천이라 한다.

사천왕은 달리 사대천왕이라고도 하고 외호신(外護神)이라고도 한다. 불법을 수호하는 네 외호신이 수미산 중턱의 네 방향을 방어하는 형식이다. 이들 사천왕 중 북쪽을 지키는 천왕은 다문천왕(多聞天王)이다. 북쪽을 의미하기 때문에 검은색과 물의 관계에 있다.

다문천왕은 암흑계의 사물을 관리하는 일을 맡고 있다. 한때 불법에 귀의하여 광명신(光明神)이 되었으나, 본래 자신의 원을 지킨다 하여 금비라신(金毘羅神)이라 칭하기도 한다. 왼손에 늘 비파를 들고 있는 다문천왕은 수미산 북쪽 수정타(水精埵)에 살며, 권속으로 야차와 나찰을 거느리고 있다. 야차와 나찰은 우리에게도 익숙한 존재이자 무거운 존재로 인식되고 있다.

석굴암 조상(彫象)에서 보는 다문천은 오른손에 보탑을 받쳐 들고 있어 존명을 밝히는 데 근거가 된다. 보탑을 들고 있는 형상이 다문천의 지물(持物)인지는 살펴보아야 한다.

각각의 사천왕은 지물을 들고 있어 이 지물과 피부색으로 어느 방위를 점하는 사천왕인지 파악이 가능하다. 다문천왕도 다르지 않다. 《다라니집경》에는 왼손은 창을 잡고 땅을 짚고 있고, 오른손에는 불탑(佛塔)을 든다고 기록되어 있다. 《일자불정륜경》에는 왼손에 창, 오른손에 금강저(金剛杵)를 든다고 기록되어 있다. 《약사유리광칠불본원공덕경》에는 왼손에 막대, 오른손에 탑을 든다고 기록되어 있다.

다문천왕은 어둠 속을 방황하는 중생을 제도한다는 뜻을 지닌 천왕이다. 다문천왕 얼굴이 검은색으로 표현되는 것이야말로 오행을 반영하는 것이다. 오행 흐름에서 북을 의미하는 오행은 수이고 북이 의미하는 색은 검은색이다. 따라서 얼굴을 검은색으로 표현한 것은 수의 오행을 반영하고 있음을 보여준다.

다문천왕은 지물 형태로 파악이 가능하지만 얼굴색으로 파악하는 것이 더 편리하다. 다문천왕은 왼손에 보탑을 잡고 힘의 균형을 이루고 있다. 특이하게 왼발 뒤꿈치를 살짝 들어 움직이는 것 같은데, 순간의 동적 행위를 나타낸 것으로 보이기도 한다.

4) 무속의 오행

무속은 오래전부터 이 땅에 내려온 일종의 전통신앙으로 세계 어느 곳에나 있다. 인간이 증명할 수 없는 여러 불가사의한 일은 무속적 기능을 한다. 눈으로 보이지 않는다고 하여 모두 없는 것이고, 아니라고는 할 수 없다. 무속은 눈에 보이지 않는 사차원의 개념을 인간에게 적용한다.

무(巫)는 땅과 하늘을 연결한다는 것으로 그 사이에 사람이 있다. 즉 인간이 할 수 없는 일이나 사상을 하늘과 연결한다는 의미가 있다. 그러나 이러한 일들이 일반적인 개념을 가진 사람에게 적용되기 힘든 부분도 있다. 이와 같은 여러 이유로 미신이라는 오명을 쓴 것도 사실이지만 무조건 미신이라고 치부할 수 없는 상황도 있다.

【아차!】 **무격(巫覡)**

신(귀신을 말함)과 인간을 중개하며 길흉을 점치고 굿을 하는 자인 무당(巫堂)이라는 말은 무속인이 만든 것이 아니다. 무당이란 무격의 무리라는 뜻이다. 무격이라는 명칭 역시 무속인이 만든 말이 아니지만 무녀(여자 무당)와 박수(남자 무당)를 함께 일컫는 말이다. 여기서 유래된 말이 '스승'이다. 본래 무격은 임금의 선생이었다. 고대사회의 무격이 어떤 위치였는지 파악이 가능한 것이다. 무속(巫俗)은 글자대로 '무당들의 풍속'을 말한다.
무(巫)는 태양의 부활을 상징하는 글씨라고 하며 갑골문에도 등장한다. 격(覡)은 무의 과정을 지켜본다는 말이다. 무는 천지창조의 근본을 느끼고 격은 과정을 적는다는 의미를 지닌다. 무속신앙 중 무격의 활동이 샤머니즘 색채를 강하게 띠고 있으며 전통문화와 밀접하게 연관되어 있어 그 문화의 특성을 파악하는 데 유용하다. 즉 전통문화의 한 부분으로 자리 잡아온 것이다. 무속은 외래종교들과 결합하여 다양한 형태로 발전해나가게 된다.

무속은 역사가 오래되었으므로 역사성을 담보해야 한다. 또 무속을 행하는 사람이나 무속에 의지하는 사람들이 조금 더 정당하고 보편타당한 행위를 해야 한다. 미신으로 치부되는 것은 논리적인 상황 설명과 행위에 문제점이 있기 때문이다. 종교와 미신은 그다지 차이가 나지 않는다. 행위와 결과 때문이다. 과학만능의 시대에 무속이 과학적으로 입증하기 어려운 행위를 한다고 해서 불법이라거나 타인에게 피해를 준다고만 볼 수는 없다. 다만 지금까지 좋지 않은 선례가 적지 않으므로 행위자의 노력이 필요하다.

20세기 들어 기술과 과학은 눈부신 발전을 이루었다. 이에 과학적으로 증명이 되지 않거나 통계를 낼 수 없는 것을 무시하거나 좋지 않은 것으로 치부하는 사견(私見)들도 적지 않다. 또한 무속적인 것과 전통적이거나 문화적인 것이 혼용되어 있다.

무속과 전통을 착각하기도 한다. 특별한 일을 하기 위해 택일(擇日), 즉 날을 잡거나 부적을 쓰거나 하는 것들이 과거에는 선비들이 하는 일이었지만 지금은 무속에서 하는 일 정도로 치부하는 경우도 적지 않다. 이는 근본을 모르기 때문에 일어난 일이다. 특히 무속은 전통적인 우리의 신화적 개념을 많이 가지고 있으므로 문화적 개념에서 분석하고 자세히 인식할 필요성이 있다.

오행은 무속에도 적용된다. 특히 무속에서는 오방이라는 말을 많이 사용한다. 물론 오방이라는 개념이 방위를 나타내지만 오방의 방위가 나타내는 기념을 차용한 색상이나 이치를 설명하는 경우도 많다. 오방의 개념은 무속에서 중요한 위치를 차지한다.

① 오방신장

오방신장은 오행의 개념이 접목된 사상이다. 중앙까지 정확하게 신이 지정된 것으로, 오히려 사신사보다 오행에 가깝고 발전된 사상이다. 무속에서 오방신장은 동서남북 사방을 관장하는 신장이다.

오방신장을 각각 적용하면 동방에는 청제신장, 서방에는 백제신장, 남방에는 적제신장, 북방에는 흑제신장, 중앙에는 황제신장이 거한다.

동방의 청제는 사신사와 같은 색을 의미하며 불교의 철학과도 통한다. 청색은 동쪽이며 목(木)이다. 시작을 알리는 오행의 특징을 그대로 나타낸다. 봄이며 나무이다. 무속에서 파란색은 우환을 상징하며 동방청제신장이라 한다.

서방의 백제신장은 백색이니 금(金)이고 가을이며 서쪽이다. 열매를 나타내는 오행의 특징을 그대로 보여준다. 무속에서 흰색은 사람이 죽은 다음의 명복(冥福)을 상징하며 서방백제신장이라 한다.

남방의 적제는 붉은색이니 화(火)이고 여름이다. 정열과 열기를 나타내는 오행의 특징을 그대로 보여준다. 심장의 활기를 나타내는 색이다. 빨간색은 재수를 상징하며 남방적제신장이라 한다.

북방의 흑제는 검은색이며 물이고 북쪽이다. 검은색은 겨울과 북쪽을 알리는 오행의 특징을 나타낸다. 상장(喪章)이 그렇듯이 검은색은 죽음을 상징하며 북방흑제신장이라 한다.

중앙의 황제는 흙을 나타내는 색이니 토(土)이다. 중앙과 간절기를 알리는 오행의 특징을 그대로 가지고 있다. 황색은 조상을 상징하며 중앙황제신장이라 한다. 이렇듯 신장은 강력한 위엄과 권위를 지닌 무장신이다.

오방신장은 달리 오방장군(五方將軍)이라고도 하는 대상이다. 무속에서 장군은 신격화된 계급이다. 일반인들이 인식하듯 장군은 무인이다. 무인은 강한 기상을 지녔다. 오방장군은 신장(神將)의 범위에 속한다. 신장은 신으로부터 부림받는 위치에 존재한다. 무속인들이 무엇인가를 행사하고 해결하는 수단으로 강력한 힘이 필요할 때 불러낸다. 즉, 무속인이 신을 불러 오방장군을 지휘할 수 있다. 무속에서 오방신장은 주요한 신격 인격체이다.

오방신장은 지역에 따라 형태나 이름이 다르기도 하며 실제 무속인이 부릴 때는 다른 모습으로 나타나기도 한다. 오방신장은 제왕의 명칭, 상징적 동물, 색채, 고유 신앙과 서로 얽혀 있다.

무속에서 신장은 무당이 모시는 신격이다. 이러한 법칙에 따르면 인간은 신이 아니지만 신을 연결하는 매개체이고 신을 받는 순간은 신과 동일시된다. 이와 같은 상태에서 신장은 신격화된 무당을 보호한다. 따라서 무속에서 신장은 용맹스러운 장군의 신격이다. 이러한 신격으로서 무장은 지역과 나라에 따라 달리 나타난다. 무속은 전 세계적 현상이며 현신하는 무장도 지역색을 가진다.

우리나라 무속인들이 불러내는 무장은 역시 우리나라 특색이 반영된다. 우리나라에서는 특히 최영(崔瑩) 장군[52]과 같은 장군들이 신장으로 나타난다. 우리나라 무속에서 최영 장군은 가장 많이 나타나는 신장이다. 그밖에 이성계(李成桂) 장군[53]이 많이 나타난다. 드물지 않게 박정희

---

52) 고려 충숙왕 3년(1316) 철원(개성 혹은 충남 서산이라는 설도 있음)에서 태어나 73세에 개성에서 참수(斬首)된 최영(崔瑩, 1316~1388)은 무속에서 장군신으로 섬기는 역사적 인물이다.

(朴正熙) 대통령[54]도 신장으로 나타나는 경우가 있다. 우리나라 무속에서 등장하는 신장들은 하나같이 무인이고 역사적으로 족적을 남긴 사람들이다. 사람들 머릿속에 강한 인상을 남긴 무인들이나 무인에 준하는 사람들이 신장으로 나타나는 이유가 바로 강력한 존재감 때문이다.

장군은 싸움의 신, 전쟁의 신으로 전쟁을 위한 직위가 있으며 칼을 무기로 쓴다. 신장이라는 개념은 도교의 흔적이다. 풍수지리나 무속은 신선사상(神仙思想)을 적용하고 있고 대단히 도교적이다. 신장은 처음부터 도교에서 전래된 사상으로, 그 바탕을 도방오제설로 보며 전설적 성격이 강한 개념이다.

무속은 대단히 도교적이다. 무속에는 도교의 자연과 관련된 사상과 무위자연이라는 이념이 녹아 있다. 도교사상이 전형적인 무속과 결합하여 나타난다. 이러한 행위는 단지 무속으로 인식될 뿐이다. 무속에 접목된 도교적 사상은 우리가 살아가는 방식이나 적용에서 영향을 미친다. 특히 민간신앙은 대단히 토속적이고 도교적인 경우가 많다. 특이하게도 전 세계적으로 무속은 행위나 결과가 비슷한 경우가 많은데 이는 자연을 바탕으로 하기 때문이다.

자연적 원리에서 방향성은 반드시 구별되는 것이며, 자연을 등에 업은 무속에서 방향을 나타내는 이치가 오방신장이다. 즉 자연을 추구하는 도교의 영향이 무속에 접목된 사상이 오방신장이라 부르는 신장으로 나타

53) 이성계(李成桂, 1335~1408, 재위 1392~1398)는 조선 1대 왕으로 본관은 전주(全州)이고 처음 자는 중결(仲潔)이며 호는 송헌(松軒)이다. 고려에서 장군으로 활약하다 위화도회군으로 병권을 잡은 뒤 조선을 건국하였다.

54) 군인이자 정치가로 제5~9대 대통령을 지냈다. 1963년 5대 대통령에 취임하였고, 장기집권을 위한 3선 개헌으로 1979년까지 재임하였다. 1979년 10월 중앙정보부장 김재규의 저격으로 서거하였다.

났다. 오방신장은 민속적이기도 한데, 개개인의 집이나 일정 지역으로 나뉘는 각각의 동네에서 나쁜 기운을 방어하는 신장 역할을 한다. 민속에서 오방신장은 마을의 외호신(外護神)으로 치부되며 동서남북 네 방향과 중앙을 합하여 다섯 가지 방향을 방어한다.

오방은 다섯 방향이다. 이 다섯 가지 방향 개념은 오행 개념을 그대로 나타낸다. 다섯 가지 색은 방향으로 그치지 않는다. 우환(憂患), 명복(命福), 재수(財數), 죽음[死] 그리고 조상(祖上)의 다섯 가지 운명을 상징한다.

② 오방기

신내림굿이나 일반 굿에서 살펴보면 무속인이 다섯 가지 색으로 이루어진 사각 깃발을 이용하여 의미를 전달하는 모습을 볼 수 있다. 즉 공수를 내릴 때 깃발의 손잡이를 잡으라 하여 그것을 바탕으로 해석한다. 이때 사용하는 깃발이 오방기이다. 다섯 개로 나뉘었으며 색을 사용하는 방법이 전형성을 지녀 오행과 관련이 깊음을 알 수 있다.

무속에서 사용되는 오방기는 단순한 방법이지만 오방신장의 신력을 부림으로 나타내는 일종의 표식이다. 깃발은 각기 다른 색을 가지고 있으며, 색마다 각각 다른 의미를 부여한다.

예를 들어 살펴보면, 신내림굿 같은 행위가 끝나면 처음으로 무속인의 길에 들어선 애동이[55]가 공수를 한다. 이때 오방기를 이용하여 행위자가 무속인이 내민 오방기 중 선택하도록 한다. 물론 다섯 개 깃발인 오방

55) 신내림을 받고 막 무속인 생활을 시작한 무속 초년생.

기는 둘둘 말려 있어 어느 손잡이가 어느 색 깃발에 얽혀 있는지 알 수 없다. 행위자가 무속인이 내민 깃발을 뽑으면 펼쳐서 어느 깃발인지 확인하고 그 해석을 해준다.

오방기를 반드시 애동이만 사용하는 것은 아니다. 굿이라는 행위에는 반드시 공수가 있다. 예부터 굿에는 구경꾼이 많다. 굿 구경을 온 사람들 모두에게 오방기를 이용한 공수를 들을 기회가 주어진다. 애동이는 신을 받고 구경꾼 앞으로 나와 무속인으로서 첫발을 내디디는데 공수가 그것이다. 애동이가 오방기를 내밀면 공수를 받고 싶은 사람이 깃발을 뽑는다.

오방기는 일정하게 해석하는 틀이 있다. 빨간색은 산신을 의미하는 깃발이다. 남방을 의미하는 빨간색 깃발을 뽑으면 소원을 성취한다는 의미이다. 오방색의 다섯 깃발 중 가장 좋은 의미를 지닌 깃발이다.

노란색 깃발은 금전과 조상을 의미한다. 각각의 상황에 따라 금전이 들어오고 나간다고 해석한다. 상황에 따라서는 문제가 있는 조상이 있는 것으로 해석하여 풀어줘야 할 대상으로 정리하거나 공수하기도 한다.

흰색은 용궁불사 신령님을 의미한다. 무속에서 용궁은 물이고 우물이다. 용궁에서 공을 들여야 신이 도와준다는 의미가 있다. 오방기를 이용해 무속인이 용궁 기도를 드리거나 일반인이 치성을 들일 때, 흰색 깃발은 가장 의미가 좋은 빨간 깃발과 마찬가지 의미이다. 즉 좋은 의미로 받아들여진다.

파란색 신장은 장군님을 의미하며 장군님이 도와준다는 의미가 있다. 문서를 의미하기도 한다. 이러한 의미는 나름대로 공을 들이고 치성을 올리라는 의미가 된다.

검은색은 의미가 많다. 검은색은 북쪽을 의미한다. 무속인에 따라 초록색을 사용하기도 한다. 이 깃발은 조상, 구설, 액운, 횡액, 우환과 같은 다양한 의미로 해석하는데 그다지 좋은 뜻은 아니다. 검은색 기는 상황에 따라 의미가 다르지만 대부분 얽힌 것을 풀어줘야 할 조상으로 푼다. 혹은 현재 집안이나 일에 우환이 많이 들었음을 나타낸다. 따라서 검은색 깃발을 뽑으면 무속인이나 만신의 도움이 필요하다는 것을 뜻한다.

5) 기타 오행의 적용

① **오상**(五常)

오래도록 이 땅에 국시로 널리 퍼진 유교에서, 사람이라면 지켜야 하는 중요한 다섯 가지 덕목을 말한다. 유학은 교(敎)라는 이름을 얻으며 우리 땅에 전래했다. 조선(朝鮮)은 유학을 국시로 삼았다. 즉 국가 통치이념으로 삼았으니 대단히 중요시한 사상임을 알 수 있다.

오상이란 사람이 사람답게 살기 위해 항상 지켜야 할 다섯 가지 덕목이다. 사람으로서 살아갈 도리를 말한다. 흔히 삼강오륜에서 말하는 오륜과 함께 유교가 추구하는 윤리의 근본을 이룬다. 삼강은 군위신강(君爲臣綱), 부위자강(父爲子綱), 부위부강(夫爲婦綱)을 말한다. 오륜은 달리 오상(五常) 또는 오전(五典)이라고도 한다. 오륜은 《맹자》에서 출전한 것으로 부자유친(父子有親), 군신유의(君臣有義), 부부유별(夫婦有別), 장유

유서(長幼有序), 붕우유신(朋友有信) 다섯 가지다.

중국 사상이나 우리 사상에서 오(五)로 시작되는 사상이나 정의는 오행의 이념을 담고 있을 가능성이 크다. 오상도 마찬가지여서 크게 다르지 않은데 한대(漢代)의 동중서(董仲舒)[56]가 정리한 내용이다. 동중서가 맹자(孟子)가 주장한 사상인 인(仁), 의(義), 예(禮), 지(智) 네 가지 사상에 신(信)이라는 덕목을 더해 다섯 가지 단어로 모든 인간의 덕을 집약한 것이다. 이것을 오상의 덕이라고도 한다.

인의예지신(仁義禮智信)에는 각각 오행의 의미가 깃들어 있다. 인은 동(東)을, 의는 서(西)를, 예는 남(南)을, 지는 북(北)을, 신은 중앙(中央)을 의미한다. 이와 같은 오행의 의미는 조선의 통치는 물론이고 일상이나 건축에도 다양하게 적용되는바, 특히 조선의 한양도성 건립에서 사용되었다. 동대문은 흥인지문(興仁之門)이라 하여 인(仁)을 사용했고, 남대문은 숭례문(崇禮門)이라 하여 예(禮)를 사용했다. 서대문은 돈의문(敦義門)이라 하여 의(義)를 사용했고 북대문은 숙정문(肅靖門)이라 하였는데 건립 당시 이름은 숙청문(肅淸門)이다. 이치상 지를 사용해야 하나 오행상 같은 적용이 가능한 정을 사용했다. 즉 청(淸)은 음양에서 물을 의미하는 글자이기에 사용하였다. 그리고 중앙을 나타내는 글자인 신(信)은 보신각(普信閣)에 사용함으로써 사방과 중앙의 방위를 설정하여 오행을 적용하였다.

56) 중국 전한(前漢) 때의 유학자다. 무제(武帝)가 즉위하여 크게 인재를 구하므로 현량대책(賢良對策)을 올려 인정을 받았으며 전한의 새로운 문교정책에 참여했다. 오경박사(五經博士)를 두고 국가 문교의 중심이 유가(儒家)에 통일된 것은 그의 영향이 크다(두산백과 참조).

오상의 적용					
오행	목(木)	화(火)	토(土)	금(金)	수(水)
오상	인(仁)	예(禮)	신(信)	의(義)	지(智)
한양도성	흥인지문 (興仁之門)	숭례문 (崇禮門)	보신각 (普信閣)	돈의문 (敦義門)	숙정문 (肅靖門)

오상에 해당하는 인의예지신을 사용하여 한양도성의 네 문과 중앙의 보신각을 배치한다. 그런데 북문에는 지를 사용하지 않고 의미가 같은 다른 글자를 사용하였다.

② 오미(五味)

일반적으로 인간이 가장 강하게 느끼는 다섯 가지 맛을 말한다. 그 맛은 각각 신맛[酸], 쓴맛[苦], 단맛[甘], 매운맛[辛], 짠맛[鹹]을 말한다. 이 다섯 가지 맛은 역시 오행과 연결되어 있다. 오미는 오행으로 분석하며 약리작용(藥理作用)을 파악하는 데 이용한다. 옛사람들은 지금과 달리 분석도구 없이 맛으로 약성분을 파악하였다. 약성분을 파악할 때 함량이나 성분으로 알기 어려웠던 당시 조건에서 맛은 약효를 가늠하는 척도가 되었다.

그 맛에 따라 인체에 미치는 작용이 다르다는 것이 옛 의학서에 기록되어 있다. 신맛 성분을 가진 약제는 주로 상처를 아물게 하는 효능과 수렴(收斂)하는 작용이 있다. 단맛 성분을 가진 약제는 주로 자양하고 완화하는 작용이 있다. 매운맛 성분을 가진 약제는 주로 땀이 나도록 하고 몸의 열을 발산시키며 기의 순환을 빠르게 하는 촉진 작용이 있다. 짠맛 성분을 지닌 약제는 모든 것을 부드럽게 하는 성분이니, 주로 딱딱하게 굳은 것을 유연하게 풀어지도록 하고 물기가 없어 마른 것을 촉촉하게 하는 작용이 있다. 쓴맛 성분을 가진 약제는 열을 내리도록 하고 수습(水濕)을 몰아내는 작용이 있다고 보았다.

오미에 대한 오행의 적용					
오행	목(木)	화(火)	토(土)	금(金)	수(水)
오미(五味)	신맛	쓴맛	단맛	매운맛	짠맛

오미는 오행의 상관성을 가진다. 음식을 선택할 때 맛으로 몸의 어느 곳에 작용하는지 파악이 가능하다.

각각의 맛에 따라 오행이 배정되는데 신맛을 가진 약제는 간(肝)에 작용한다. 목은 간담에 작용하는 성분이기에 신맛은 목의 성분이다. 쓴맛을 가진 약제는 심장에 작용한다. 화는 심장과 소장에 작용하는 성분이기에 쓴맛은 화의 성분이다. 단맛의 성분을 가진 약제는 비위(脾胃)에 작용하니 토의 성분이다. 매운맛 성분을 가진 약제는 폐(肺)와 대장에 작용하니 금의 성분이다. 짠맛 성분을 가진 약제는 신(腎)과 방광에 주로 작용하니 수의 성분이다.

충청남도 전통명주는 오향주(五香酒)이다. 이 유래에서 살펴보면 왜 오(五)라는 숫자를 넣어 이름을 지었는지 알 수 있다. 용봉산(龍鳳山)은 홍성(洪城)에 위치한 작은 산이다. 그러나 지역에서는 작은 금강산이라 불릴 만큼 세(勢)가 뛰어난 명산이다. 다가가 보면 바위산인데 살기는 느껴지지 않는다.

이 지역의 물 또한 맑고 그윽하다고 알려져 있다. 약간 떨어졌지만 제법 높은 백월산 또한 진산(鎭山)으로서 지역 정신문화의 터전이라 할 수 있다. 이 두 산 사이에는 세계적인 미술가 이응노 화백의 생가가 있다. 민속명주 오향주에 얽힌 이야기가 바로 이곳 지방에 전해지는 이야기에 바탕을 두고 있다.

아주 오래전, 충청도 홍주땅 용봉산과 월산에 힘이 센 두 장사가 살았고 두 산 사이에 있는 소향리 마을에는 곱디고운 낭자가 살았다. 두 장사는 소향낭자를 연모했다. 한 여인을 사이에 두고 연적이 된 두 장사는 서로 시기하고 미워하다가 마침내 상대편 산에 바위를 던지는 투석전을 벌였다. 둘은 몇날 며칠 고함을 지르고 돌을 던지며 싸움을 멈추지 않았다. 그러자 소향낭자는 온산에 진달래꽃 웃음소리 만발할 제, 용봉산 병풍바위에서 촛대바위까지 불을 밝히고 상하리 미륵불님을 모셔다가 두 장수의 화해를 위하여 용봉산 약수터 물과 소향리 쌀로 빚은 술을 용봉산 장사와 월산 장사에게 고루 권하니 비로소 두 장사는 화해의 손을 잡고 서로 미워하는 마음이 봄눈처럼 사그라졌다고 한다.

그럴듯한 이야기다. 훗날 이 술을 소향주라 부르게 되었다. 소향은 '밝을 소(昭), 향기 향(香)' 자를 쓴다. 소향낭자가 밝은 마음으로 빚은 다섯 가지 향과 맛이 나는 술이라 하여 '오향주'라고 불렀다. 여기서 다섯 가지 향이 오행을 나타낸다.

③ 오감(五感)

사람에게는 감각이 있다. 감각은 느끼는 것이다. 사람은 판단 기준으로 감각을 사용한다. 이때 사용하는 대표적인 다섯 가지를 오감이라고 한다. 오감은 각각 시각(視覺), 청각(聽覺), 후각(嗅覺), 미각(味覺), 촉각(觸覺) 다섯 가지를 말한다.

이 다섯 가지 감각은 신체에 있는 일종의 느낌 장치이다. 애써 몸의 일부로 표현하면 시각은 눈의 망막을 말하는 것으로 상(相)이 맺히는 기관이다. 청각은 귀의 달팽이관을 말하니 소리가 귀를 타고 들려와 울리는 기관이다. 후각은 코의 비점막이다. 미각은 혀의 미뢰로 맛을 느끼는 세포이다. 촉각은 피부의 일부로 수용기로 느낌을 받는다.

사실 이러한 감각이나 감정, 몸의 모호하고도 정밀한 관계는 우리 민족의 사상적 원형이라고 할 수 있는 음양오행론에 의지하여 충분히 해석이 가능하다. 오행에 적용되는 목화토금수의 작용에 따라 분노가 심해지면 간이 상하니 목의 작용이다. 기쁨이 강하게 작용하고 희열이 넘치면 심장이 약해지니 화의 작용이다. 걱정이 많아져 고심하면 비장이 안 좋아지고 속이 쓰리니 토의 작용이다. 슬픔이 크면 온몸이 오그라드는 듯한데 이는 폐가 허해지는 현상이니 금의 작용이다. 두려움이 넘치면 오금이 저리고 요(尿)가 누설(漏泄)되는데 신장 기능이 떨어지니 수의 기능이다.

오행은 인간의 몸 깊숙이 자리한다. 오행과 장기의 상관적 관계에 따라 쓸개, 소장, 위장, 대장, 방광이 영향을 받는다. 오행의 순환작용에 따라 좋아지기도 하고 나빠지기도 한다.

오감에 대한 오행의 분화

오감의 분화	목(木)	시각	상(相)의 인식	장방, 직사각형	의식(意識)으로 나타남
			색의 인식	청색(靑色), 녹색(綠色)	
		청각		각(角)	
		후각		누린내	
		미각		신맛[酸]	
		촉각		탄력감	
	화(火)	시각	상(相)의 인식	역삼각형	
			색의 인식	적색(赤色)	
		청각		치[徵]	
		후각		탄내	
		미각		쓴맛[苦]	
		촉각		차고 뜨거움	
	토(土)	시각	상(相)의 인식	원형(圓形), 평면(平面)	
			색의 인식	황색(黃色)	
		청각		궁(宮)	
		후각		휘발성의 화한 맛	
		미각		단맛[甘]	
		촉각		거침과 표면다듬질	
	금(金)	시각	상(相)의 인식	정사각형	
			색의 인식	백색(白色)	
		청각		상(商)	
		후각		비린내	
		미각		매운맛[辛]	
		촉각		강약, 단단함과 무름	
	수(水)	시각	상(相)의 인식	삼각형	
			색의 인식	흑색(黑色)	
		청각		우(羽)	
		후각		썩은내	
		미각		짠맛[鹹]	
		촉각		건습(乾濕)	

궁상각치우(宮商角徵羽)는 달리 오음(五音)이라고 한다. 또한 상(相)의 인식에서 사용하는 법칙은 관상학(觀相學)에 적용된다. 즉 얼굴 형태에 적용하는 상법(相法)이다. 풍수에서는 다른 형태로 적용한다.

④ 오장(五臟)

오장은 인간의 내부 장기를 말한다. 각기 간(肝), 심(心), 비(脾), 폐(肺), 신(腎) 5개 장부(臟部)를 가리키는 용어이다. 전통적인 오장의 개념은 서양의학과 같은 한자를 사용하므로 같은 것이라 판단하기 쉬우나 그 작용은 전혀 다른 것이다. 서양의학에서 장은 해부학적 측면이 강하다. 그 생김과 작용을 파악하고 적용한다. 그러나 전통의학에서 장부는 장기 하나하나의 역할을 살피는 것이 아니라 그 장기의 작용은 물론이고 그에 따르는 생리적 기능까지 모두 포함하는 개념이다.

간장(肝臟)

간은 목에 배속된다. 간은 담(膽)과 연결성이 있다. 간장은 자율신경계나 정서에 작용한다. 간 문제는 중추신경계 문제로 나타난다. 오행의 배치나 조화에서 간이 문제가 되면 자율신경계에 이상이 발생한다. 인체의 간은 혈(血)을 저장하고 흐름의 양을 조절하는 기관이다.

간은 기를 조절하여 신체 흐름을 부드럽게 한다. 이를 소설(疏泄)한다고 한다. 소설은 혈액을 통해 영양물질을 이동시키고 해독하거나 분해하며 때로 배설하는 역할을 한다. 간의 작용에 따라 신경계가 영향을 받아 기분이 우울해지기도 하고 초조한 감정을 느끼거나 화를 조절하기 어려워진다.

심장(心臟)

심(心)은 화(火)에 배속된다. 심장은 소장과 같은 오행이고 연결고리를 가진다. 심장과 소장은 생리상으로도 영향을 미치는 관계이다. 심의 가장 중요한 역할은 전신으로 혈액을 순환시키는 작용이다. 심은 혈맥을 관장한다. 심장이 박동하면 전신으로 혈액이 운반된다. 이에 움직이는 피를 혈류라고 한다.

혈류는 전신의 혈관을 따라 이동하며 영양소를 운반한다. 혈류 운반에서 중요한 것은 산소이다. 피 속의 산소가 생명의 근원이다. 혈류 순환이 원활해야 건강하며 피부나 얼굴 색택도 좋아진다. 이를 찰색이라 한다. 당뇨와 같은 현상으로 혈류가 느리거나 막히면 안색이 나쁘게 되며 다양한 질환이 나타나고 몸 곳곳에 어혈이 뭉치기도 한다.

심은 사람의 정신력을 좌우한다. 이를 신지(神志)라고 한다. 뇌는 흐르는 혈액에 의해 양분을 공급받는다. 혈액순환에 장애가 오고 영양이 공급되지 못하면 불면증이 오고, 다몽(多夢)이 나타나며, 건망증과 같은 증상이 온다.

비장(脾臟)

흔히 비장보다 위장을 먼저 이야기한다. 비장과 위장은 토(土)에 배속된다. 비는 소화기계 전반적인 일에 관계한다. 위는 음식물을 담는 그릇이고 비장은 비벼 소화해내는 기관이다. 사람이 음식을 섭취하면 물과 혼합하고 여러 소화액을 이용하여 잘게 부수고 연질화한다. 음식을 물과 섞으니 수곡(水穀)이고 소화하기 좋은 죽과 같은 물질로 만드는 과정으로 정미(精微)물질로 변화시키고 영양분을 흡수하는 장기로 장부(臟腑)하니 이를 일러 운화(運化)를 관장한다고 표현한다.

비장에서 뿜어내는 소화요소가 음식을 소화하여 부드러운 형태로 만드는데 이 기능이 약하면 운화의 기능이 떨어진다. 그와 같은 현상이 일어나면 기혈은 물론이고 진액도 전신에 잘 보충되지 않는다. 이에 장기에서 수분을 흡수하는 수액대사도 흐트러지니 장기에 넘치는 습(濕)으로 설사가 생긴다. 비장의 작용이 약하게 되면 기허(氣虛) 증상이 나타난다.

폐장(肺臟)

폐(肺)는 금에 배속되며 호흡이 주된 작용이다. 그러나 호흡작용뿐만 아니라 온몸에 흐르는 수액(水液) 조절에 관여한다. 수액대사가 나빠지면 무기력해진다. 폐는 몸속의 전해질을 조절하여 체온을 올리거나 내려 조절하며 면역작용까지 수행한다. 폐는 호흡작용으로 몸속의 기관을 돌린다. 외부에서 산소를 흡입하여 공급받는다. 이 산소가 혈류를 타고 돌아 각 세포의 탄력과 생사를 조절한다.

또 위장으로 들어온 음식물에서 만들어진 수곡(水穀)의 영양소를 결합하거나 배분하여 기(氣)를 만들고 전신에 배치하니 폐야말로 전신의 기를 관장한다. 폐가 약하면 호흡기계통의 다양한 병변(病變)이 나타나고 기가 부족해지기 때문에 피로하기 쉽고 무력증이 나타나며 저항력이 감퇴된다.

신장(腎臟)

신(腎)은 수에 귀속된다. 신장의 본래 역할은 배설이다. 신장은 몸속 노폐물을 걸러 체외로 배출하는 것으로 그치지 않고 생식계(生息係)와 호

르몬까지 지배한다. 이러한 과정으로 성장과 피부 노화, 병, 죽음에 이르는 각 단계에 영향을 미친다.

신장은 인간의 모든 정기가 저장된 그릇이나 같다. 부모에게 받은 선정의 정기와 태어나 습득하여 만들어진 정기도 모두 신장에 보관된다. 흔히 정(精)이라고 불리는 존재는 생명을 이어나가기 위한 에너지의 근본이며 동양적 사고에서는 원기(元氣)가 된다. 신이 약하거나 제대로 작용하지 않으면 신허(腎虛)라 하는데 발육부진, 생식능력 감퇴, 불임 등 다양한 생리력 문제가 일어난다. 신(腎)은 방광과 경락으로 연결되어 있어 동시에 작용한다.

특히 신은 사람의 몸속을 흐르는 수액대사를 관리한다. 신체에서 가장 많은 성분이 물이다. 물을 관리하지 못하면 다양한 이상이 나타나는데 빈뇨나 부종은 물론이고 각종 혈액병이 몸을 파고든다.

2장

음양 (陰陽)

1. 음양이란?

동양학을 배우고자 하는 사람이라면 가장 먼저 듣는 말이 음양(陰陽)이다. 음양학이라고 말하기도 하고 달리 음양설이라고도 한다. 어떤 이름이 붙든 상관없이 음(陰)과 양(陽)을 다루는 것은 분명하다.

음양은 동양의 철학적 사고의 가장 기본적인 틀이다. 음양이론은 상자와 같다. 틀에 박힌 이론이고 바뀌지 않는 이론이며 잘 정리된 이치이다. 따라서 나무로 짜 맞춘 상자와 같다는 표현이 어울린다.

음양은 모든 것의 시작이고 동양철학의 시작이다. 이는 하늘과 땅과 같이 이 세상에 존재하는 모든 것의 시작을 의미한다. 모든 것은 분열하기 마련이다. 갈라지고 합쳐지는 과정을 반복한다. 음양은 갈라지는 것, 나뉘는 것을 말한다. 다시 합쳐질 수도 있는 것을 의미한다.

세상은 변하며 이를 나타내는 것이 음양이다. 음양은 둘로 나뉜 모습으로 존재한다. 변화의 모든 시작점에 해당하는 틀을 제공하는 기준이다. 따라서 음양이란 혼돈에서 분리된 두 가지 존재를 의미하는 것이기도 하다. 세상 사람들은 이를 나눔이라 표현하지만 음양으로 구분한다.

음양이론은 중국에서 시작되었다. 천둥과 번개가 칠 때 천둥이 양이라면 번개는 음이다. 그 후 비가 온다. 음양의 변화는 생성을 위한 작용이다. 음양의 변화 없이는 잉태(孕胎)도 없다. 음양이 만나야 잉태가 이루어지는데 이를 생산(生産) 혹은 생성(生成)이라고 한다. 이치적으로 정반합(正反合)이 그것이다.

사람 사는 세상에는 논리가 필요하다. 서양의 플라톤이 그랬고 아리스토텔레스가 그랬다. 소피스트가 아니라도 변화는 논의할 수 있다. 동양에서도 그랬다.

고대 중국인들도 변화를 논했다. 기후를 논하고 강우량을 논하고 지질을 논했다. 이 과정에서 고대 중국인들은 지구는 물론이고 우주의 모든 현상도 음양을 대입하는 방식으로 해석했다.

모든 사상과 변화, 생성과 파괴, 살아남과 죽음에 적용되는 이 방법은 지금도 변함없이 통용된다. 이 사상은 동양 곳곳으로 퍼져나갔고 결국 동양사상의 근간이 되었다. 또한 이 사상은 동양을 대표하는 사상으로 발전하였고 역사를 관통하는 모든 학문과 역사적 사실에 적용되었다.

음양은 동양 학문에서 근본으로 여겨지며 또 그렇게 발전하였다. 앞으로도 발전은 계속될 것이며 변하지 않는 진리를 제공할 것이다. 특히 동양삼국(東洋三國)이라 불리는 중국과 한국, 일본은 오래전부터 이 음양사상에 깊이 공감하고 있으며 모든 논리에 적용하는 공통된 사상으로 접근하고 있다. 사람의 삶에서 음양을 적용하여 생각하고 분석하며 해석하고자 노력하였다.

동양의 국가들이나 민족은 음양을 대입하여 세상을 바라보았다. 음양을 세상에 존재하는 모든 것을 해석하는 도구로 삼았다. 세상의 모든 이치가 음과 양으로 구분된다고 해석한 것이다.

음양의 진위는 무엇인가?

음양이란 표면적으로 지극히 대립적인 사고로 인식된다. 그러나 대단히 상대적이다. 하나가 없으면 반대도 없다. 분리된 두 이념을 생각하면 상호보완적이다. 하나가 없다면 다른 하나도 없다. 없어진다고 다시 대체되거나 보완되는 관계가 아니다. 하나가 없으면 영원히 없는 관계이다. 음양은 존재라는 측면에서 단편적이 아니다. 두 개념은 지극히 총체적인 것으로 볼 수 있다. 두 개가 있어야만 존재가치가 생긴다. 마치 합(合)의 관계와 같다.

음양은 모든 사물에 대입할 수 있다. 인간도 마찬가지다. 음양의 이념은 세상의 모든 만물을 적용하고 파악한다. 음양을 인간의 모습에 적용하였으니 음(陰)은 여성적 요소로, 양(陽)은 남성적 요소로 간주하였다. 표면적으로 이 둘은 반드시 필요한 존재이다. 남자가 없으면 여자도 없다. 여자가 없다면 남자도 존재 이유가 없다. 대립과 상대성이라는 측면이 더욱 그렇다.

음양은 인간에게만 적용되고 의미를 부여하는 것이 아니다. 뒤이어 발달하고 정립된 《주역》의 괘(卦)도 이와 같은 음양의 이치로 만들어지기에 이르렀다. 《주역》은 철저하게 음양으로만 세상을 분석한다. 《주역》이야말로 음양학의 정화라 할 수 있다. 《주역》은 동양학의 근간을 이루며 발전하고 있다.

음양은 중국과 일본, 한국을 비롯한 동아시아 전 지역에 전파되기에 이른다. 각각의 문화가 있고 삶의 방식이 다름에도 고유한 가치로 전파되고 인정받았다. 음양은 각 나라와 민족에 특유의 의미를 지닌 사상으로 인식되어 전파되었다. 음양의 이치는 시간이 흐름에 따라 점차 중첩되는 방법으로 확장되기에 이르고 각 지역의 학문과 사상에 영향을 미치며 다양한 형태로 정립되기에 이른다. 음양은 다양한 자연의 분류에 적용된다. 음양은 기준과 현상은 물론이고 그 분류로 양분된 두 부분의 총칭이 되었다.

이처럼 음양이란 단순하게 적용하여 지구는 물론이고 우주의 이치를 담은 그릇과 같다. 음양은 단순하게 지구의 사물만을 판단하는 그릇이 아니다. 폭넓은 시선으로 우주의 이치를 포함하는 관점에서 살펴야 한다. 이 세상에 존재하는 모든 사물(事物)의 현상을 표현하는 개념으로 파악한다.

따라서 지구는 물론이고 우주에 존재하는 모든 사물을 포괄하여 귀속시키는 것이다. 어쩌면 지구나 우주에 존재하지 않는 사상이나 물상, 때로는 기(氣)의 존재까지도 포함하는 것이다. 이는 양면성을 인정하는 방법이다. 하나인 본질(本質)을 양면으로 관찰하여 분석하는 것이다. 이는 하나의 물체나 사상을 놓고 상대적 특징을 분석하는 것이다. 하나의 현상을 두 가지 해석으로 접근하는 것이다.

2. 음양론

음양사상을 집대성한 이론이 음양론(陰陽論)이다. 음양론은 태동한 이래 동양철학 중에서도 오랜 시간 가장 왕성하게 발전했다. 사실 음양론은 스스로 발전한 것은 아니다. 제자백가시대에 음양가라는 학파가 있었다. 그러나 이 학파는 물가의 포말처럼 사라져버렸다. 음양가가 하나의 학설을 가지고 발달한 것은 아니다. 학파는 사라졌으며 하나의 학문으로 발전한 것은 더욱 아니다.

음양론은 제자백가시대 이후 각각의 개별이론 속에 응용되고 적용되어 더욱 확장되었다. 특히 유교(儒敎)이념에 음양론이 매우 중요한 줄기를 형성함으로써 유교의 전파와 더불어 철학은 물론 정치, 경제, 사상의 근간을 이루게 되었다.

음양론 전파에서 유교라는 철학은 기둥과 같은 역할을 했다. 음양론은 유학을 통해 더욱 발전하였다. 음양론 자체는 등나무와 같아서 유학이라는 사상의 등에 업힌 모습으로 동아시아 지역 곳곳에 전파되었다. 그러나 이제는 전 세계 철학으로 전파되고 있다. 유학이라는 마차가 없었다면 음양이라는 황제는 전 세계로 퍼져나가기 어려웠을 것이다.

음양론은 어느 곳 하나 미치지 않은 곳이 없다. 화려하게 드러나지 않지만 모든 학문의 뿌리에 자양분이 되었다. 음양론은 중국 역사에서 자연과학의 발전에 이론적 기초를 다져놓았으며 그 범위도 광활한 대지와 같아 미치지 않는 곳이 없었다. 음양론은 거미줄과 같이 동양학 모든 분야에 걸쳐 있다. 음양론은 농업과 밀접하게 관련된 천문(天文)과 역법(曆

法)에 이르렀고 의학에도 중요한 이념을 제공했다. 사상은 물론이고 철학을 통하고 수학에까지 영향을 미쳤다.

음양론은 우주의 태동에서 일어나는 모든 현상과 적용을 포함한다. 이를 음양의 기화론(氣化論)이라 부르기도 한다. 음양은 단순히 음과 양으로 분리되는 것이 아니다. 음과 양은 만나 다시 생(生)을 한다. 마치 어머니와 아버지가 만나 자식을 잉태하는 것과 같다. 음과 양이 없다면 잉태도 없다.

우주는 음양의 변화로 이루어진다. 사람에게도 사람으로서 가치와 음양으로서 이치가 적용된다. 우주 만물과 인간에게 일어나는 흥망성쇠가 복잡한 음양의 윤전(輪轉)하는 원리로 구성되어 있다.

모든 사물은 상대성을 지닌다. 해와 달, 하늘과 땅, 남과 여, 물과 산, 많은 물체와 속성이 있다 해도 홀로 존재하는 것이 아니다. 모든 사물은 음과 양으로 이루어져 대립하는 것으로 보이지만 실제로는 상쟁(相爭)의 조화(造化)를 이루고 있다. 음양은 겉과 속이 다르다. 보이는 것이 다가 아니다. 음양은 표면적으로 대립의 관계이지만 지극함 속에서는 조화의 관계이다.

음양은 어디까지나 기(氣)의 두 가지 측면으로 살필 수 있다. 하나로 보이지만 두 가지다. 그러나 하나로 보인다. 즉 음양이란 혼돈(混沌)에서 나뉜 두 개의 기이지만 여전히 하나로 보인다. 두 기는 각각 상대적인 개념을 가지고 있다. 마치 차가운 면과 뜨거운 면을 동시에 지닌 것처럼 보인다. 표면적으로 양과 내부적으로 음으로 대별되는 것이다.

음양은 서로 격렬하게 대립하는 것으로 보이나 내부적으로는 조화 속에 의존한다. 음양은 서로 맞물려 돌아가며 태동의 기운을 미치거나 사물을 만들고 성립시키는 생성과 존립의 원리를 유지하고 있다. 대립이 곧 화합이다. 대립이 없다면 조화도 없다. 표면적으로 음양은 대립하지만 극단적으로는 조화의 기운을 지닌다. 대립이며 조화가 음양의 관계이다. 표리부동(表裏不同)이 결국 동화(同化)를 한다. 음양은 함께 존재하는 의미이다. 각각 존재하는 하나의 의미가 없다면 음양관계에서는 다른 하나의 의미도 존재하지 못한다. 서로 순환하고 변화하며, 화합하고 괴리하며 전화(轉化)하는 다양한 변화의 원리라는 두 이치로 작용해왔다.

혼돈에서 시작하여 태극(太極, ☯)에서는 기화(氣化)에 의해 음양이 생성되기에 이른다. 음양이 생기며 대립과 조화가 이루어진다. 조화는 다시 기화를 이루고 음양의 다양한 작용으로 오행(五行)이 생겨난다.

오행은 다섯 가지 기운이 움직이는 것이다. 세상에 존재하는 모든 사물은 오행의 범주에 속한다. 어떤 사물도 오행의 범주에서 벗어나지 못한다. 세상의 이치는 오행의 작용으로 생성되고 쇠락(衰落)하는 것이다. 어떤 과학도, 어떤 물체도, 어떤 사상이나 학설도 오행의 범주에서 벗어나지 못한다.

오행은 기(氣)다. 보이는 기도 있고 보이지 않는 기도 있다. 기는 근본적으로 보이지 않는 것이다. 눈에 보이지 않는 모든 기도 사물의 기와 다를 것이 없다. 기란 반드시 눈에 보이는 것이 아니다. 오히려 눈에 보이지 않는 기가 더 많다. 음양을 나타내는 것이 기이다.

음양은 표면적으로 대립의 관계이지만 내부적으로 보면 보완의 관계이다. 음양은 포괄적으로 보면 서로 보합하고 상관(相關)하는 관계이다.

이는 남녀가 서로 기대어 사람 인(人) 자를 만드는 이치와 같다. 음이 없으면 양도 없고 양이 없으면 음도 없다. 음이 약하면 양이 보충한다. 양이 강하면 음이 힘을 빼앗아 균형을 맞춘다. 서로 배합되고 조화를 이루는 것이 음양이다.

《주역》〈계사〉에 이르기를 "역유태극(易有太極) 시생양의(是生兩儀) 양의생사상(兩儀生四象) 사상(四象) 생팔괘(生八卦). 팔괘정길흉(八卦定吉凶) 길흉(吉凶) 생대업(生大業)"이라고 하였다. 이를 해석하면 "역에는 태극이 있다. 이것이 양의를 낳고, 양의가 사상을 낳는다. 사상이 팔괘를 낳는다. 팔괘는 길흉을 정하는 것이고, 길흉은 큰 업을 낳을 것이다"라고 하였다.

이 글에서 보이듯 양의(兩儀)라는 말을 사용했다. 근본적으로 양의란 음양 이원의 관계론이다. 양의를 설명하려면 역(易, The Book of Change)을 논하지 않을 수 없다. 근본적으로 역이란 변화와 순환을 나타낸다. 즉 역은 달[月]과 해[日]로 이루어진 글자이다. 즉 이 두 기운이 교차하고 바뀌는 것이 역이다. 역의 상부는 낮을 나타내고 해를 나타내는 글자로 되어 있다. 아래는 밤을 나타내고 달을 나타내는 글자로 되어 있다. 이 두 글자를 겹쳐놓은 것은 두 기운을 나타낸 것이다. 따라서 이 두 기운이 오간다, 변한다, 교차한다는 의미가 있다.

《주역》은 주나라 시대의 역이다. 역이라는 말은 변환이라는 의미를 나타낸다. 변화되는 모양을 나타낸다. 자연의 변화를 음양원리로 설명한 것이다.

《주역》의 의미를 가감 없이 본연의 의미로 표현하면 음양이란 두 가지 기운이다. 이 중 양(陽)은 해가 비친 곳이며, 음(陰)은 그늘진 곳이다. 결국 밝은 곳과 어두운 곳이다. 산을 비추는 밝고 어두움의 이중성이다. 이를 부호로 나타내니 양은 ━으로 표시하고 음은 ╍으로 표시한다. 혹자는 이를 남녀의 성기를 보고 만든 표식이라 한다. 음양의 이치는 매우 다양하다. 마음과 물질, 앞뒤, 좌우, 밝음과 어둠, 영혼과 신체, 질서와 혼돈, 영원과 죽음과 같이 모두 대립적인 의미의 조합이다.

음양은 근본적으로 성격을 분리할 수도 있다. 음이란 여성적이고 은밀하다. 내부적이고 거두어들이며 저장하고 침잠(沈潛)하는 수렴의 성질이다. 양이란 내뱉으며 발산하고 드러내며 솟구치고 생장하는 기질이라고 할 수 있다.

3. 음양 이야기

옛날이야기다.

봇짐을 진 선비가 길을 나섰다. 인상이 번듯한 선비는 과거를 보기 위해 한양으로 올라갈 계획이었다. 계절은 이른 봄이었기 때문에 아직 이곳저곳 개울가에는 얼음이 녹지 않은 곳이 있었지만, 물가 곳곳에는 꽃이 피려는 나무와 꽃도 있었다.

이른 아침이라 날씨가 차가웠다.

나그네의 아내가 일찍 길을 나서는 남편이 안되어 보였는지 마중을 나서며 안타까운 목소리로 말했다.

"여보, 날씨가 추워요. 몸조심하세요."

"허허, 추운 겨울이니 당연하게도 추운 것 아니오. 추운 것은 음이니 이제 양이 올 것이오. 양이 오면 따스할 것이니 너무 걱정 마시오."

선비가 너털웃음을 터뜨렸다. 추운 계절이 오면 곧이어 따스한 계절이 오는 법이다. 선비는 계절을 읽고 있었다. 지금까지 추웠으니 곧 따스한 계절이 오리라는 것을 알고 있었다. 추운 계절을 음이라 하면 따스한 계절은 양의 기운이다. 음양은 교류하고 때때로 그 자리를 바꾸는 것임을 선비는 알고 있기에 차가운 날씨가 두렵지 않았다. 어차피 계절은 바뀌니 음양도 바뀌는 것이다.

추운 계절에 속하는 가을과 겨울은 음에 속하는 절기이고 따스한 계절에 속하는 봄과 여름은 양의 기운이다. 이미 세상 이치를 알고 있는 선비에게 계절로 음양을 따지는 이치는 오래전에 깨달았던 일이다.

아내가 이맛살을 찌푸렸다.

"길가에 있는 여인들에게 정신 빼앗기면 안 돼요."

"남자는 양이요, 여자는 음이다. 어찌 음양이 조화를 이루지 않을까?"

아내 마음을 모르는 바가 아니었지만 선비는 농을 걸었다. 음양은 서로 당기는 법이다. 서로 배척하는 것으로 보이지만 서로 당겨 조화를 이루는 법이다. 양이 없으면 음이 없고 음이 작용하지 않으면 양은 존재 의미가 없다. 따라서 음양은 합하는 것이고 남녀도 음양의 합을 이루는 법이다.

아내는 잘난 남편이 걱정이 되었다. 남편은 고을에서 인물 하면 빠지지 않는다. 길을 나섰다가 다른 여인에게 정신이라도 빼앗길까 걱정이 이만저만이 아니었다. 그래서 남편에게 단단히 일러둘 생각이었다.

"당신이 잘생겼으니 문제지요."

"그건 양이라 할 수 있지."

남편이 말했다. 용모를 음양으로 논할 것은 아니나 선비 입장에서 굳이 음양을 들먹인다면 잘생긴 사람은 양이라 부를 수 있다. 개인적 생각이 녹은 말이지만 못생겼다는 말은 음적 감각일 것이다.

얼굴도 크고 우락부락하면 양적 요소로 판단할 수 있을 것이다. 얼굴이 곱상하고 미려하다면 음적 개념에 해당할 것이다. 자연만물에 모두 음양이 있으니 사람 얼굴에 어찌 음양의 요소가 없을 수 있단 말인가?

"양과 음이 조화를 이루니 문제지요."

아내 말에 남편이 고개를 돌렸다.

"거 참, 걱정도 심하구려. 과거를 보러 가는 내가 다른 데 정신을 흘리겠소."

"서방님, 그런 소리 마세요. 세상 이치가 음양으로 이루어져 있는데 어찌 걱정하지 않는단 말인가요? 서방님은 헌앙하신데 어찌 세상 여자들이 그냥 못 본 체하겠습니까? 세상 이치가 음양으로 이루어져 서방님은 양이시고 지나가는 뭇 여자는 음이온데 음양이 서로 끌리지 않겠습니까?"

"허허! 음양의 조화가 그러하긴 하나 걱정은 마시구려."

선비는 일어서며 아내 어깨를 두드려주었다. 일찍이 마을에서도 인물이라면 누구에게 빠지지 않았기에 아내가 걱정하는 이치를 모르지 않았기 때문이다. 몸을 일으켜 나서려다 다시 아내를 보니 아내 얼굴에 수심이 가득해 보였다. 아내 이마에 주름이 파이고 있었다. 헌앙한 남편을 둔 아내들의 걱정이 어디 세월이 다르다고 변할까?

남편이 아내의 어깨를 안았다.

"걱정 마시오. 이마를 펴시구려. 이마가 밝게 훤하면 양이요, 이마가 어둡게 찡그리면 음이 아니겠소. 밝은 양의 기운으로 배웅해주시구려."

그제야 아내가 빙그레 웃었다.

사랑하는 아내의 얼굴을 보니 그냥 갈 수 없어 선비는 어깨를 바로하고 아내를 바라보았다. 이윽고 아내에게 차분하게 입을 열었다.

"걱정 마오. 세상 이치가 음양으로 이루어진 것이라 하나 내 아무 곳에서나 양의 기운을 쓰지는 않으리다. 세상의 모든 여자가 음이라 하고 내가 사내이니 양이라 하나 음양의 조화가 반드시 합만 있는 것은 아니고 때로 배반하고 질시하기도 하는 것이라오."

어쩔 수 없음인지 아내는 배시시 웃으며 남편을 배웅하였다.

아내를 안정시킨 선비는 길을 나섰다. 이른 새벽이라 찬바람이 불어왔지만 부지런히 걸어 마을 뒤의 고갯길까지 올랐다.

해가 뜨고 있었다.

"일양(日陽)이 떠오는군!"

선비는 걸음을 멈추고 떠오르는 태양을 바라보았다. 마치 불길을 머금은 듯 밝은 빛이 온 누리를 비추며 떠오르고 있었다. 그 찬란한 모습을 바라보던 선비는 고개를 돌리고 조금 전 자신이 걸어온 길 쪽을 바라보았다.

산 너머로 달이 지고 있었다. 달걀노른자처럼 밝은 달이 밝아오는 햇살에 빛을 잃으며 스러지고 있었다. 달은 밤새도록 하늘에 떠 있었지만 해가 떠오르자 약속이라도 한 것처럼 자신의 모습을 숨기고 있었다.

"월음(月陰)이 지는군."

선비는 고개를 끄덕였다. 태양은 양의 기운 중 으뜸이니 일양이고 달은 음의 기운 중 으뜸이니 월음이다. 선비는 자기 말이 마음에 들었는지 얼굴 가득 웃음을 머금었다. 그런 그의 눈에 자연스럽게 현상이 드러났다.

해가 떠오르자 해가 비친 부분은 밝은 기운이 감돌았다. 밝은 곳은 해의 기운이 가득하였고 어두운 곳은 해의 기운이 미치지 못했다. 해가 떠오름으로써 산의 한 면은 밝고 다른 면은 어두웠다.

"음양이 상배(相背)로구나. 해가 뜨니 밝은 곳은 양이요, 어두운 곳은 음이로다."

선비는 자신이 느낀 것을 그대로 내뱉었다.

해가 떠오를수록 밝은 면이 많아지고 어두운 면은 줄어들었다. 밝은 곳이 많아지며 세상이 환해졌다. 어두운 곳이 점차 물러나며 그늘진 곳도 면적을 줄이며 사라졌다.

"밝음은 양이요, 어두움은 음이라. 해가 비치는 곳은 양이고 해가 비치지 않는 그늘은 음이다. 이곳에서야말로 자연의 음양이 한눈에 보이는구나."

선비는 기지개를 폈다.

그때 휘 바람이 불었다.

파라라라!

바람이 불어오자 언덕 위에서 자라던 나무의 가지가 몸을 떨었다. 봄이 다가오는 시기인지라 잎은 없었지만 바람이 불어옴으로써 나뭇가지를 흔드니 비로소 하늘의 기운이 움직인다는 것을 알 수 있었다. 아무리 바람이 불어도 땅은 흔들리지 않았다. 그래서 선비는 마음을 굳건하게 할 수 있었다.

탁!

선비는 손뼉을 쳤다.

"아, 하늘 바람이 분다. 바람이 불어서야 비로소 하늘의 기운이 느껴졌다. 하늘의 기운이 움직였으니 양이다. 움직이는 것은 양이니 하늘은 양이다. 움직이지 않는 것은 음이다. 그렇다면 움직이지 않는 땅은 음이다. 움직이는 것은 모두 양이다. 움직이지 않고 고정된 모든 것은 음이다."

자기 생각에 만족감을 느낀 선비는 멀리 눈길을 던졌다. 무수한 산이 있었고 그 사이로 물이 흘러가는 모습이 눈에 들어왔다.

선비는 만족스럽게 웃었다.

"그렇다. 물은 흐르니 양이다. 하지만 산은 움직이지 않으니 음이라 할 것이다."

만족스러운 눈빛으로 산천 이곳저곳을 살피던 선비는 무슨 생각을 했는지 고개를 갸웃했다. 그러고는 먼 산과 산 사이로 흐르는 물을 살피고는 몇 번이고 고개를 주억거리며 생각에 빠져들었다.

한참이 지나자 선비는 그 자리에 주저앉아 나뭇가지를 꺾어 그림을 그렸다. 산을 그리고 물을 그렸다. 그리고 문득 생각한 바가 있는지 자리에서 일어나 얼굴에 비치는 햇빛을 가리려는지 차양을 만들고 다시 한번 산과 물을 살폈다.

“그래, 물은 근본적으로 양이지만 음이 있고 양이 있구나. 그야말로 양 속에 양이고, 음 속에 음이로구나. 흐르는 물은 양이나 고인 물은 움직이지 않으니 음이다. 산도 그래서 높이 솟아 오른 산은 움직이지 않으니 음이다. 그러나 이리저리 몸을 틀며 내달리는 산줄기는 움직이는 것이니 양이로구나. 결국 음 속에 양이 있고 양 속에 음이 있구나.”

선비가 한바탕 웃음을 터뜨리더니 손에 들고 있던 나뭇가지를 던져버렸다. 그러고는 고향을 돌아보더니 큰 소리로 소리쳤다.

“고향아, 다녀오마. 나는 떠나가니 양이요, 고향은 움직이지 않으니 음이로구나. 나는 언젠가 돌아올 것이다. 양은 언젠가 음으로 돌아오리라.”

말을 멈춘 선비는 히죽 웃었다.

“그러고 보니 큰 목소리는 양이로군. 작은 목소리는 음이라고 할까? 사람 목소리에도 음양이 있구나. 이는 목소리의 크고 작음으로 분별하는 음양이다. 그럼 부드러운 목소리는 음일 테고 탁하고 거친 목소리는 양이로구먼.”

선비는 자신이 깨달은 이치가 신기했는지 연신 고개를 끄덕이며 만족을 표시했다.

“가자! 가는 것은 양이요, 멈추는 것은 음이다. 이제 양이다.”

선비는 등에 진 괴나리봇짐을 추키고는 휘적거리는 걸음을 내딛기 시작하였다. 아침이 밝아오며 여기저기에서 바람이 불고 새들이 날며 맑은 소리로 노래하고 있었다. 바람이 불며 바스락거리는 소리가 발에 장단을 맞추었다.

선비는 휘적휘적 걸었다. 동구 밖을 벗어나서 산길을 걸었다. 아직은

잎이 피지 않은 계절이나 때 이른 계절에 놀란 나무들이 새의 입술처럼 작은 입을 터뜨리려고 가지 끝에 매달고 있었다.

산을 넘어 깊은 산길로 나섰다. 한 시간을 걷자 마을이 눈에 보이지 않았다. 그러나 산길은 계속 이어졌다. 산속이라고 사람이 살지 않는 것은 아니다. 산골 깊은 곳에도 사람들이 살고 있었다.

눈앞에 산속 마을이 보였다. 골짜기처럼 생긴 지형에 집이 세 채 있었다. 두 산 능선이 있고 그 사이에 계곡처럼 생긴 곳에 집이 자리하고 있었다.

선비는 일찍이 풍수지리를 배운 적도 있기에 혀를 찼다.

"마을이라. 예부터 집이 세 채 이상 모여 있으면 마을이라 했지."

우리나라 전통적인 마을 개념에서 집이 세 채 이상 모여 있으면 마을이라고 했다. 흔히 지도나 행정구역에서 리(里)라는 단위를 쓴다. 이를 마을이라는 개념으로 이해한다.

"큰일이로구나. 계곡에 살면 음의 기운이 강해 병이 많은 법이거늘!"

선비는 안타깝다는 듯 중얼거리며 주위를 살폈다.

"마을을 살필 때 계곡을 막은 산은 양의 기운으로 해석하고 계곡은 음의 기운으로 해석해야 한다. 사람이 사는 곳은 양기 양택이다. 양택은 양기가 많이 들어오는 집이니 햇빛이 드는 집이다. 계곡은 햇빛이 적게 들고 해가 일찍 질 것이다. 그렇다면 음택의 요소가 많을 것이다."

선비가 고개를 주억거렸다.

오래전 풍수를 배운 적이 있는 선비에게 계곡에 있는 집은 그다지 마음 편하게 바라볼 수 없었다. 풍수는 음택과 양택으로 나뉜다. 음택은 빛이 없는 곳, 땅속, 차가운 기운이 있는 곳, 햇빛이 없는 곳이다. 계곡은 음택의 기운이 강하다.

양택은 근본적으로 산 사람이 사는 공간이다. 따라서 햇빛이 강하게 충분히 들어야 한다. 집이라고 해도 햇빛이 들지 않으면 음택의 기운이 강해진다. 햇빛이 많이 드는 집에 살아야 양택의 기능이 있다고 할 수 있다.

선비는 계곡에 위치한 작은 마을에 사는 사람들이 안쓰러웠다. 생각 같아서는 계곡을 벗어나서 살아야 한다고 말해주고 싶었지만 그게 어디 쉬운 일인가!

한참 머뭇거리던 선비는 다시 발걸음을 옮겼다.

얼마 정도 가자 산이 조금 험악해졌다. 바위가 많아지고 골도 깊어졌다. 지도를 펼쳐 살펴보니 길은 제대로 가고 있었다. 다만 지도에 나온 것처럼 이제부터는 산이 높고 골도 깊은 곳임을 알 수 있었다.

개울을 지나 좁은 길을 한참 오르자 바위가 눈에 들어왔다. 기이하게도 개울을 사이에 두고 양옆의 산이 달랐다. 아니, 자세히 보니 산의 느낌이 달랐다. 오른쪽 산은 바위가 매우 날카로웠다. 날카로운 것으로 그치지 않고 비가 왔는지, 아니면 물기가 어디서 왔는지 푸른 이끼가 끼어 있었다.

"청태(靑苔)가 끼었구나."

선비는 무심코 중얼거렸다. 그러다가 고개를 돌려 왼쪽 산을 바라보았다. 왼쪽 산도 바위가 많기는 매한가지였다. 그런데 기이하게도 왼쪽 산은 둥글고 백설기 가루를 묻혀놓기라도 한 것처럼 밝은 바위로 이루어져 있었다. 사람들이 말하는 서기(瑞氣)를 뿜는 바위산이었다.

"참으로 신기하구나. 개울 하나를 사이에 두었을 뿐인데 이리도 다르다니, 내 예전에 산에 관한 책을 읽은 기억이 나는구나. 맥우수지(脈遇水止)라고 했지. 산이 내달리다가 물을 만나면 기(氣)가 멈춘다고 했다. 이곳이 그곳이로군. 그러니 양쪽 산의 기가 전혀 다른 게야. 이거야말로 음양의 대치상태로군."

선비는 한참 동안 산에 박힌 바위들을 살폈다.

"이쪽 산은 바위가 하나같이 날카로우니 음의 기운이고 반대쪽 산은 바위가 하나같이 둥글고 부드러워 보이며 밝으니 양인 게야. 바위에도 음양이 있구먼."

선비는 만족스럽게 고개를 끄덕였다.

선비는 오래도록 학문을 익혔다. 동양 사람이니 동양철학을 배우고 동양의 이념을 배웠다. 동양학을 배우다 보니 모든 뿌리가 같았다. 동양학의 뿌리는 하나같이 음양오행에서 시작되었다. 철학도 그 뿌리가 음양오행이었고 풍수지리도 음양학을 벗어나지 않았다. 심지어 의술도 음양오행을 그 바탕으로 했다.

선비는 몇 번이고 두 바위산을 비교하였다.

"내 일찍이 공부하며 산을 음이라 배웠다. 그에 비교하여 물을 양이라 배웠다. 산은 움직이지 않으니 음이고, 물은 움직이니 양이다. 그 후에는 양인 물에도 음양이 있다고 배웠다. 고인 물은 움직이지 않으니 음이고 흐르는 물은 움직이니 양이다. 산도 마찬가지다. 산은 본래 움직이지 않으니 음이다. 높이 솟아오른 봉우리는 움직이지 않으니 음이고 산줄기는 흐르는 모양으로 인식되므로 양으로 배웠다. 그러나 새롭게 바라볼 필요가 있구나."

선비가 나뭇가지를 꺾어 산을 가리켰다.

"풍수지리에 이르기를, 산에 들어 음택(陰宅)을 찾을 때 돌이 많은 곳에서는 흙이 많은 곳에서 혈을 찾으라 하였고, 흙이 많은 곳에서는 돌이 많은 곳에 가서 혈을 찾으라고 하였다. 이제 생각하니 흙이 많은 산은 양이요, 돌이 많은 산은 음이라는 것을 알겠다."

선비는 스스로 정의를 내리고는 만족스러워 웃었다. 아무리 과거를 보러 가는 바쁜 순간이지만 오래도록 배우고 익힌 음양론을 포기할 수는 없었다.

선비는 발걸음을 재촉했다. 산이 깊기 때문에 서둘러 산을 넘고 고개를 넘어서야 했다. 헉헉거리는 숨소리가 거칠어지도록 산길을 달렸다. 산길이 험하여 아무리 속도를 내려고 해도 쉽지 않았다. 여러 번 넘어질 뻔하자 속도를 줄였다.

산 능선으로 올라섰다.

"어!"

산을 넘어서던 선비가 놀라 발걸음을 멈추었다. 산 아래 집이 한 채 보였다. 외딴곳에 홀로 선 집이다. 민초(民草)가 사는지 작은 초가집은 지나치게 한적해 보였다.

"이 외진 곳에서 음양이 마주하는구나."

선비는 나지막하게 중얼거렸다.

과연 외따로 세워진 집과 불과 50여 미터 떨어진 곳에 묘가 있었다. 집도 크지 않았지만 묘도 크지 않았다. 큰 마을 근처나 좋은 터를 잡아 만든 양반들의 묘와는 비교조차 할 수 없을 정도로 작은 묘였다.

선비는 한참 바라보았다. 초가집에 사람이라도 있으면 물이라도 한잔 얻어 마시고 가고 싶었다. 마침 숨도 차고 땀이 흘렀다. 사람이 있다면 물 한잔 얻어 마시는 게 대수는 아닐 듯싶었지만 사람이 보이지 않았다.

한참 기다렸으나 사람이 보이지 않아 집으로 다가가 보았다. 마당에 다가서자 사람이 보였다. 그러나 집주인으로 보이는 사내는 조용히 마당에서 오갈 뿐 밖으로 나오지 않았다. 그래서 밖에서는 사람이 없어 보인 것이다.

집주인으로 보이는 사내는 이리저리 서성였지만 나설 생각은 없어 보였다.

선비가 다가갔다.

"이보오!"

주인으로 보이는 사내가 문가로 다가왔다. 선비는 아무래도 이유가 있을 것이라는 생각이 들어 주인이 다가오기를 기다렸다.

"뉘시오?"

주인이 조용히 물었다.

목소리가 낮은 것이 산중에 사는 사람이 말을 아끼는 것이 아닌가 하는 생각이 들 정도였다. 그러나 지금은 목소리에 신경 쓸 때가 아니었다.

"나그네인데 물 한잔 부탁합시다."

주인이 고개를 끄덕이고는 안으로 들어가 그릇에 물을 떠다주었다.

물맛이 좋았다. 물을 마신 선비는 이 집에 사는 사람이 왜 저리 조용하게 행동하고 말하는지 궁금해졌다.

"주인, 이곳 이름이 어찌되오?"

주인이 조금 이상하다는 듯 선비를 바라보았다. 그러더니 피식 웃고는 입을 열어 선비 말에 대꾸했다.

"소명리(小鳴里)요."

"소명리?"

"작을 소(小), 울 명(鳴), 마을 리(里)요."

"작게 우는 마을?"

"그렇답니다. 마을 이름이 특이하기는 하지요. 예전에는 이곳에도 집이 여러 채 있었답니다. 지금은 모두 이곳을 떠났지요."

이야기를 듣던 선비는 고개를 갸웃하다가 불현듯 생각난 것이 있어 주인을 향해 물었다.

"그럼 부근에 대명리(大鳴里)도 있소?"

주인이 화들짝 놀랐다.

"그걸 어찌 아셨소?"

선비가 얼굴에 웃음을 머금었다.

"아마도 부근에 큰 대(大), 울 명(鳴), 마을 리(里)라는 이름을 쓰는 동네가 있을 겁니다. 대명리에는 사람들이 많겠지요."

"맞습니다."

주인이 놀라 소리쳤다.

"그렇군. 소명리는 울음이 작은 지역이니 음의 기운이 강하고 대명리는 울음이 큰 지역이니 양의 기운이 강한 지역일 것이다."

선비는 얼굴에 빙그레 웃음을 머금었다.

주인이 놀라 눈을 크게 뜨는 모습을 보았지만 선비는 그다지 개의치 않을 생각이라 천천히 걸음을 옮겨 외따로 떨어져 있는 집을 지나쳤다.

한참을 가자 마을이 하나 나타났다. 마을이 제법 커보였다. 적어도 40여 채 이상의 집이 옹기종기 모여 있었다. 산골에 이 정도 마을은 아주 큰 편에 속했다. 40가구라면 사는 사람도 적지 않을 테고 논밭도 적지 않을 것이다.

마을에 들어섰을 때 열다섯 살 정도 되어 보이는 아이가 지나가고 있었다.

"이보게."

선비가 부르자 아직 수염도 제대로 나지 않은 아이가 걸음을 멈추고는 턱을 내밀었다. 어쩐지 조금은 건방져 보이는 얼굴이었다.

"뭐요?"

"지길손이네. 이 마을이 대명리인가?"

"그렇소."

대답을 마친 아이가 휭하니 몸을 돌렸다.

조금은 황당하고 아이 행동이 마음에 들지 않았으나 그러려니 했다. 하나하나에 일일이 마음을 쓸 수는 없는 일이었다.

"양이 강하면 타인을 배려하지 못한다고 했지. 이곳 대명리가 부근에서 사람이 많이 살고 양기가 강한 곳인 모양이군."

선비는 고개를 끄덕였다.

그가 배운 음양의 이치는 하나같이 틀림이 없었다. 심지어 마을을 분석하는 방법에도 음양은 적용되었다. 그 마을에 사는 사람들의 성격이나 행동거지도 어느 정도 예측이 가능했다.

양기가 강하면 드러내기를 좋아하고 자기 목적이 강해진다. 상대 말을 무시하거나 듣지 않는 속성이 있다. 자신을 내세우며 말소리도 크다. 거침이 없고 삶의 방식에서도 주저하지 않는다.

"양기가 강한 마을이라 그렇군."

선비는 고개를 끄덕였다. 이해할 수 있는 일이라고 생각했다. 어린아이지만 보여주는 행동이 양기의 특성이 드러남을 알 수 있었다.

가만히 생각하면 소명리라는 곳에서 만난 초가집 주인과는 전혀 다른 양상이다. 무엇이 옳고 그름의 문제가 아니라 속성이 완벽하게 드러났다. 지금 느낀 두 사례만으로 사람의 속성을 알 수 있을 것 같았다.

"양이 강하면 안하무인이라 목소리가 크며 자신 위주이고 거침이 없다. 음이 강하면 이와 반대이겠지. 음이 강하면 목소리가 작고 타인을 배려하여 눈치를 볼 것이며 여기저기를 살펴 자신의 행동을 결정하겠지."

갑자기 웃음이 나왔다. 세상 이치가 재미있다는 생각이 들었다. 또한 자신이 오랫동안 배운 이치가 조금도 틀리지 않는다는 확신을 가지게 되었다.

선비는 왕 앞에 고개를 숙이고 있었다.

"축하하노라. 그대가 이번 과거에서 장원급제(壯元及第)했다는 말이렷다. 그대 글을 내 친히 보았느니라. 음양의 이치를 아주 잘 설명하였구나."

"감읍하옵니다, 전하."

"그래, 그렇다면 그대는 이 궁궐에도 음양이 있다고 보느뇨?"

"그러하옵니다. 세상 어디에고 음양의 조화는 존재한다고 말씀드릴 수 있사옵니다."

"좋구나. 그럼 짐과 그대의 관계를 음양으로 설명해보아라."

선비는 깊게 허리를 숙여 보이고는 왕 앞으로 나아갔다. 그러고는 주변을 둘러본 후 진중한 목소리로 입을 열었다.

"임금님과 저는 분명 음양의 관계에 놓여 있습니다. 저와 같은 모든 신하는 같은 위치에 놓이는 것으로 사료됩니다. 전하께서는 태양과 같은 분이시니 양이라 할 것이고, 신하는 왕의 반대에 있고 보좌하는 것이니 음이라 할 것입니다."

"음양은 상배하니 나와 신하가 대립한다는 말인가?"

"아니옵니다. 임금은 모든 백성의 어버이이십니다. 어버이는 앞서 나아가니 양이고 신하와 백성은 어버이이신 전하를 따라가니 음이라는 것입니다. 따라서 양이 앞서는 것이니 전하는 앞서 나아가 명령하고 신하는 따르는 것입니다. 모든 일은 양이 나서는 것이니 업적은 전하의 것이고 음은 따라가는 것이니 신하는 명령을 받는 것입니다."

"궁궐에 음양은 그뿐인가?"

"아닙니다. 음양은 또 있습니다. 전하가 양이라면 왕비님은 음이십니다. 음양은 서로 대립하는 관계이나 반드시 합치고 마주해야 결과가 있는 것입니다. 따라서 왕과 왕비는 대립하지만 서로 존경하기도 하는 것입니다."

왕의 얼굴에 웃음기가 머물렀다.

"그래, 또 무엇인가?"

선비가 허리를 조금 폈다.

"전하의 자리에도 음양이 있습니다."

"짐의 자리에 음양이 있다고?"

"그러하옵니다."

선비는 빙그레 웃으며 손을 내밀어 앞을 가리켰다. 임금은 잠시 머뭇거렸으나 곧 알아채고는 자리에서 일어났다. 그러고는 자신이 앉아 있던 용상(龍床) 뒤를 바라보았다. 그곳에는 병풍이 놓여 있었다. 그 병풍에는 다섯 개의 산과 달, 그리고 해가 그려져 있었다. 이름하여 일월오악도(日月五嶽圖)라고 하는 그림이었다.

선비가 한 발 앞으로 나아가 일월오악도를 가리켰다.

"전하께서 앉아계신 용상 뒤의 병풍에 그려진 그림은 일월오악도입니다. 달리 일월오봉도라고도 합니다. 산을 다섯 개 그렸습니다. 그 다섯 개 산은 오행을 나타냅니다. 그리고 산 위에 뜬 두 개의 둥근 원은 일월을 나타냅니다. 즉 해와 달이지요. 그것은 단순히 해와 달이 아니라 음양을 나타냅니다."

왕이 고개를 끄덕였다.

일월오악도는 병풍에 그려지기도 하고 벽에 그려지기도 하는 조선시대 그림이다. 왕이 머무는 곳에는 반드시 이 그림이 있다. 따라서 궁궐 구경을 하는 사람이라면 반드시 찾아볼 가치가 있다.

일월오악도는 하늘과 산, 바다와 숲을 그렸다. 하늘에는 흰 달과 붉은 해가 좌우로 나뉘어 둥그렇게 떠 있고, 그 아래로 산봉우리 다섯 개가 우뚝 솟아 있다. 산 아래로 격랑을 일으키며 출렁이는 파도가 나타나고, 화면 좌우 양쪽 끝으로는 붉은 몸통을 드러낸 무성한 소나무가 짝을 이루어 서 있다. 이 상징물들은 자연세계에서 선별된 것들이다. 이러한 내용과 구성을 갖춘 작품을 조선시대에는 오봉도(五峯圖)라고 하였고, 요즈음에는 해와 달의 상징을 더하여 일월오봉도 또는 일월오악도라고 한다.

선비가 다시 앞으로 나섰다.

"전하의 용상 뒤에 배치된 그 병풍은 일월오악도입니다. 그 그림은 아무나 사용할 수 없습니다. 또 아무 곳에서나 사용하는 것이 아닙니다. 이 그림은 오로지 전하만을 위한 것입니다. 아무리 양반이라 해도 그 병풍을 사용할 수 없습니다. 이는 음양이 가장 강하게 작용하는 곳이 이곳 궁궐이라는 의미도 있는 것입니다."

임금이 고개를 끄덕였다. 조선시대는 예와 격식을 중시하는 시대였다. 왕후장상의 철저한 계급사회였다. 어떤 경우도 계급을 뛰어넘을 수 없었다. 일월오악도는 왕이 앉는 자리 뒤에 놓인 특수한 그림이다. 아무리 권력을 지녔다고 해도 자기 자리 뒤에 설치할 수 없는 그림이다.

이 병풍에는 다섯 개 산이 그려진다. 이와 더불어 두 개의 둥근 원 모양 그림, 즉 해와 달이 그려진다. 일월오악도에 그려진 해와 달은 음양을 상징한다. 당연히 다섯 봉우리는 오행을 나타낸다. 일월오악도가 상징하는 이치는 간단하다. 음양오행은 우주를 나타낸다. 일월오악도의 주인인 국왕이야말로 우주의 주재자를 나타낸다. 모든 기운을 가진 일월오악도는 기이하게 일본이나 중국에는 없다. 오직 조선에서만 나타나는 우리 문화이고 우리 사상을 반영하고 있다. 따라서 조선시대에는 음양오행을 철저히 적용했다는 것을 알 수 있다.

임금이 빙그레 웃었다.

"좋다. 그럼 음양을 정리해보아라."

선비는 가슴을 폈다.

"좀 장황합니다. 옛 어른들 이야기를 해야 할 것 같습니다."

"그것 좋지. 하라."

"우리 조상들께서는 하늘의 기운을 살피셨습니다. 하늘에 떠 있는 모든 별을 살피고 천체의 구성을 생각하셨습니다. 우리 조상은 하늘에 해와 달이 있어 번갈아 떠오르고 아침이면 사라지는 것을 보았습니다. 또 무수한 별을 보았습니다. 이를 일월성신(日月星辰)이라 한 것입니다. 이것에서 음양이 나왔습니다."

"그거 재미있구나. 더 이야기해보라."

왕이 재촉했다.

선비는 자신의 모든 것을 드러낼 때가 되었다고 생각했다. 지난 시간 오래 연구하고 머릿속으로 정리했던 모든 것을 하나하나 펼쳐볼 생각이었다.

"예, 전하! 하늘에는 무수한 별이 있고 해와 달이 있습니다. 이를 일월성신이라 했습니다. 이 중에서 해는 일(日)이라고 씁니다. 달은 월(月)이라고 표기하지요. 이 일월을 음양이라 합니다. 일은 가장 뜨거운 양이라 하고 월은 가장 차가운 음이라 합니다. 해는 양의 표상이고 달은 음의 표상입니다."

"그렇구나. 경의 말이 옳다."

선비는 말을 멈출 생각이 없었다. 이왕 말을 꺼냈으니 왕의 머릿속에 음양의 이치를 새겨주고 싶었다. 세상 이치가 음양의 구성으로 되어 있음을 알려주고 싶었다.

"나중에 기회가 되면 조금 더 세심하게 말씀드리겠습니다. 우리가 알고 있는 오행도 이곳에서 나왔습니다. 일월성신이라는 단어에서 성(星)은 별을 의미합니다. 그런데 우리 지구와 가까운 별을 의미하는 것입니다. 오래전부터 그래왔습니다."

"그래, 그 별이 무엇인가?"

"네. 그 별은 각각 화성(火星), 수성(水星), 목성(木星), 금성(金星), 토성(土星)이라고 합니다. 이 다섯 개 별은 달리 오행이라고 합니다. 우리가 말하는 오행이 바로 이것을 가리키는 것입니다. 오행은 다섯 개 별이 움직이는 것을 의미합니다."

"오!"

왕이 감격하여 낮은 탄성을 질렀다.

왕도 음양오행에 대해서는 모르지 않았다. 왕위에 오르기 전 왕세자 신분으로 교육을 많이 받았고 음양오행은 가장 필수적인 교과목에 속했다. 그런데 선비의 설명은 아주 절묘해서 이해하기가 쉬웠다.

"일월성신 중 마지막 신(辰)입니다. 보통 용을 나타내는 글자로 진(辰)이라 발음하지만 별을 이야기할 때는 신이라 읽습니다. 이 신은 28수(宿)를 나타냅니다. 즉 하늘에 떠 있는 28개 별자리를 일컫습니다."

왕이 고개를 숙였다.

"28수? 그건 무엇이냐?"

"지금은 적도(赤道)라고 부르지만 전에는 황도(黃道)라는 개념이 있었습니다. 이 황도 주변에 무수히 떠 있는 별을 말합니다. 우리 조상들은 이 별들을 28개 구역으로 나누어 무수한 별을 배속시켰습니다. 이 별의 무리를 수(宿)라고 합니다."

"수(宿)라고?"

"그렇습니다. 천문을 살필 때는 변하는 글자가 있습니다. 별을 나타내는 진(辰) 자는 띠를 이야기할 때와 달리 신(辰)으로 읽습니다. 이와 마찬가지로 잘 숙(宿) 자는 별자리로 부를 때는 숙이 아니라 수(宿)로 읽어야 합니다."

"그것 특이하군."

"그렇습니다. 이 수(宿)에 해당하는 28개 별의 무리는 우리가 나중에 이야기 나눌 사주팔자(四柱八字)와 연관이 깊습니다."

"그건 또 무슨 소리냐?"

"사람은 태어난 날을 중요하게 여깁니다. 태어난 년(年), 태어난 월(月), 태어난 날(日), 태어난 시(時)가 사주입니다. 생년월일을 하늘에 떠 있는 28수에 적용한 것이 바로 사주팔자입니다. 그러나 어느 하나 무시하거나 업신여길 수 없습니다."

"그렇구려. 그나저나 음양 이야기를 조금 더 해보아라."

임금은 관심을 표명했다.

선비는 자신의 지식과 생각을 믿어주고 들어주는 왕을 보니 기분이 좋았다. 그렇다면 자신의 지식이나 생각을 아낄 이유가 없었다.

선비는 다시 목청을 가다듬었다.

"전하, 하늘에는 수많은 별이 떠 있습니다. 우리는 이를 천체라고 합니다. 천체에는 무수한 별이 있습니다. 이 수많은 별 중 해와 달이 가장 크고 빛납니다. 넓은 범위에서는 해와 달도 모두 별입니다. 해는 우리 지구가 속해 있는 천체의 어른과 같은 격으로 항성(恒星)이기에 빛을 냅니다. 달은 지구를 도는 위성(衛星)이나 가까이 있고 태양의 빛을 반사하기 때문에 밝게 보입니다. 그러나 근본적으로 태양이 비치는 때는 낮이고 달이 빛을 발하는 때는 밤입니다. 이 두 별이 유난히 밝고 빛나기 때문에 일월(日月)이라는 별도 이름을 정하고 가장 중요한 이념을 심었습니다. 이 이념이 바로 음양입니다."

"오, 그런 일이!"

왕은 감탄한 듯 무릎을 쳤다.

"좋다. 그럼 이제 그 결과를 말해보아라. 즉 음양을 정의해보라."

왕이 재촉했다.

신하의 설명이 지루해서가 아니었다. 이제 음양이 무엇을 나타내는지, 결과가 무엇인지 알고 싶었기 때문이다.

선비는 마음을 가다듬고 왕을 바라보며 천천히 입을 열었다.

"음양은 대단히 상대적이며 우리 가까이 있는 개념입니다. 밤과 낮, 산과 강, 어둠과 밝음, 땅과 하늘, 정적인 것과 동적인 것, 여와 남, 짝수와 홀수, 보이지 않는 것과 보이는 것, 무거움과 가벼움, 추위와 더위 같은 이치입니다. 세상 모든 곳에 대립된 상태로 존재합니다. 그러나 상호보완적입니다. 하나가 없으면 상대적 개념이 없어집니다."

"오, 그래. 대단히 동양적인 내용이구나. 서양은 어떤가?"

"다를 것이 없습니다. 서양의 개념에서 보면 기독교 사상을 비교할 수 있습니다. 서양적 문명에서는 기독교 사상을 바탕으로 선은 양이고 악은 음이 됩니다. 그런데 서양의 심리적 측면은 선과 악의 싸움입니다. 즉 음양 싸움에서 어느 것이 이기는지 선택합니다. 선이 악을 이기는 것이 궁극적 목표입니다. 양이 음을 이기는 것이지요."

"마치 어느 하나가 정의라는 식의 관념이구나."

"그렇습니다. 따라서 서양은 늘 선악 개념을 적용합니다. 십자군전쟁도 그런 이유에서 시작되었습니다."

임금이 고개를 끄덕이더니 불현듯 물었다.

"동양은 어떤가?"

"우리가 포함된 동양의 개념은 전투나 승리가 아닙니다. 서구적 개념이 양의 승리를 추구한다면 중국 문명에서 보이듯 동양의 음양 개념은 균형이 그 궁극입니다. 대립처럼 보이지만 상호보완입니다."

"어디에 그런 이치가 있나?"

"중국 고대 황하문명에서 그러한 원인과 결과를 찾을 수 있습니다. 당시 황하 유역은 농사를 짓던 농경지역입니다. 농사를 짓는 지역에서 갑자기 비가 지나치게 쏟아지면 홍수가 납니다. 그 반대의 경우도 있습니다. 비가 오지 않고 해가 쨍쨍 비춘다는 표현처럼 너무 많이 비치면 가뭄이 오고 논이 쩍쩍 갈라져버립니다. 이처럼 적당한 비와 해의 균형이 필요합니다. 이 과정에서 햇살은 양의 기능이고 비가 의미하는 물은 음의 기능입니다. 이 음양이 적정해야 농사를 잘 지을 수 있습니다. 결국 음양의 균형이 중시됩니다."

"오, 그렇구나. 짐이 오늘 경에게 많은 것을 배웠다."

왕이 기뻐 무릎을 쳤다.

선비는 왕궁에서 물러나 집으로 돌아왔다. 이제 관직이 생겼으므로 음양의 조화를 잘 다스려 국가에 봉사하고 임금에게 충성할 생각이었다. 그러자면 반드시 음양의 이치를 잘 파악하고 거스르지 않아야 했다.

선비는 자신이 배우고 익힌 음양의 이치를 설파하고 널리 알려야 한다고 생각했다. 선비는 자기 역량을 모아 음양을 정리했다. 붓을 들고 화선지에 도표를 한 장 그렸다. 그 후에야 만족할 수 있었다.

선비는 행복했다. 자신이 오랜 기간 공부했던 내용을 정리해서 완성했다는 생각을 했다. 그러나 사람 마음이란 한이 없는 법이다. 가만히 생각해보니 자신이 연구하고 깨달은 것의 10분의 1도 정리되지 않은 것 같았다.

음양의 구분	
양(陽)	음(陰)
강(剛): 굳셈	유(柔): 부드러움
천(天): 하늘	지(地): 땅
남(男): 사내	여(女): 계집
주(晝): 낮	야(夜): 밤
진(進): 나아감	퇴(退): 물러섬
표(表): 겉	리(裏): 속
영(盈): 차다	허(虛): 비다
개(開): 열림	폐(閉): 닫침
승(昇): 오름	강(降): 내림
진(眞): 참	위(僞): 거짓

4. 음양론의 정리

선비는 다시 정리하기로 했다.

마음을 가다듬고 처음부터 세세히 연구하고 적용하여 분석하고 각각의 분야별로 나누어 음양을 정의하고 분류하고 싶어졌다. 선비는 자리에 앉아서 천천히 생각했다. 자신이 익히고 배운 것을 머릿속으로 생각하고 정리하였다.

음양론은 역사성을 가지고 있다. 사람은 지구상에 태어나 세월이 흐르고 세대를 이어나가는 중에 인지능력이 생기고 발전하며 영혼과 물질의 기원을 분명히 구별하는 단계에 이르렀다. 중국 고대인들은 인간을 구성하는 물질과 그 변화를 파악하고자 하였다. 어느 시점에 이르러 세상의 기운이 양분되어 있다는 것을 알았다. 두 가지 기운이 작용함을 알았다. 그때부터 두 가지 기운에 대하여 정의한 것이 음양설이다. 그것은 일종의 자연철학(自然哲學)이며 세계관(世界觀)이었다.

중국 고대인의 사고방식에 따르면, 우주 만물은 단순하게 이루어지지 않았다. 우주의 기운은 다양함을 내포한다. 우주의 기운은 현란하지만 크게 살피면 그 줄기가 이루어진다. 세상의 모든 것은 형(形)과 질(質), 기(氣) 등으로 이루어졌다고 보는 것이 중국인들의 우주관이었다. 그런데 그들은 이러한 알 수 없는 흐름을 기(氣)라고 정의하였다.

기는 모든 만물의 움직임이다. 움직이는 것은 기의 역할이다. 변화도 기의 역할이다. 기는 감각을 초월하는 존재이다. 따라서 기는 생명의 본원에 해당한다. 이를 생기라고 한다. 기는 인간에게만 미치는 것이 아니므로 우주의 근본적인 활력이다.

기는 혼돈이다. 혼돈의 무리가 태일(太一)이다. 기는 혼돈에서 생겨나 발전하며 두 분모로 나뉜다. 혼돈은 이처럼 음과 양의 이원(二元)으로 갈라지게 된다. 이를 달리 양의(兩儀)라고 한다. 양의는 둘로 갈라진 형상이고 사념(思念)이다. 음양은 어느 하나의 국소적 이념이나 장소에 제한하지 않는다. 음양은 우주의 흐름 속에 속한 것이다. 만물과 물상, 고정되어 있거나 변하는 모든 현상, 변화, 생각, 자연, 이론이 모두 음양에 속한다. 음양은 대칭적(對稱的)이고 아울러 보합적(保合的)이다. 남녀(男女), 고하(高下), 천지(天地), 동서(東西), 남북(南北), 좌우(左右), 명암(明暗) 등과 같은 것들은 모두 음양이라는 구조적 형태를 지닌 이원(二元)의 모습이다.

애초에 음에서 양이 나왔다는 이론과 양에서 음이 나왔다는 설이 대립했을 것이다. 그러나 음양이론의 이원을 비교하면 음보다는 양이 상위에 있다고 보인다. 이는 고대인이 지닌 생활방식이고 주도권과 관련된 사상이기도 하다. 음양 개념에는 지배와 피지배 개념이 적용되지 않을 수 있지만 인간에게 적용할 때는 결국 이분법적 개요가 필요하다.

음양은 대단히 배치적(配置的)이고 동화적(同化的)이다. 또한 음양의 만남은 합(合)을 이끌어낸다. 음양은 만물의 형성에 영향을 미친다. 일어날 수 있거나 일어나는 현상의 생성에도 음양이 존재하고 개입이 이루어진다. 어느 곳이나 변화가 있고 생성과 소멸이 있는 곳에 음양이 존재한다. 음양은 모든 자연의 변화에 결정적 영향을 주지만 변덕이 대단히 심해 그 작용은 일정하지 않다. 생성과 변화, 소멸이 일정하다면 세상의 모든 생물은 일정한 삶을 살아야 할 것이다. 그러나 인간은 물론이고 모든 자연물, 천체를 비롯한 우주의 윤전이 일정하게 이루어지지 않는 것은 음양의 이치가 일정하게 작용하지 않음을 나타낸다. 그 때문에 모든 사물과 자연적 현상의 생성과 변화는 예측하기 어렵다.

음양의 이원적 개념과 적용은 대단히 상대적이지만 그 작용과 반응에서는 순환적(循環的)이고 포용적(包容的)이다. 근본적으로 어느 하나의 개념이 없다면 반대 개념은 존재하지 않기 때문이다. 음양이 상존하고 대립하는 경우에는 표면적으로 충돌하고 퉁겨내듯 보이지만 사실은 상화(相和)하는 관계를 이루고 있다. 음과 양은 드러나는 것과 달리 교합하여 생성에 관계한다.

음양은 생성과 교합하지만 근본적으로는 상반(相反)하고 상쟁(相爭)하는 기의 대립이 일어난다. 이러한 힘이 강하게 부딪치거나 어느 한편으로 지나치게 쏠리면 균형이 깨지고 나아가 사멸 단계에 이른다. 음양은 순환적이기도 하다. 음양은 교대로 순환하여 변화를 만들어낸다. 양의 계절인 봄과 여름에 이어 오는 가을과 겨울은 음이다. 이처럼 음양은 교대하고 순환하며 교차하는 것으로 변화를 만들어낸다.

양 속에는 음이 있고 음 속에는 양이 있다. 양 속에 양이 있고 음 속에 음이 있다. 음양의 변화에 따라 절기(節氣)가 달라진다. 절기의 변화는 하나의 음양이 아니라 여러 음양이 교차하며 일어나는 자연스러운 현상이다. 계절 속에는 음양이 들어 있다. 겨울철이 한창이지만 이미 따스한 기운을 지닌 양기가 내포되어 세력을 키우고 있다. 여름에는 태양이 내리쬐고 뜨거울 정도이나 이미 음양의 조화가 일어나 음의 기운이 인입되고 있다. 가장 뜨거운 내부에 가장 차가운 기운을 내포한다.

표면은 양의 기운이나 내부적으로는 음을 내포한다. 표면은 음을 표방하나 내부적으로는 양을 내포한다. 달은 차면 기운다. 달이 기울어야 해가 뜬다. 이 말은 음이 다하면 기운다는 의미이다. 운이 기울어야 다른 운이 피어오른다. 운이 기운다는 것은 다른 운이 피어나는 것이다. 기가 기운다는 것은 다른 기가 피어나는 것이다.

음양의 대립이 이루어져야 화합이 일어난다. 양이 극에 이르면 그 순간 음이 생겨난다. 뜨거운 기운이 넘치는 여름 한가운데에 차가운 기운이 들어온다. 한여름의 불볕더위 속에서 이미 가을의 기운이 나타난다. 겉은 열천지옥이나 내부에서는 차가운 기운의 씨앗이 발아(發芽)하여 새록새록 피어난다.

음이 극에 이르면 내부적으로 양이 생겨난다. 차가움이 절정에 달한 겨울 한가운데서 내부적으로 따스한 기운이 피어나니 봄의 기운이다. 즉 차가운 기운이 절정에 달하는 순간 봄의 기운이 이미 나타나는 것이다. 이처럼 음양이 대립하고 교환하며 순환하는 것이 천지자연의 원칙이다.

음양은 거대한 기운인 태극에서 기의 움직임과 정지로 발생하였다. 사실 이미 움직임과 멈춤은 음양의 근본이다. 즉 변동성(變動性)이 양을 나타낸다. 움직이지 않으면 음이다. 한 기운이 움직이면 양이 되고 정지하면 음이 된다. 이는 음양의 기본 이치에 속한다. 따라서 모든 동(動)은 양의 기운이다. 모든 정(靜)의 기운은 음에 속한다.

예부터 선인들은 음양을 설파했다. 《주역》〈계사〉 상(上)에서 이르기를 "한 번 움직이고 한 번 정지하는 것을 도(道)"라고 했다. 이것은 《주역》에서 장자(壯者)의 도(道)를 논하고 유학의 질(質)을 논하고자 한 것이 아니다. 이는 음양을 논한 것이다. 이에 따르면, 양의 성질이라는 것은 근본적으로 발산하여 펴지며 기가 위로 솟구쳐 오르는 성질이다. 이와 비교하여 음의 근본적 성질은 난으로 내포(內包)하듯 수렴하는 것이고 기를 아래로 내리는 작용을 하는 것이다. 그러나 이 기의 흐름에서 시작은 동일하였다. 같이 시작되고 서로 변화에 맞추는 것이다. 음양은 서로 다른 행보를 하는 듯 보이나 상호보완적이라 동떨어진 것이 아니다. 음양은 상배하는 듯 보이나 실제는 보완관계인지라 음은 양에 의지하고 양은 음에 의지한다. 둘은 서로 뗄 수 없는 공생(共生), 공용(公用), 공리(公利)의 관계이다.

음과 양의 상호반응에 따라 동과 정의 변화가 발생하고 만물이 번영한다. 음이 있으면 양이 있고 양이 있으면 음이 있다. 음과 양은 서로 반발하고 의존한다. 끊임없이 순환하며 서로에게 기능을 다하면서 천지의 법칙을 형성하고 있다. 소우주인 인간에게 자연법칙에 따라 음에 치우치거나 양에 치우치면 질병에 걸리게 된다. 따라서 음양 평형이 건강의 조건이 된다.57)

음양이란 변화다. 태초에 혼돈이 있었으니 이를 일원이라 하고, 이곳에서 기의 역할이 있어 나뉘니 음양이다. 즉 "태초의 혼돈에서 음(陰)과 양(陽)으로 갈라지니 이를 음양이라 하고 달리 양의(兩儀)라고 한다"가 답이다. 그러므로 양의는 음양과 동의어이다. 그러나 사람들은 음양과 양의를 달리 생각하니 이는 각각 나누어 다른 방향에서 보기 때문이다.

---

57) 박용규, 《입체오행》, 태웅출판사, 2006.

음과 양은 우주의 물질과 사상을 양분하는 개념이다. 기를 양분하는 개념이다. 양분하지만 나눈다고 보는 것은 단편적인 생각일 뿐이다. 양과 음은 기의 역할과 기운이 상반되지만 상호보완적이기도 하다. 음양의 대표적 개념은 남자와 여자를 구분하는 것이다. 두 개체는 각기 다른 개념이고 대립하는 것으로 보인다. 그러나 남자와 여자는 상호보완적인 존재이다. 남자가 없으면 여자의 존재가 없는 것과 같다.

양과 음은 그 역할이 상반되어 있다. 그 기운의 형태도 각각 반대로 응집(凝集)하고 확산(擴散)한다. 양은 펴지고 확대되며 드러나기를 좋아하는 성분이지만 음은 움츠러들고 숨기며 자숙하는 기운이다. 이 음과 양의 기운은 우주만물에 배정된다. 음과 양은 성격을 나타내는 것이며 드러나는 것이다. 모든 이치에는 음양이 배정된다. 음양은 성격으로 나타난다. 이러한 모든 것이 태어나는 순간 정해진다.

음양은 음양으로 끝나는 것이 아니다. 음양이 의(意)라면 오행(五行)은 체(體)다. 생각이 있어야 몸이 움직인다. 음양은 오행으로 구현할 수 있다. 음양의 기운이 현실적으로 실제 구현하는 방법은 다섯 가지로 나타난다. 이를 오행이라고 한다. 이 다섯 가지 요소는 우리 주위에 있고 인식할 수 있는 것으로 대단히 포괄적인 의미를 가지고 있다. 오행은 목화토금수라 불리는데 각기 나무[木], 불[火], 땅[土], 쇠[金], 물[水]의 기운을 말한다. 이 다섯 가지 기운에도 각기 음양이 있다.

이는 하나이면서 둘인 만물의 상반된 기운, 즉 조화의 기본으로 수학적인 값이나 절대적 가치가 아닌 상대적 가치가 바로 음(陰)과 양(陽)이다. 그래서 음양은 떨어져 있을 수 없고, 떨어져 있는 것 같아도 붙어 있으며, 개체가 아니고 합(合)이며 집합이다. 자연계의 모든 사물의 현상에는 상하(上下), 좌우(左右), 천지(天地), 동정(動靜), 출입(出入), 승강(乘降), 주야(晝夜), 명암(明暗), 한열(寒熱), 수화(水火) 등 대립과 통일의 두 측면이 존재한다.

사람의 음양을 말하면 겉은 양이고 안은 음이다. 인체의 음양을 말하면 얼굴은 양이고 뒷머리는 음이다. 복부는 양이고 등은 음이다. 인체 장부의 음양을 말하면 장(臟)은 음이고 부(腑)는 양이다. 음양이 조화되어 균형을 이루면 정신이 건강하고 음양이 분리되면 정기가 쇠진된다. 음양은 서로 대립과 통일을 이루면서 또 한편 상호의존하는 관계로 어느 한 쪽도 상대방을 떠나서 단독으로 존재할 수 없다.[58]

음양설은 동양학의 근본이다. 음양이론을 무시하면 동양학을 이해하기가 쉽지 않다. 음양설에 따르면 우주의 모든 사물과 현상에는 형성되고 생성되는 순간부터 상반되는 두 가지 성질이 공존한다. 만들어진 것이 아니라 가지고 태어나는 것이며 형성과 동시에 부여되는 것이다. 각각의 기를 나타내는 개념이다.

이 음양의 이치는 지극히 대립적인 개념이다. 모든 사물이 대립하는 성질을 지니고 있음이다. 마치 인간의 몸을 나누는 면배(面背)와 같다. 두 가지 기운은 항시 대립하고 상충하며 비교된다. 높고 낮음의 이치와 같이 확고한 대립과 비교의 관계이다.

이러한 음양의 이치는 사람이 살아가는 주위에 있는 모든 것이 해당

58) 류시옥, "명리학적 질병진단과 예측에 관한 방법연구", 《대한한의정보학회지》 14권 2호, 동방대학원대학교, 2008.

하며 물건, 사상, 언어, 생각, 이론과 같은 사고(思考)에도 적용된다. 또 우주의 법칙이 해당한다. 땅과 하늘, 여자와 남자, 밤과 낮, 어둠과 밝음, 양지와 음지, 물과 불, 추위와 더위, 겉과 속, 등과 배, 낮음과 높음, 멈춤과 움직임, 고임과 흐름과 같이 상반되는 관념이다. 이처럼 음과 양은 대립하고 상충하지만 하나가 없으면 반대 개념은 성립되기 어려우므로 상호 불가결한 조건이다.

선비는 모든 음양의 이치를 헷갈리지 않도록 부문이나 생각이 가는 방법으로 나누어 정리하기로 했다. 그것이 인식하기에 편하리라 생각했다. 붓을 들고 하나의 도표를 그렸다.

자연의 음과 양								
양(陽)	남(南)	동(東)	하늘	남(男)	해	낮	봄	여름
음(陰)	북(北)	서(西)	땅	여(女)	달	밤	가을	겨울

선비는 고개를 끄덕였다. 지극히 만족스러웠다. 인간의 영역을 자연에 넣어야 하는지는 약간 고민스러웠지만 어차피 인간이 자연에서 태어나 자연으로 돌아간다면 자연의 범주에 속한다는 생각이 들었다. 인간을 우주의 축소판이라고 한다. 사람을 자연의 일부로 인정하는 것이 가장 이상적이다. 또한 사람을 통해 음양을 논하는 것이 가장 빨리 인식될 것 같았다.

사람을 일러 음양으로 나누니 남자는 양이요, 여자는 음이라고 한다. 아주 만족스러운 결론이다. 하지만 고개를 갸웃해본다. 단편적으로 정의를 내릴 것이 세상에 어디 있단 말인가? 그래도 남자는 양이고 여자는 음이라는 기본 명제는 확연하다. 그러나 음 속에 양이 있고 양 속에 음이 있다. 음 속에 극음이 있고 양 속에 극양이 있다. 이와 같이 음양은 절대적으로 고정되거나 무변(無變)하는 것이 아니라 변화를 가져오는 개념이다. 이는 개념에서 정립하기로 했다.

선비는 다시 붓을 들었다.

개념의 음과 양								
양(陽)	좌(左)	상(上)	홀수	기쁨	길(吉)	선(善)	삶	혼(魂)
음(陰)	우(左)	하(下)	짝수	슬픔	흉(凶)	악(惡)	죽음	백(魄)

붓을 놓고 보니 무언가 미진하다. 너무 피상적인가? 음과 양의 이치는 단순히 사물의 형태나 모양으로만 구별되는 것은 아니다. 정신은 어디로 갔나? 사람이 느끼는 감정에 따른 음양의 개념이 필요하다. 그것이야말로 진정한 음양을 말하는지도 모른다. 인간이 생각할 수 있는 모든 범주의 형상이나 상상도 음양으로 구별할 수 있다.

선비는 또다시 붓을 들었다.

음양의 포괄적 의미												
양(陽)	하늘	남자	낮	밝음	양지	불	더위	겉	복부	높음	고정	흐름
음(陰)	땅	여자	밤	어둠	음지	물	추위	속	등	낮음	멈춤	고임

가만히 생각해보니 음양을 적용해야 할 곳이 또 있었다. 사람의 운명이다. 그렇다면 사람의 운명도 음양으로 살필 수 있을 것이다. 사람은 정

신과 몸으로 이루어져 있다. 정신은 사상이다. 몸이야말로 정신의 발현이다. 그렇다면 몸에서 일어나는 현상을 음양으로 나타낼 수 있을 것이다. 이렇게 신묘로울 수가!

우리 몸에서 일어나는 음의 증상과 양의 증상												
양(陽)	온열	실	동	부	항진	급성	아픔	상승	팽창	증진	종창	긴장
음(陰)	한랭	허	정	침	침체	만성	저림	하강	위축	감퇴	부종	이완

기록하고 보니 사람 몸에서 일어나는 음양의 변화가 바로 한의학에서 적용하는 방법이라는 것을 새삼 알 것 같았다. 그래도 무언가 미진했다. 사람은 몸의 변화로만 살아 있는 것은 아니다. 사람의 정신을 알고 싶었다. 사람의 정신을 알아야 그 사람의 운명을 알 수 있다. 잠시 생각하던 선비는 무릎을 쳤다.

"그래, 천간(天干)과 지지(地支)."

사람의 운명을 파악한다는 것은 쉬운 일이 아니다. 그러나 오랜 세월이 흐르는 동안 인간은 인간의 운명을 파악하려고 노력해왔다. 그것이 운명학(運命學)이다. 사람의 운명에도 음양이 있다. 그 운명과 음양을 파악해야 한다. 그런데 문제가 있다. 사람의 운명을 다루는 학문은 많다. 그중에도 가장 많이 사용하고 대중화된 것은 명리학(命理學)이다. 명리학을 적용하여 푸는 방법은 천간의 10자와 지지의 12자를 조합하고 분석하는 것이다. 그런데 그 22자의 천간지지에도 음양이 있다. 먼저 천간을 살핀다.

천간(天干)의 음양									
갑(甲)	을(乙)	병(丙)	정(丁)	무(戊)	기(己)	경(庚)	신(辛)	임(壬)	계(癸)
양	음	양	음	양	음	양	음	양	음

천간을 정리하고 지지를 살핀다.

지지(地支)의 음양											
자(子)	축(丑)	인(寅)	묘(卯)	진(辰)	사(巳)	오(午)	미(未)	신(申)	유(酉)	술(戌)	해(亥)
양	음	양	음	양	음	양	음	양	음	양	음

본시 하늘의 기운은 양이고 땅의 기운은 음이다. 그렇다면 하늘을 나타내는 천간은 모두 양이라는 말이다. 땅의 기운을 나타내는 모든 지지는 음이어야 한다. 그러나 천간을 이루는 글자는 각각 양과 음으로 나뉜다. 이를 두고 양 속에 양이 있고 양 속에 음이 있다는 말로 해석한다. 지지도 마찬가지다. 땅의 기운은 본시 음이라고 한다. 그러나 이 음 속에 다시 음이 있고 음 속에 양이 있다. 이러한 이치가 바로 음양의 신묘함이다. 모든 천간과 지지는 음양으로 나뉜다. 음양은 음과 양을 의미하며 상반된 성질이다. 이 상반된 성질의 작용으로 만물이 비롯했다.

인간의 운명을 추명(推命)하는 명리학에서는 사주를 이루는 글자에서 음양의 배치와 음양의 판단이 매우 중요하다. 사주를 이루는 글자에는 모두 음양이 배치된다. 모든 글자는 음양의 속성을 가진다. 그 글자에 나타나는 음양이 그 사람의 속성을 결정짓는다. 사람의 생년월일로 이루어진 사주에서 글자가 표방하는 음양은 성격과 심리, 육친관계의 변화를 상징한다. 똑같은 오행이라 하더라도 음양에 따라 육친의 적용이 달라진다.

음양을 따져 음의 오행이 많으면 음적(陰的)이다. 사주를 구성하는 글자에 음이 많으면 음이 가지는 성격이 드러난다. 그러한 특징으로는 내성적(內省的), 보수적(保守的), 안정추구(安定追求), 수렴(收斂)이고 사람을 만날 때도 무리보다는 일대일을 추구한다. 사주에 음이 많으면 이러한 성격이 나타난다.

반대의 경우도 생각할 수 있다. 어떤 사람을 상징하는 사주를 살펴본다고 가정한다. 그 사람의 생년월일에 따라 추출된 사주를 살펴 음양을 따진다. 사주를 구성하는 글자가 양이 많다고 가정하자. 그 사람은 성격이 양적(陽的)이다. 양적인 사주는 외향적이며 활동적이고 진보적이다. 행동지향적(行動指向的)이며 많은 사람과 어울리고 자신을 드러내기를 좋아한다.

같은 오행이 배치된 사주라 해도 음과 양의 비율에 따라 드러나는 성향과 성격은 전혀 다를 수 있다. 모든 사물은 음양의 이치에 따라 성격을 지닌다. 자연물도 이와 같아 모든 자연물이 음양의 성격을 지닌다. 사주에서 이 자연의 이치는 그대로 적용된다. 따라서 사람의 사주는 자연을 표방한다. 이는 곧 두 개념이 하나의 개념처럼 짜여 돌아감을 의미한다. 음양은 단순히 물체나 이론, 우주와 개념의 성격만 나타내는 것이 아니다.

우주와 자연의 모든 물체, 사상, 이론도 음양의 이치에서 한 발자국도 벗어나지 못한다. 사람 생각까지도 음양을 적용하여 해석할 수 있다. 사람의 생년월일을 바탕으로 추출하는 사주 구성에서 음양의 비율과 위치에 따라 행동이 달라지고 사고가 달라진다.

음양의 기본 특성																				
음	태음	물	쇠	겨울	밤	안	여자	달	어머니	오후	동양	흑색	좁다	어둡다	춥다	아래	땅	앉음	작다	산
양	태양	불	나무	여름	낮	밖	남자	해	아버지	오전	서양	적색	넓다	밝다	덥다	위	하늘	일어섬	크다	강

음양의 심리와 변화	
음(적)	내성적이다. 안정적이고 보수적이다. 수렴하는 성격이며 일대일 만남이다.
양(적)	외향적이다. 활동적이고 진보적이다. 행동지향적이며 다자간 만남이다.

선비는 음양 정리를 끝내고자 했다. 이제 마지막 정리가 필요했다. 천천히 기록을 살폈다. 이전부터 전해지는 기록과 선인들의 문헌에 따르면, 아직 만물이 생기기 전에 혼돈의 세상에서 음양이 나뉘었으니 양의(兩意)라고도 하고 음양이라고도 한다. 여기에서 우주가 시작되고 인간의 역사도 시작된다. 음양이 나뉘기 전의 근본을 태극이라 하니 유럽의 가이아이론(Gaia Theory)과 비교가 가능하다. 음양오행은 복희시대 이후 더욱 발전하고 유려해지며 많은 사상가를 배출하면서 오늘에 이르고 있다.

음양의 성격적 특성																				
음	내향적	소극적	안정적	수렴적	물러섬	사고형	부드러움	직관적	참모격	사색적	자율적	독립적	자아적	심사숙고	조용	혼자	뒤로	돌아보는	곡선적	타인
양	외향적	적극적	모험적	돌출적	나아감	충동적	힘참	감각적	리더격	행동적	체계적	집합적	군중적	행동위주	시끄러움	여럿이	앞으로	앞만보는	직진성	자신

동양의 이론체계에서 음양이 나뉘기 전 혼돈이라는 세상은 서양이론에서 말하는 가이아이론과 크게 다르지 않다. 가이아이론은 지구를 환경과 생물로 구성된 하나의 유기체로 살피는 것이다. 즉 지구를 살아 있는 유기체로 스스로 조절되는 하나의 생명체로 살피는 것이다. 1978년 영국 과학자 제임스 러브록(James E. Lovelock)이 《지구상의 생명을 보는 새로운 관점》이라는 저서에서 주장한 이후 오래도록 유지되고 발전하는 이론이다. 음양이론은 분명 동양에서 발생하였다고 하나 이제는 전 인류가 사용하는 이론이다. 음양을 깊이 깨달아야 인간의 운명을 올바로 예측하는 것도 가능하다.

음양론은 인간의 운명만 감지하는 데 사용하지 않는다. 옛날로 돌아가 더듬어보자. 고대 선인들은 만물의 이치가 하늘에서 나왔다고 생각했다. 그것이 음양의 판단에 영향을 주었다. 시작은 분명 하늘이다. 하늘에는 해와 달이 번갈아 떠올랐다가 사라졌다. 이 천체의 변화가 인간의 상상을 자극하였다. 우리가 사는 세상의 하늘에서 작용하는 일월(日月)에서 음양이 탄생했다. 누군가의 연구로 하루아침에 이루어진 것이 아니라 인간의 삶이 이루어져 깨달아지고 모여진 것이다.

음양은 인간 생활의 지표를 변화시켰다. 음양의 균형은 사람이 살아가는 생활의 모든 곳에 적용되게 되었다. 주거, 농사 심지어 인간의 체질을 분석하고 음식에도 적용되었다. 사람의 체질에 따라 음양을 분석하고 그에 어울리는 음식도 음양으로 분석하여 적용하기에 이르렀다. 열이 많은 태양인(太陽人)은 음이 많은 차가운 음식에 해당하는 냉면, 오이 등을 먹는 것이 몸에 도움이 된다. 근본적으로 몸이 찬 태음인(太陰人)은 양의 기운이 많이 들어 있는 음식인 소고기, 우유, 치즈 등이 몸에 도움이 되고 건강에 좋다고 한다. 상대적인 것을 취함으로써 몸의 중화(中和)를 이룬다.

단지 음식만이 아니다. 인류의 발전과 대를 이어 살아가는 과정에서

【성보명리】 **음양에 관하여!**

사주학에서 음양은 매우 중요하게 다루어진다. 그런데 학습과정에서는 중요하게 다루고 익혔는데 막상 사주를 푸는 데 어디에 사용하는가 하는 문제를 이야기하는 사람이 많은 것 같다. 간혹 이메일로 질문해오는 사람들이 있는데 그들 모두 왜 음양을 배우는가 하고 묻는다.

그 말이 맞다. 처음 명리학에 입문하면 음양오행이 중요하다는 말을 수없이 듣는다. 나 또한 그랬고 명리를 배우는 학인은 모두 같은 과정을 겪는다. 모든 글자와 사물에, 상황에, 경우에 음양이 있다고 배웠는데 어쩌란 말인가? 사주를 푸는 데 어떻게 적용하란 말인가? 막연하게 갑목은 양목이니 하늘을 찌르며 자라는 나무와 같고 을목은 음목이니 풀과 같다. 이렇게 배우란 말인가? 이것을 어떻게 적용하란 말인가? 물론 양목이 어쩌고 음목이 어쩌고의 논리는 이해가 간다. 양금이 어쩌고 음금이 어쩌고 하는 말이 이해되지 않는다는 것은 아니다. 그러니 어쩌란 말인가?

사람들은 묻는다. 음양을 어떻게 적용하지요? 사실 명리를 배운 사람이라면 이미 사주 분석에서 사용하고 있다. 그러나 그다지 생각하지 않는다. 적용하면서도 그 의미를 되새기지 않는다. 하지만 이미 사주를 푸는 과정에 그 음양이 적용되고 있다. 일간을 논하며 음이니 양을 따지며 그 적용으로 성격과 천간의 형태를 따진다.

근본적으로 그 의미를 되새기지 않아도 사주 풀이과정에서는 적용하고 있는데, 거시적으로 눈에 보이는 것을 원하기 때문에 음양을 배우고 어디에 쓰는지 모른다는 볼멘소리를 하게 되는 것으로 보인다.

애써 생각하고 의미를 부여하면 때로는 부정확해지고 딱딱해진다. 예를 들어 전체 사주원국의 8개 글자에서 음이 몇 개, 양이 몇 개로 따질 필요는 없다. 양이 4개이고 음이 43개이니 중화가 이루어졌다. 혹은 양이 6개이고 음이 2개이니 지나치게 양적으로 흘렀다. 그래서 양적인 행동을 할 것이다. 틀린 말은 아니지만 지나치게 매여 주변을 살피는 데 장애가 되어서는 안 된다. 양이 많으면 양적인 특징이 나타나고 음이 많으면 음적인 특징이 나타난다는 것을 지나치게 강조할 필요도 없다고 본다. 다만 각각의 간지가 음과 양으로 이루어져 상부상조하고 생극의 작용을 어찌하는지 살피면 충분한 적용이 될 것으로 보인다.

가장 중요하게 작용하는 남녀의 관계 혹은 우리가 궁합(宮合)이라고 하는 관계에도 음양은 존재한다. 양기가 강한 남자는 음기가 강한 여자를 만나야 행복하고 궁합이 잘 어울린다. 양기가 약한 남자가 음기가 너무 강한 여자와 만나면 몸이 망가지고 불행해진다. 한 집안에서도 음양의 비율이 적정해야 하는데 그 일례로 한 가정도 남녀의 비율이 비슷한 집이 좋다.

"좋아!"

선비는 붓을 놓고 기분 좋게 소리쳤다.

5. 음양의 적용

1) 풍수

풍수지리는 터를 잡는 학문이다. 이를 최근에는 입지(立地)라고도 한다. 풍수지리는 이 땅에 전해진 지 오래된 학문이므로 세상에 알려진 바가 많다. 풍수지리는 달리 풍수설이라고도 하고 지리설이라고도 한다.

풍수지리는 이 땅에 사람이 살기 시작하면서부터 만들어지고 형성되어온 학문이다. 풍수지리는 일정 지역의 지리와 지질, 기후, 기온에 풍속과 문화를 더해 이루어진 총체적인 학문이고 실전적인 적용학문이다. 따라서 지구상에서 연원이 가장 오랜 학문이며 각 지역이나 각 지방, 각각의 민족에 따라 다른 형태를 지니게 된다. 이를 달리 서양에서는 문화(culture)라 했고 동양에서는 풍수라 했다.

문화는 근본적으로 인간에게만 존재한다. 짐승이나 나무와 같은 생물에는 문화가 존재하지 않는다. 지능이 있다고 하여 문화가 존재하는 것이 아니다. 문화는 생각과 행동방식이 연계된 것이다. 하나의 사회를 구성하는 구성원들에게서 배우고 전달받는 것이다. 즉 전래의 풍속과 삶의 방식이 전달된 것을 문화라고 한다. 이러한 문화에는 의식주, 언어, 풍습, 종교, 학문, 예술, 제도 등이 포함된다. 이러한 이치를 동양의 개념에 부합시키면 온전히 풍수라는 용어와 어울린다. 특히 문화라는 말을 의미하는 culture의 어원이 그것을 말해준다.

culture의 어원은 라틴어의 Cultus에서 유래한 것으로 파악된다. 재배하다, 경작하다, 마음을 돌보다, 지적인 개발을 하다와 같은 의미가 있다. 이와 같은 의미를 적용하면 사람이 농경사회에서 만들어낸 삶의 방식을 이어 문화로 만들고 지식으로 만든 것임을 알 수 있다.

우리의 풍수는 중국에서 도입되었다는 중국 유입설이 유력하지만 이전에 이미 고착화된 이 땅의 풍수가 있었으므로 고착화된 전통풍수에 중국의 문자로 된 풍수가 도입되었다고 볼 수 있다. 특히 삼국시대와 통일신라시대를 거치며 풍수지리는 완벽하게 문화로 자리 잡았고 통치이론에 부합되었다.

풍수지리는 다양한 용도로 발전하고 사회에 적용되었다. 도성의 개발이나 건립은 물론이고 사찰 건립에도 적용되었다. 공공성이 있는 건물이나 양기지(陽基地)는 물론이고 개개인의 주거나 분묘(墳墓)에도 풍수지리가 도입되었다.

풍수를 상지술(相地術)이라고도 한다. 이로써 풍수지리가 땅을 파악하는 학문, 땅을 파악하는 기술이라는 것을 알겠다. 이 기술을 배우고 익혀 땅의 좋고 나쁨을 가름한다. 풍수의 목적에 부합하는 두 가지 이치는 음택(陰宅)과 양택(陽宅)이다.

음택은 죽은 자를 위한 풍수지리이고, 양택은 산 자를 위한 풍수지리이다. 이 과정에서 양택은 양기(陽基)를 바탕으로 한다. 양기지는 사람이 살거나 거주하고 사용해야 하는 땅을 말한다. 따라서 올바른 양기지를 찾아내야 사람이 편하게 살 수 있는 땅이 되는 것이다.

POINT

전통풍수

일반인은 물론 학자 중에도 우리 풍수가 중국에서 이입된 것으로 보는 이들이 있다. 이는 정통풍수 혹은 토착풍수를 망각하거나 무시한 판단이라고 보인다. 우리의 풍수사상은 토착신앙인 대지모사상과 중국의 음양오행설에 바탕을 두고 있으며, 전통적인 자연관과 우주관으로 일종의 입지결정론에 해당된다. 중국에서 풍수지리 이론이 유입되었다는 것을 부정하는 것이 아니다. 중국의 풍수사상이나 이론이 유입되기 이전에 이미 이 땅에 풍수사상이 있었다는 것을 깨달아야 한다.

풍수는 일정 지역에 거주하는 사람들의 문화이다. 중국의 풍수지리 사상이나 기술이 이 땅에 들어온 것은 사실이나 이미 이 땅에도 이 땅에 어울리는 풍수지리 사상이 있었다. 이는 삶의 철학이자 방식이다. 중국의 풍수지리 사상이나 기법이 이 땅에 무조건 어울린다고 할 수 없는 것은 기후와 강수량, 땅의 생김, 기온과 같은 삶의 조건이 다르기 때문이다. 우리 조상들은 중국의 풍수지리 이론을 답습했지만 우리의 전통적 지리관에 그 의미와 기술을 덧입힌 것으로 보인다. 이미 우리에게는 우리에게 맞는 옷을 입듯, 우리에게 맞는 토착풍수가 있었다.

성곽이나 궁궐을 축조(築造)하고 개인의 집을 지으며 삶을 영위하고자 할 때, 사람에게 다가오는 재화(災禍)를 방어하고 행복한 삶을 영위할 수 있는 땅의 생긴 상(相)을 살펴야 한다. 풍수지리는 이러한 지상(地相)을 판단하려는 이치에 따라 탄생한 이론이다.

풍수지리를 해석하는 방법은 여러 가지가 있으나 그 근본은 음양오행에 의한 것이다. 음양을 적용하여 좋고 나쁨을 구별한다. 사람이 살기 좋은 땅은 의당 양기가 넘치는 땅이다. 음기가 강한 땅은 사람이 살 수 없으니 양기지로서는 선택의 대상이 아니다.

모든 사물은 음양으로 나뉜다. 모든 사물에는 양면성이 있으며, 그 양면성을 파악하여 음택지로 어울리는 땅인지, 양택지에 어울리는 땅인지를 파악해야 한다. 풍수지리는 사물을 음양으로 적용하여 파악하는 기술이다. 따라서 사물에 대한 이해를 올바로 하려면 음양의 적용이 옳아야 한다.

풍수지리는 산으로만 이루어지는 것이 아니다. 일상에서 보듯 모든 것이 풍수와 연관되어 있다. 특히 풍수지리에 가장 영향을 주는 것은 산과 물이다. 산과 물을 중심으로 모든 사물을 음양으로 적용하여 파악한다. 움직이는 것은 활동성이니 양이라 하고 움직이지 않는 것은 음이라 한다. 산은 움직이지 않으니 음이고 물은 움직여 흐르니 양이다.

물과 산의 기본 속성	
물[陽]	물의 근본은 흐르는 것이므로 양이다.
산[陰]	산의 근본은 멈추어 솟아오르니 음이다.

산은 높은 곳으로 향해 솟아오르니 양을 향한다. 음은 양을 만나 화합하고 잉태한다. 음은 양을 추구하고 양은 음을 추구한다. 세상 모든 음은 양을 추구한다. 세상 모든 양은 음을 추구한다. 따라서 암컷은 수컷을 추구하고 수컷은 암컷을 추구한다. 이것이 당연한 이치이다. 음양이 깨지는 것을 교란이라고 한다.

세상 이치는 교묘하고 현묘하여 단순하게 파악하는 이치가 모두는 아니다. 따라서 양을 파악하면 양 속에 양이 있고 양 속에 음이 있다. 불법에 이르기를 아픔 속에 더욱 아픈 것이 있고 행복 속에 더욱 행복한 것이 있다고 하는 말과 같은 의미이다. 겉은 양이나 속은 음인 것이 있고 겉은 음이나 속은 양인 것도 있다. 따라서 산도 세밀하게 살펴야 한다.

산의 밝기에 따른 음양의 판단	
음(陰)	산의 어두운 부분
양(陽)	산의 밝은 부분

산을 파악하는 방법도 다양하다. 산은 단순히 산이 아니다. 산의 생김에 따라서도 그 모양이나 적용이 달라진다. 단순히 산이라고 해서 모두 음이 아니다. 높이와 생긴 모양, 넓이와 후부(厚富), 토삭(土削)과 요함(凹陷) 등을 따져 음양을 나눈다. 돌로 이루어진 산인가 혹은 흙으로 이루어진 산인가에 따라 음양을 나누기도 한다.

밝고 어둠, 산형의 높고 낮음, 날카로운 형상이나 후부의 형상을 살펴 음양을 따지지만 산의 운동성으로 음양을 따지기도 한다. 산 자체로 파악할 때는 기봉(起峰)하여 솟아오른 봉우리는 음이다. 이는 움직이지 않기 때문이다. 일반적 상황에서 산뿐만 아니라 고정적이고 움직이지 않는 것은 모두 음의 개념이다. 사상이나 생각, 모든 것에서 고정적이고 움직이지 않는 것은 음으로 파악한다.

산의 후부(厚富)에 따른 음양의 판단

산의 모습으로 음과 양을 파악한다. 날카롭고 가늘며 높이 솟아오른 형상은 양을 의미한다. 두툼하고 후부하고 넓게 펴지며 흙으로 덮인 산은 음이다.

산의 운동성에는 양도 존재한다. 솟아오른 봉우리가 음이라면 행룡(行龍)하여 나아가는 산줄기는 음이다. 풍수지리에서 산을 일러 용이라 하는데 이는 산줄기가 앞으로 나아가는 모습이 전설이나 상상 속 동물인 용의 움직임을 연상시키기 때문이다. 곳곳에 갈라져서 나아가는 작은 지각(地脚)은 용의 다리와 같다. 산이 높이 솟아 봉우리를 만들면 음이라 하고 행룡하여 나아가는 산줄기는 양이라 한다.

산의 음양은 그것으로 그치지 않는다. 사람이 집을 짓거나 마을을 이루고 사는 곳을 양기지라고 한다. 양기지를 에워싼 산의 형태를 국(局)이

산의 운동성에 따른 음양의 판단

산은 솟아올라 움직이지 않으니 음이고 용은 움직이니 양이다.

라고 한다. 음택의 경우도 다름없이 산들이 에워싸야 길지에 속한다. 바람이 세어들면 좋지 않다. 국의 형태를 살펴 사방으로 에워싼 산의 형태가 사신사(四神砂)를 이루었는지 파악한다. 사신사가 이루어지고 주변 산들이 에워싸듯 둘러싼 형태를 나성(羅星)이라 한다.

양기지나 혈을 에워싼 산의 형태를 파악하여 음양을 결정한다. 마치 아이를 안은 어머니처럼 혹은 바라보는 부모처럼 앞으로 수그린 듯해야 한다. 이를 수두(垂頭)하였다고 한다. 혈과 양기지를 바라보고 보듬어 안은 듯한 배치를 면(面)이라 한다. 돌아보는 듯하고 외면하는 듯하면 배(背)라 한다. 면배의 구분에서 면은 양이고 배는 음이다. 따라서 내가 사는 양기지를 둘러싼 산이나 건물이 모두 나를 옹위하고 보호하는 듯해야 올바른 양기지가 된다.

풍수의 중요한 요소는 산만이 아니다. 산과 짝을 이루는 것이 물이다.

물상으로 살펴 산은 움직이지 않으니 음이나 물은 흐르고 움직이는 물상이라 양이다. 그러나 물이 모두 양은 아니다. 물도 고인 물이 있고 흐르는 물이 있다.

흐르는 물을 댐으로 막으면 물이 고인다. 흐르는 물이 고이면 후부(厚富)해진다. 후부해지면 음이다. 일반적으로 풍수에서 물은 수관재물(水觀財物)이라 푼다. 물이 보이면 재물이 모인다. 그러나 모두 재물은 아니다. 물이 멈추면 음이고 음은 재물이지만 양은 재물이 아니다. 따라서 흐르는 물은 재물이 아니다. 넓은 저수지나 호수는 재물이다. 넓은 강은 흐르는 물이나 멈추어 있는 것처럼 보이므로 재물로 본다.

음은 재물과 관련이 있고 양은 명예와 관련이 있다. 그런 점에서 명예는 양과 관계가 있고 재물은 음과 관계가 있다.

물의 운동성은 굽이를 만든다. 물이 흐르면서 굽는 것을 궁수(弓水)라

물의 운동성으로 파악하는 음양

근본적으로 물은 움직이며 흐르는 것이니 양이다. 그러나 고인 물은 움직이지 않으니 음이다. 고인 물은 재물과 연관이 있다. 따라서 저수지나 호수, 큰 강이야말로 재물과 관련이 있다.

고 한다. 그런데 굽은 물의 형태가 면배를 좌우한다. 물이 흐르며 회류(回流)하면 마치 활시위처럼 굽는데 굽은 안쪽을 면(面)이라 하고 반대쪽을 배(背)라 한다. 면은 사람의 얼굴 같으니 양이라 하고 배는 굽은 사람의 등 같으니 음이라 한다.

물의 회류로 파악하는 음양

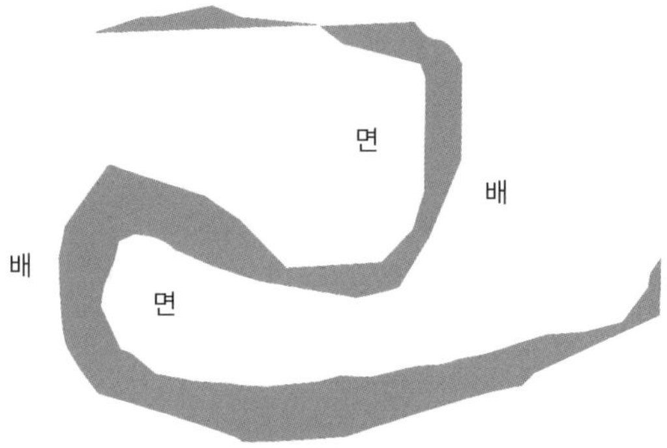

물이 감아 도는 안쪽이 면이고 음이다. 물이 감아 도는 밖이 배이고 양이다.

2) 명리

사람의 운명을 예측하거나 살펴보는 것을 운명학이라고 한다. 운명학에서 가장 많이 활용하거나 이야기하는 것은 풍수지리와 명리학이다. 이 두 개념은 적용이 그다지 다르지 않다. 즉 풍수지리는 물론이고 명리학도 해석 방법으로 음양오행을 사용하기 때문이다. 그러나 그 작용(作用)은 매우 다르다. 적용 방법은 같은 이론을 바탕으로 하는데 사용하는 방법적인 측면이 다르다고 하겠다. 그래서 명리학은 추명학(推命學)이라고 하고 풍수지리는 개운학(開運學)이라고 한다. 즉 명리학은 사람의 운명을 따라가며 살피는 것이고 풍수지리는 운을 여는 데 사용한다.

명리학의 개념은 단순하다. 우리는 명리학을 달리 사주라고 한다. 사주는 네 기둥이다. 사람이 태어난 년(年), 월(月), 일(日), 시(時)를 천간과 지지에 맞추어 풀어내는 것이 사주다. 각각의 기둥은 천간과 지지로 이루어진다. 천간은 생각을 나타내는 글자들이고 지지는 행동을 나타내는 글자들이다. 네 기둥에는 천간을 나타내는 기둥이 네 개, 지지를 나타내는 기둥이 네 개이다. 그래서 사주는 여덟 글자로 이루어지니 팔자라고 한다. 즉 명리학을 달리 부르면 사주팔자라는 말이 된다.

명리학은 네 개의 간지(干支), 즉 기둥으로 짜인 사주(四柱)를 파악하고 분별하는 기술이다. 이 여덟 글자에 다양한 기법과 해석 방법을 적용하여 사람의 길흉화복을 알아내는 학문이다. 이 과정에서 생로병사를 파악한다. 사주 분석에는 음양의 이치와 더불어 오행의 이치가 대입된다.

명리학의 풀이 방법에서 근본은 목화토금수의 오행으로 상생과 상극을 적용하여 추명한다. 즉 출생한 년월일시를 적용하여 사주를 뽑고, 사주를 구성하는 천간지지의 여덟 글자에 나타난 음양과 오행의 배합을 살펴 길흉을 판단하니 이를 간명(看命)이라 한다. 이 사주를 분석하면 부귀(富貴)와 빈천(貧賤)을 파악할 수 있으며 부모는 물론 형제 유무와 도움 정도를 알 수 있다. 또한 질병은 물론이고 직업에 대한 이치도 파악이 가능하다. 단순하게 결혼을 떠나 남편의 복이나 덕, 아내의 복이나 덕에 관한 파악이 가능하다. 성공과 실패의 흐름도 알 수 있다.

하늘을 나타내는 글자인 십간(十干)과 땅을 나타내는 십이지(十二支)가 사주를 구성하는 기본이다. 이 10개의 천간과 12개의 천간을 조합하여 60주기(周期)로 만들어 60갑자로 적용한다. 이 60개 기둥은 사주를 푸는 기본이 된다. 명리학은 간지를 사용하기 시작한 상나라 때부터 사용되었다는 설도 있지만 현재의 명리학과는 다를 것이다.

사주는 많이 발전하여 일단 당나라 때 그 면모를 드러낸다. 즉 명리학이 사주를 근거로 한 비교적 완벽한 모습으로 체계화된 시기는 당나라 때다. 당나라의 이허중(李虛中)이 사주를 체계화한 것으로 알려졌다. 그는 개인의 출생을 이용하여 사주를 만들고 천간과 지지를 통해 길흉화복을 살피는 방법을 구체화했다. 이때 사용하는 방법이 음양과 오행이다. 당나라 때 구체화했다고 하여 당사주(唐四柱)라고 불린다. 그러나 지금은 폐기된 학문에 가깝다. 사주 분석을 체계화한 공로로 이허중은 고대 명리학의 종사(宗師)로 평가된다. 명리학은 끝없이 발전을 거듭했고 앞으로도 발전할 것이다. 송나라 때는 서자평(徐子平)이라는 현인(賢人)이 나타났다. 그는 오행(五行)을 분석하여 상생(相生)과 상극(相剋)의 이론을 적용하고 체계화함으로써 명리의 이론을 더욱 발전시키고 현대인이 사용하는 명리의 기초를 마련하였다. 이를 자평명리학(子平命理學)이라고 한다. 이는 자평이 그의 호이기 때문이다. 그는 사주를 이루는 여덟 글자의 음양과 오행을 분석하여 부귀와 빈천, 길흉화복을 가늠하도록 명리학을 발전시켰다. 현대인이 사용하는 명리학의 뿌리는 자평명리라고 해도 틀리지 않는다. 특히 당나라 때 명리와 결정적으로 달라진 것은 사주 풀이의 기준이다. 당나라 때는 년간(年干)을 기준으로 풀이하였으나

천간과 지지의 음양

천간의 음양									
갑(甲)	을(乙)	병(丙)	정(丁)	무(戊)	기(己)	경(庚)	신(辛)	임(壬)	계(癸)
양	음	양	음	양	음	양	음	양	음

지지의 음양											
자(子)	축(丑)	인(寅)	묘(卯)	진(辰)	사(巳)	오(午)	미(未)	신(申)	유(酉)	술(戌)	해(亥)
양	음	양	음	양	음	양	음	양	음	양	음

지지에서 자는 양이나 사용은 음으로 한다. 해는 음이나 사용은 양으로 한다. 이를 체용이 바뀌었다고 표현한다. 또한 사는 음이나 양으로 사용하고 오는 양이나 음으로 사용한다.

이 시대부터 일간(日干)을 중심으로 하는 사주풀이가 통용된다.

명리에도 음양의 적용은 풍수지리와 크게 다르지 않다. 그러나 그 적용 대상이 자연이 아니라 글자라는 것이 다르다. 사주를 구성하는 10자의 천간과 12자의 지지가 물상과 천지의 기운을 표현하는 부호와 같은 의미가 있지만 물체는 아니다. 이 글자들에도 음양이 적용된다.

음양의 이치는 모든 사물에 적용되듯 사주 해석에도 적용된다. 음양은 모든 사물의 안과 밖과 같다. 음이 많으면 음적인 부분이 많이 나타나고 양이 많으면 양이 표면적으로 드러난다. 음양의 배치에 따라서 성격이나 행동이 드러나기도 하는데 이를 달리 해석하면 음적이다 혹은 양적이다라고 적용할 수 있을 것이다.

사주에 따라서는 지나치게 음이 강한 경우가 있고 지나치게 음이 약한 경우도 있을 것이다. 때로는 음과 양이 극단적으로 대립하거나 일방적인 경우도 나타날 수 있다. 사람이 태어나는 것도 음양의 이치인 것인데 그 사람 사주도 음양의 이치를 보여준다. 사주에서 음양의 배치에 따라 그 사람의 드러나는 행동을 예측할 수 있다.

먼저 일방적으로 몰린 경우다. 이를 편다(偏多)라고 하는데, 편다의 이치는 하나의 기운으로 치우친 것이다.

편다는 치우쳐서 많다는 의미이다. 음양 중 하나의 기운으로 몰린 것이다. 사주를 구성하는 네 기둥, 그리고 사주를 구성하는 여덟 글자가 음과 양 중 하나의 기운으로 몰린 것을 편다라고 할 수 있다. 특히 사주를 구성하는 글자 여덟 개가 모두 양이면 양팔동(陽八仝)이라 하고, 모두 음이면 음팔동(陰八仝)이라 한다.

지나치게 치우치면 문제가 생긴다. 중국은 땅이 매우 넓은 나라이다. 다양한 민족이 만나 하나의 나라를 이루었다. 수많은 나라가 명멸하였다. 민족도 많고 인구도 많으며 다양한 문화가 엉기고 섞이다 보니 독특

음양이 극단적으로 몰린 편다의 경우

時	日	月	年
陽	陽	陽	陽
甲	戊	壬	壬
寅	辰	子	申
陽	陽	陽	陽

예시된 사주는 사주를 구성하는 8개 글자가 모두 양으로 이루어졌다. 이를 양팔동이라고 한다. 양의 기운이 극대화되어 있다.

時	日	月	年
陰	陰	陰	陰
辛	丁	癸	乙
丑	未	未	丑
陰	陰	陰	陰

예시된 사주는 사주를 구성하는 8개 글자가 모두 음으로 이루어졌다. 이를 음팔동이라고 한다. 음의 기운이 극대화되어 있다.

편다는 일반적으로 오행의 편중현상을 살필 때 사용하는 용어이지만 음양에도 사용하여 분석이 가능하다.

함도 많다.

형벌도 그렇다. 사람을 죽이는 방법도 다양하다. 우리 형벌은 중국과 비교도 되지 않는다. 진나라는 법치주의(法治主義)를 받아들여 제자백가 시대의 법가를 이었다. 그래서 범죄자들을 가혹하게 다루었다.

황제는 점령지역 백성들이 항거하거나 적대시하면 무자비하게 살육하여 겁을 주고 점령지역을 장악하였다. 충신이나 중신이라도 배신하거나 명을 거역하면 가마솥에 기름을 끓인 뒤 집어넣어 죽였다. 펄펄 끓는 기름 속에서 살아나올 사람은 아무도 없다. 문제는 사주원국이 편다에 치우치거나 대운이나 세운이 이런 상황에 놓일 때 이러한 비극이 일어난다는 것이다. 치우치면 해법이 없다.

운을 살피거나 사주를 살필 때, 극단적인 상황을 피해가는 것이 현명하다. 극단적인 상황은 사람을 극한으로 내몰게 된다. 이러한 상황을 해결하고 피해가고자 하는 것이 중화의 원리이다. 중화는 사주의 핵심 중 핵심이라 할 수 있는데, 이는 균형을 맞추는 지렛대라는 의미로 보면 된다. 즉 치우치지 않도록 하는 것이다. 그럼에도 이 중화의 원리가 깨지는 경우가 적지 않다. 용신(龍神)을 이용하여 중화로 나아가니 어쩔 수 없이 종격(縱格)으로 가야 하는 경우도 있지만, 결국 중화를 이루지 못하는 경우도 있다. 이 경우 사주가 탁(濁)하다고 파악한다.

사주의 핵심 중 하나는 조후(調喉)라고 한다. 지나치게 뜨겁거나 지나치게 차갑지 않아야 한다. 사주를 구성하는 여덟 글자가 고루 배열되어 지나치게 마르거나(燥) 지나치게 습(濕)하지 않아야 않다. 사주에 염천지옥(炎天地獄)과 같은 열기가 가득하다면 단비를 내려주어야 한다. 이

POINT

양팔동과 음팔동 비교

양팔동 사주	특성	사주를 구성하는 글자 전체가 양으로 이루어져 있다. 양의 기운으로 치우쳐 있다. 치우친 기운은 긍정적인 부분과 부정적인 부분으로 나뉜다. 집중적으로 사고한다. 하나의 분야에 집중하여 전문가가 될 가능성이 높다. 강하고 부러지는 성격으로 재물과 이성문제에 고초가 많다.
	남	남자 중의 남자로 강인한 성격의 소유자이다. 편협하고 외골수적인 기질이 드러난다. 직업군인이나 예술가 등에서 많이 나타난다.
	여	적극적이고 활동 적성이 강하며 활달하여 외향적인 특성을 보인다. 여장부 기질이 있다. 배우자 덕(德)이 없어 밤이 외롭고 춥다. 남편의 사랑을 받고 살겠다는 생각보다는 남편을 보살피며 키워나가겠다는 식으로 마음을 바꾼다면 오히려 발전적이라 볼 수 있다.
	극복	중화되어 다양함 속에 평범함을 누리지 못하는 단점은 남을 이해하는 마음과 배려하는 마음을 배양함으로써 어느 정도 중화할 수 있다.
음팔동 사주	특성	사주를 구성하는 글자가 모두 음이다. 음으로 치우쳐 있다. 대체로 결단력이 부족하다. 온화하며, 자상한 마음의 소유자이다. 소극적이고 가정적이며 여성적인 기질이 드러난다.
	남	소극적이고 내성적이며 섬세하다. 소심하고 결단력이 부족하다. 큰일을 하기 어려울 수 있다.
	여	여자 중의 여자다. 다소곳하고 정숙하며 요조숙녀적인 기질이 있다. 너무 음습하고 활달하지 못해 혼자 살게 될 수도 있다.
	극복	모든 일을 다른 사람의 의향에 따르고자 하는 마음으로 만인에게 좋은 이미지를 줄 수는 있지만 때로는 결단력이 필요할 수도 있다.

변화	극단적인 상황이나 한계를 넘어서면 반대현상이 나타날 가능성이 있다. 한계에 도달하면 반대 심성이 나타난다. 따라서 양팔동이 음팔동의 심성을 나타낼 수 있고, 반대로 음팔동이 전형적인 양팔동의 심성을 나타낼 수 있다. 양팔동이나 음팔동이라 하여 교제를 못하는 것은 아니다. 남자가 음이 강한 음팔동 사주라 하여 이성교제를 못하는 건 아니다. 오히려 양기가 강한 양팔동 사주를 가진 여자를 만나 잘사는 사람도 많다. 이는 조후가 중시되기 때문이다. 음양의 이치도 조후로 판단할 수 있다. 남성이 여성성 사주를 가졌다면 반대로 남성성 사주를 가진 사람과 만나면 조후가 이루어진 격이다.

때 뜨거운 열기가 병이고 단비는 약이다. 약은 조후를 맞추어 중화시켜 주는 재료가 된다. 이처럼 극단적이거나 피할 수 없는 골목의 위기를 피하고 완화해주는 중화가 요구된다. 음이거나 양이거나, 하나의 음양으로 이루어져 사주 여덟 개가 모두 하나의 음양으로 이루어지면 음양의 편다라고 한다. 음팔동과 양팔동은 음양으로 파악하면 극단적인 사주에 속한다.

음팔동과 양팔동은 그 성격이 극단으로 나타난다. 하나는 돈키호테보다도 수십 배 천방지축으로 날뛰거나 앞뒤 분간하지 못하는 사주이고, 다른 하나는 비관적이고 염세적인 사주이다.

양팔동과 음팔동은 극단적으로 음양이 치우친 사주이다. 사주를 살필 때 오행은 중시하지만 음양을 무시하거나 넘겨버리는 경우가 많은데, 음양오행의 이치는 반드시 살펴야 한다. 음양의 편다에는 음팔동과 양팔동만 있는 것이 아니다.

음양이 극단적으로 몰린 편다의 경우							
時	日	月	年	時	日	月	年
陽	陽	陰	陰	陰	陰	陽	陽
甲	戊	癸	乙	辛	丁	壬	壬
寅	辰	未	丑	丑	未	子	申
陽	陽	陰	陰	陰	陰	陽	陽

예시된 사주는 각각 음의 편중, 양의 편중이 이루어져 있다. 예시를 살펴보면 음의 오행이 몰려 있거나 양의 오행이 몰려 있다. 음의 오행이 몰려 있으면 음의 기운이 하나의 덩어리가 되어 특색을 드러내고 양의 오행이 몰리면 양의 오행 특성이 드러난다. 이러한 대립의 사주는 내부에서 극심한 음양의 대립이 일어나고 있음을 나타낸다.

음양의 배치는 자연스럽게 이루어지는 것이다. 만세력(萬歲曆)에 나와 있듯 각각의 사주를 분석할 때 각각의 기둥은 하나의 음양으로 통일된다. 즉 천간이 양이면 지지도 양이다. 천간이 음이면 지지도 음이다. 하나의 기둥에서 천간이 양인데 지지가 음일 수는 없다. 천간이 음인데 지지가 양일 수도 없다. 년주의 천간이 양이면 년지도 양이다. 월간이 양이면 월지도 양이다. 일간이 음이면 일지도 음이다. 시간이 양이면 시지도 양이다. 따라서 모든 기둥은 하나의 오행으로 이루어지는데 이를 벗어나는 경우는 없다.

음양이 나뉘어 몰리면 대립(對立)의 양상이다. 년과 월에 양이 몰려 네 개이고 일과 시에 음이 몰려 네 개라면 4 : 4로 패거리를 나누어 다투는 것이나 진배없다. 이 경우 음양의 대립이니 심정이 안정되지 않고 늘 불안한 감정을 지니게 된다.

치우침도 있다. 사주의 모든 글자가 하나의 음양으로 치우칠 경우도

음양 과다인 경우

時	日	月	年
陽	陽	陽	陰
甲	戊	壬	乙
寅	辰	子	丑
陽	陽	陽	陰

時	日	月	年
陰	陰	陰	陽
辛	丁	癸	壬
丑	未	未	申
陰	陰	陰	陽

예시된 사주는 각각 음의 과다, 양의 과다를 나타낸다. 사주 전반을 살펴 음이 많으면 음의 성질이 강하게 나타나고, 양이 많으면 양의 성질이 강하게 나타난다.

있다. 어느 하나의 음양이 치우칠 경우 양적인 면과 음적인 면이 강화되어 나타날 수 있다.

사주 구성에서 강한 것이 드러날 수밖에 없다. 이는 자연의 이치이다. 따라서 사주의 음양구조를 살펴 음적(陰的) 혹은 양적(陽的)이라고 해석이 가능하다. 물론 고루고루 조성된 음양이야말로 가장 이상적이다.

3장

오행
(五行)

1. 오행설의 전개

음양설을 바탕으로 성립된 오행설은 음양설과 마찬가지로 중국 자연 철학의 일종이자 세계관이었다. 음양설과 오행설은 같지 않지만 지금은 같은 것으로 여기는 경우가 많다. 그러나 최근 연구에서는 음양설이 먼저 나타나고 뒤이어 오행설이 나타난 것으로 분석되는 추세가 이어지고 있으며, 음양과 오행을 묶어 하나의 개념에 가까운 것으로 보는 풀이가 진행되고 있다. 오행은 각기 목(木), 화(火), 토(土), 금(金), 수(水) 다섯 가지 개념으로 파악한다. 오행은 수많은 구성원리에서 원소(元素)에 해당한다. 즉 만물의 근본이다. 동양학에서 모든 생물·사물·물상은 이 다섯 가지 원소로 이루어진 것으로 본다. 처음이자 끝이며 구성이자 완성이 오행이다. 이 다섯 가지 원소가 우주 사이를 유행하고 자극을 통해 변전해가며 만물을 생성한다는 것이야말로 이론 발생 초기의 오행설이었다. 특히, 이 다섯 원소가 원소 개념으로 특정되고 착안된 것은 오행을 지칭하는 물질들이 주변에 있으며, 늘 인간 생활에서 역할을 하기 때문이다.

이 다섯 가지는 인간의 일상생활에서 결코 없어서는 안 된다.

오행설이 나타나면서 중국의 학문과 철학은 변화를 겪으며, 모든 사상에 오행이 적용되기에 이른다. 오행은 중국을 포함하여 아시아의 철학이나 의학 같은 많은 방면에 적용되고 응용된다. 종교적 목적에도 사용되고 무속 같은 경우에도 사용된다. 기원전 3세기경 시작된 것으로 보이는 오행설은 전국시대에 이론적으로 완성된 것으로 판단된다. 오행설은 춘추전국시대에 들어 음양설과 합해지는 현상이 나타난다. 즉 이때부터 음양오행을 합쳐 부르기 시작했다. 동시에 음양과 오행을 결부해 인간이 느끼거나 볼 수 있는 여러 현상을 설명하고자 하는 이론이 틀을 잡았다.

음양오행을 누가 시작했는지는 정확하지 않다. 그러나 이미 음양오행 사상은 뿌리가 있었을 것이다. 어떤 사상이 자리 잡으려면 수많은 이론이 나타나고 대입과 실패, 발전과 결과가 있어야 한다. 음양오행이라고 해서 다를 것이 없다. 표면적으로 파악하면 음양오행 사상은 제나라 추연(鄒衍)이 체계적으로 성립했다고 한다.

중국 전국시대 사상가인 추연은 맹자보다 늦게 태어난 것으로 보인다. 그는 중국 모든 사상의 뿌리를 제공했음에도 널리 알려지지 않았다. 아마도 그가 추구한 사상이 중국 고유의 사상이 아니라 동이족의 사상이었기 때문일 것이다.

추연은 지금의 산동반도에서 활동하였는데, 산동 지역은 예부터 동이족의 본거지였다. 추연은 중국의 학문과 철학의 뿌리인 음양오행학설을 창도하였으며 당시로서는 매우 앞선 개념의 정치지리학을 응용하여 책을 105편이나 저술했다. 추연과 그 제자들은 제(齊), 연(燕), 조(趙), 위(魏)

등의 나라에서 활동했으며 당시 국가 기틀을 완성하거나 정치 기반을 만드는 일들을 하였기에 사람들에게서 존경을 받았다.

뛰어난 연구가이기도 했던 추연은 천상(天象)을 살펴 미래 상황을 예언하였다. 신선술(神仙術)의 전형이라 여겨지지만 과거를 추산해서 미래를 알았다. 명리학도 이와 비슷하여 그 사람의 과거를 추산하여 미래를 적용하는 방법을 사용한다. 추연은 신선술의 대가로 신선방술을 연구하고 익힌 것으로 알려졌으며, 그것을 바탕으로《중연도명방(重延道命方)》을 지은 것으로 알려졌다. 격동기인 전국시대 말기에 신선가(神仙家)와 음양가(陰陽家) 그리고 방술가(方術家)가 합류하여 흔히 말하자면 방선도(方仙道)가 형성되었는데 추연은 점차 그들의 조사가 되었다.

추연은 자신의 사상을 정리하여 오행의 운행을 후세에 남겨놓았다. 추연은 세상의 모든 사상(事象)을 목(木), 화(火), 토(土), 금(金), 수(水) 오행으로 정리하였다. 추연이 주장하기를, 세상의 모든 변화는 오행상승(五行相勝)의 원리에 따라 변화하고 일어나는 것이라 하였다. 오행의 상승에는 각각 오행상생과 오행상극이 있다. 오행의 생극변화에 따라 변하는 것이 우주의 이치이다. 추연은 이와 같은 오행의 변화를 살펴 역사의 추이(推移)나 미래에 대한 예견(豫見)을 하였다.

추연이 주장한 학설에 따르면 오행의 상호관계는 생극(生剋)으로 이어진다. 오행의 이치는 익히 알려진 바와 같다.

"목(木)은 토(土)를 이기고, 금(金)은 목을 이기고, 화(火)는 금을 이기고, 수(水)는 화를 이기고, 토는 수를 이긴다."

이와 같은 오행의 이치는 단순히 극의 관계를 논하는 것이 아니다. 오행의 이치는 순환의 이치이다. 이를 달리 말하면 상승(相勝)의 원칙이다. 이 오행의 개념 속에 제극(制剋)이 나타난다. 이러한 오행의 원칙은 사계절의 추이를 보여주거나 예측하게 한다. 또한 오행의 순환에 관한 법칙은 방위를 파악하게 한다. 오행의 제극원리는 왕조의 흥망을 비롯하여 인간은 물론이고 우주의 변화를 나타내는 것이다. 결국 오행의 순환은 인간이 예측할 수 있는 모든 현상에 적용된다고 보았다.

중국 역사에서 일어나고 사라지는, 즉 흥망을 거듭한 왕조의 이치도 오행의 순환에 적용한다. 이와 같은 이치로 왕조의 흥망성쇠를 파악했다. 하왕조는 목덕(木德)으로 이루어진 나라이고 성장했지만 하왕조를 붕괴시키며 새롭게 일어난 은왕조는 금덕(金德)이다. 즉 금이 목을 누르고 일어난 것이다. 이는 단순하게 흥망의 법칙이 아니라 오행의 순환이다. 금기를 이용해 일어난 은왕조를 붕괴시키고 중원에 다시 왕조를 일으킨 주왕조는 화덕(火德)이라고 한다. 금을 제압한 것은 금이라 역시 오행의 극으로 이루어지는 순환을 설명하고 있다. 이러한 설과 주장은 전국시대 말엽 시작된 것으로, 이 시기에 오행의 흥망성세와 제극의 원리가 적용되었으며 누구에게나 통용되는 이치였다. 한나라 초엽에 이르자 화북지방(華北地方)에 오행의 순환에 대한 사상은 널리 퍼져 있었다.

오래도록 극의 원리가 오행이론을 지배하였으나 한나라의 기초가 확립되면서 변화가 온다. 오행상생설(五行相生說)이 출현한 것이다. 이전에는 오행의 생(生)이 아니라 극(剋)의 이치가 사상을 지배했으나 비로소 한(漢)의 시대가 들어오며 생의 이치가 나타났다.

"목(木)은 화(火)를 낳고, 화는 토(土)를 낳고, 토는 금(金)을 낳고, 금은 수(水)를 낳고, 수는 목(木)을 낳는다."

상생설은 상극설의 반대 개념이다. 이는 마치 음양의 개념처럼 대리되는 것으로 보인다. 이로써 오행의 이치에도 음양 개념이 인입되었음을 알 수 있다. 지금까지는 오행의 상극으로 이론이 정리되었다면 한나라 때부터는 상승설(相勝說)처럼 상생설을 이용하여 왕조의 교대, 순서는 물론 그밖의 다양한 이치적 현상을 설명할 수 있게 되었다.

한나라에 들어서자 오행설은 급격하게 발전한다. 지금에 이르러 분석하는 오행의 다양한 이치는 이미 한나라 때 이루어졌다고 볼 수 있다. 오행설은 시간이 흐르고 인간이 늘어날수록 적용 범위가 넓어지기 시작한다. 결국 인간의 생명과 생활과 적용에 관한 해석에서 오행을 적용하지 않고는 불가능할 지경에 이르게 되었다.

세월이 흐를수록 오행설의 적용은 선진시대(先秦時代)와 비교하기 불가능하게 확대 적용되었다. 인간의 생로병사는 물론이고 주변 환경도 오행설로 해석이 가능해지면서 이론의 적용범위가 더욱 풍부해졌다. 이때부터 명리학이 무섭도록 빠르게 발전하기 시작한다.

2. 오행 이야기

동양적 사고는 음양오행으로 시작된다. 음양오행을 빼고는 동양사상을 설명할 수 없다. 음양과 더불어 오행은 견고한 근본을 제공해준다. 동양의 모든 철학이 음양오행이라는 기초를 바탕으로 세워졌다고 해도 지나친 말은 아니다.

오행은 음양과 더불어 운명학의 근간을 제공한다. 인간의 운명을 예측하는 방법은 아주 다양하다. 넓게는 명리학이라고 부르는 학문에서 좁게는 다양한 점술학(占術學)까지 운명학의 범주에 들어간다. 서양의 운명학도 있다. 점성술(占星術)이나 타로카드 같은 점술학도 운명학이다. 이 중 동양학을 바탕으로 하는 운명학은 대부분 그 기저(基底)에 음양오행이 깔려 있다.

동양철학의 범주에 드는 운명학에서 대표적 학문은 명리학과 풍수지리다. 인간의 운명을 예측하는 학문의 범주는 대단히 넓다. 그중 가장 많이 알려져 있고 사용 빈도가 높은 것이 명리학이다. 또한 인간의 삶을 좀 더 나은 방향으로 설정하고자 하는 노력의 일환이 풍수지리다. 명리학은 동양철학의 범주에서 운명학의 가장 근본이 되는 학문이다.

명리학의 전개에서 바탕이 되는 이치는 음양오행이다. 오행설이야말로 운명학의 근간이다. 오행을 무시하거나 적용하지 않고는 운명론을 전개할 수 없다. 흔히 명리학을 오행놀음이라 한다. 오행이야말로 명리학을 푸는 열쇠이다.

오행은 우주만물을 형성하는 근본으로 원기(元氣)라고 할 수 있다. 근본 이치이고 근본 원리이다. 이 세상을 형성하는 모든 것의 본신(本身)에 해당하는 기(氣)라고 보는 것이다. 이를 오기(五氣)라고 한다. 오행은 다섯 가지 기운이 움직였다는 의미이다. 오(五)가 행(行)하였으니, 즉 다섯 가지가 움직인다. 오행은 다섯 가지 기운이 움직인다는 의미이다. 이 말은 변화를 상징한다.

동양사상에서 오행설은 가장 기초적인 자연(自然)이고 이념(理念)이며 사상(思想)이다. 우리가 바라보는 모든 물체, 모든 자연에는 오행이 깃들어 있다. 머릿속으로 생각하는 이념에도 오행이 깃들어 있다. 주장을 설파하고 논쟁하는 사상도 오행의 범주를 벗어나지 못한다.

오행은 지구만이 아니라 더 넓은 권역을 해석하는 데 적용된다. 오행은 지구를 포함하여 우주만물을 형성하는 다섯 가지 기운인 원기(元氣)를 말한다. 우주의 이치도 오행으로 적용한다. 곧 목, 화, 토, 금, 수 다섯 가지를 이르는 말인데, 오행은 기호로 이입(移入)된다. 오행의 변전(變轉)이다. 오행은 자연의 변화이고 상관성이다. 이는 오행의 상생(相生)과 상극(相剋)의 관계를 말한다. 오행을 적용하여 사물의 상호관계와 보합관계(保合關係)를 파악한다. 또 오행을 적용하여 생성의 변화를 해석하기 위해 방법론적 수단으로 대체해서 응용한 것이다.

오행을 조금 더 쉽게 이해하고자 하면 예부터 동양에 전해지는 고천문(古天文)에 대한 이해가 필요하다. 그러나 누구나 고천문에 대해 공부할 필요는 없다. 그런 게 있나? 정도로 생각하자. 고천문이란 옛 방식의 천문학이다. 쉽게 이해해서 하늘에 무수하게 떠 있는 별들을 이해하는 것이다.

【앗, 잠깐!】 **고천문(古天文)**

삼국시대에서 조선시대까지 2,000년 이상 한국의 역대 왕조는 천문학을 왕조 기틀의 학문으로 중시하였고, 풍부하고 우수한 천문기록과 천문유산을 물려주었다. 2,000년

동안 꾸준히 적은 천문현상 기록도 수만 건이고 독창적인 유물도 많다. 천문학은 하늘의 움직임, 즉 별자리, 해와 달의 움직임으로 날짜를 정하고 시간을 계산한다. 날짜를 정하는 것이 역법 곧 달력이고, 국가나 개인의 운명을 예지하는 게 역술 내지 점성술이다. 1,300여 년 전 축조되어 동양에서 가장 오래된 천문대는 첨성대(국보 제31호)이다. 한자리를 굳건히 지키고 있는 첨성대는 우리 고천문학의 역사와 깊이를 보여준다.

한국천문연구원은 고천문을 연구하려고 고천문 의기의 복제 및 복원을 1995년 전후로 시작했다. 1997년 황도남북양총성도, 1998년 혼평의와 적도의를 시작으로 2000년 연구원 앞마당에 간의대를 만들고 조선의 대표적 관측기기인 간의(簡儀)를 설치하였다. 2001년부터는 앙부일구를 비롯한 여러 종류의 해시계와 일성정시의 · 소간의 등의 고대 관측기기들을 제작해 설치하였다. 2007년에는 국보 제228호인 '천상열차분야지도' 석각본을 제작하여 연구원 본관 1층 로비에 설치하였으며, 최근에는 조선시대 소규표(8자)와 조선 전기의 혼상(渾象) 복원 모델을 연구하여 간의 좌우에 설치하였다.

삼국시대 이전 천문현상 중에서 햇무리와 관련한 기록이 적지 않다. 이것이 고천문의 기록이다. 기원전 1370년(신미년) "가을에 흰 태양이 나타났다"는 기록이 있다. 오늘날의 초신성 폭발을 일러 삼국시대에는 객성(客星)이라고 하였다. 그런데 삼국시대에도 객성과 혜성이 적지 않게 나타난 것으로 기록이 남아 있다. 당시에는 유성이 떨어지는 것도 하늘에서 일어나는 중요한 현상이라고 생각했다. 물론 하늘의 징조가 불길하거나 좋은 징조라고 판단했다. 《삼국사기》에 따르면 신라에서 혜성을 3회 관측한 것으로 기록되어 있다. 고구려에서는 더 많은 10회 관측기록이 남아 있다. 백제에서는 15회나 관측한 것으로 기록되어 있다.

조선왕조실록에 있는 천문기록은 대부분 실제로 관측하여 남긴 것이다. 당시에는 오늘날의 15분을 시각 단위로 측정하였기 때문에 지금처럼 정밀한 기록이라고 할 수는 없다. 그러나 전 세계적으로 조선에서만 기록된 자료들이 종종 키맨 역할을 한다. 세종실록에 기록된 1437년 전갈자리 신성이나 선조실록에 기록된 1604년 캐플러초신성의 일부 기록은 전 세계적으로 유일한 것이기도 하다.[59]

문화재청은 18세기 중국을 거쳐 전래된 서양의 천문시계 아스트롤라베를 조선식으로 해석한 '혼개통헌의(渾蓋通憲儀)' 등 문화재 7건을 2019년 보물로 지정 예고했는데 이는 우리나라가 고천문과 수학 분야의 강국이었음을 입증해주는 문화재다.

59) [이기철의 노답 인터뷰] "한국 고천문 강국 가능성 충분… 그러자면 고천문박물관이 필요하죠", 서울신문, 2018. 11.

천문이란 그런 것이다. 하늘에는 무수한 별이 떠 있다. 지금의 개념과 고천문은 다르다고 생각하겠지만, 실상은 다르지 않다. 별들은 아주 먼 곳에 있지만 때로는 가까이 보이기도 한다. 그 위치가 다르지도 않은데 천체(天體)의 운행 때문이다. 움직인다는 말이다. 우리 눈에는 그냥 그 자리에 떠 있는 것처럼 보이지만 별들도 다 운행한다. 따라서 그 운행에 따른 변화를 가져온다.

우리가 흔히 사용하는 말 중 일월성신(日月星辰)이 있다. 한자문화권에서는 어려운 말도 아니다. 천자문의 식상한 구절이기도 하다. 일월이야 동양인 대부분에게 익숙한 이치이다. 일(日)은 해이고 월(月)은 달이다. 성(星)은 별이라는 포괄적 개념을 의미하지만, 고천문에서는 지구 주변의 무수한 별을 이른다. 그런데 무수하다고 해서 하늘의 촘촘한 별을 다 말하는 것은 아니다. 각각 목성, 화성, 토성, 금성, 수성이다. 이 다섯 가지 별을 오행이라 한다.

사람의 눈은 한계가 있어서 무한정 먼 곳까지 살필 수는 없다. 눈이 밝은 사람은 지금도 이 별 다섯 개를 구별할 수 있다. 아마 오래전에도 눈이 밝은 사람은 이 다섯 행성을 구별할 수 있었을 것이다. 오행은 보는 방향에 따라 움직이는 것으로 파악되는 이 다섯 개 별을 기준으로 한다. 그렇다 하더라도 누구나 별을 찾거나 살펴보기가 말처럼 쉬운 것은 아니었다. 따라서 별은 신성한 존재였고, 그러한 이유로 별을 찾거나 변화를 파악하고 분석하는 사람이 필요하였다. 그들은 별의 존재와 이동, 밝기 변화, 색 변화 등을 확인하고 연구하며 기록하였다.

별을 연구하고 추적하는 그들에게 해와 달도 하나의 연구 대상임은 분명하다. 지금과 달리 밝은 눈으로 해, 달, 별을 살펴 미래를 예측하거나 기상을 파악하고, 일기 변화를 파악하던 사람을 일관(日官)이라고 하였다. 그들은 자연의 변화는 물론이고 국가나 개인의 길흉화복을 점치는 중요한 역할을 하였다. 그들에게는 왕의 정사(政事)와 출타(出他), 정쟁(政爭)과 화친(和親), 혼인(婚姻), 국가적 사업의 시기를 결정하거나 흉액(胸液)을 판단하는 막중한 임무가 주어졌다.

일관의 역할은 다양했다. 일관은 지금의 기상청과 같이 기온이나 기후를 판단하는 역할을 하기도 하였지만 무속적인 일도 하였다. 그들은 길을 찾아 떠나는 여행자나 무역선단(貿易船團)의 길잡이 역할도 했다. 또한 그들은 인간의 길흉화복을 추산하는 방법을 익힌 사람들로서 지금의 명리학자나 주역학자 혹은 미래예측학자가 할 수 있는 일을 수행하기도 했다. 특히 과학이 발달하지 않았던 당시 시대상으로는 그것이 무속과 과학의 경계선에 있을지라도 지대한 역할을 한 것은 틀림없다.

서구 학문에서 지동설(地動說)을 주장한 것이 어느 때이고 그것이 받아들여진 것이 어느 때인가? 동양이라고 해서 다르지 않다. 과학이 발달하지 않았고 증명이 어려운 시기에는 무속이나 자연을 바탕으로 하는 각종 분석이 발달하기 마련이다. 삼국시대까지만 해도 자연을 바탕으로 하는 무속적 개념의 판단이 중요하게 작용하였다. 당시 인간은 자연의 위대한 힘을 제대로 분석하는 지식이 부족하였다.

천체의 변화나 지구상에서 일어나는 여러 가지 위험 요소는 인간에게 자연을 분석하는 기회를 제공하였다. 일식, 월식, 유성, 혜성, 번개, 우박, 강수량 등과 같은 천재지변은 인간에게 두려움을 주었고 하늘을 숭상하게 만들었다. 사계절이 반복되는 계절의 변화와 기후의 변동은 인간을 두려움에 떨게 하거나 곤란으로 몰아갔다. 인간의 능력으로는 이 모든 것을 이해하거나 분석할 수 없으므로 두려움을 갖기에 충분했다. 용암이 솟구쳐 오르는 화산폭발이나 지진 같은 자연현상은 인간에게 두려움을 주기에 충분했다. 이러한 다양한 변화와 변동은 인간의 생활에 영향을 주었다. 과학적 지식이 부족했던 당시는 별을 보는 일관들의 판단이 매우 중요했다.

당시는 지금과 달리 순수하게 인간의 인지로 자연현상을 파악했다. 지금처럼 발달된 과학 장비로 측정하여 통계를 내던 시기가 아니었다. 과학이 발달한 지금은 천재지변이나 각종 기상이변이 일어나면 수치와 통계로 분별이 가능하다. 또한 근원적인 분석과 연구로 어떤 이치 때문에 천재지변이 벌어졌는지 파악이 가능하다. 지진계와 같은 장비가 발달하면서 지진 분석이 가능해져 회피 가능성을 높여주었고, 다가올 사태를 미리 준비할 수 있게 했다. 해일과 태풍도 인공위성과 망원경을 이용하여 예측할 수 있으며 진로까지 예측이 가능하다.

고대와 현대의 과학적 차이는 한계를 명백하게 만들었고 그러한 한계가 천체를 인간의 삶에 적응하는 구조를 만들었다. 고대에는 망원경이 없어서 더 이상 확대해석이 불가능했고 이것이 사람의 판단을 제한했다. 사람이 눈으로 볼 수 있는 행성은 목성, 화성, 토성, 금성, 수성으로 국한되었다. 그밖의 행성은 판별하기가 어려웠기에 오행이 이루어졌다. 만약 인간의 눈이 더욱 밝았거나, 다른 행성이 가까워져 더 많은 행성을 판단할 수 있었다면 오행 이상의 의미가 만들어져 발달했을 것이다. 사실 태양계를 형성하는 행성은 인간이 눈으로 파악할 수 있는 범위 안에 있는 다섯 개 별 외에도 천왕성(天王星), 해왕성(海王星)이 태양 주위를 공전(空轉)하지만 도구 없이 인간의 눈으로는 발견할 수 없다.

고대에는 아무리 눈이 밝아도 지구에서 멀리 떨어진 행성들을 발견할 수 없었다. 그것으로 인간이 유추할 수 있는 범위를 정하게 만들었다. 항성인 태양을 두고 원을 그리는 행성 중에서 눈에 보이는 다섯 개 행성을 바탕으로 하여 오행이라는 우주의 변화를 만들어냈다. 따라서 하늘에 떠 있는 무수한 별은 신이라는 글자 속에 포함시켰다.

일월성신에서 신(辰)은 결국 무수한 별의 무리를 나타내니 객체가 아니라 군집(群集)을 말한다. 별의 군집이다. 일월과 오행을 제외한 나머지 별은 일일이 헤아리기에는 너무 많았다. 아무리 기억하려고 해도, 의미를 부여하려고 해도 숫자가 많은 것은 어쩔 수 없었다. 사람은 그 많은 별에 각각의 격(格)을 부여할 수 없었고, 일일이 이름을 지을 수 없었다.

인간은 영악하고 판단할 때는 영특하다. 인간은 수많은 별을 구별하는 방법 중 하나로 무리를 나누는 규칙을 마련했다. 그것은 지구를 바탕으로 일정한 원을 그리고 그에 합당하게 별을 배치하는 방법이다. 이때 중심적인 원이 필요한데, 이것이 황도(黃道)라고 불리는 테두리이다.

황도는 달리 천구(天球)상에 나타나는 태양의 궤도라고 표현한다. 즉 지구에서 보면 태양이 일정한 패턴을 그리며 돌아가는 선이다. 해가 뜨고 천공을 가로질러 어느 한 지점으로 사라진다. 이 선은 우리 개념으로는 적도라고 보는 것이다. 그러나 적도와 달리 모양이 약간 기울어졌다. 달리 태양의 궤도면, 즉 태양이 도는 궤도면이다.

사실 태양이 도는 것은 아니다. 태양은 항성(恒星)이기 때문에 고정되어 있다. 태양이 도는 것으로 인식되는 이치는 지구가 자전(自轉)하기 때문이다. 즉 태양은 움직이지 않고 지구가 움직이는 것이다. 지구가 빙그르르 돌기 때문에 태양이 움직이는 것처럼 보인다. 태양의 궤도면은 지구가 돌기 때문에 형성된다. 이를 지구의 자전이라고 한다. 자전하는 지구에서 바라보면 하늘과 별, 달과 해가 움직이는 듯 보인다. 이 변화로 그려지는 테두리는 황도라고 한다. 천체 변화에서 지구의 움직임은 공전과 자전이 동시에 작용하여 그 움직임에 따라 태양의 궤도가 평면을 이루지는 않는다. 그러나 그 차이는 미세하여 평면이라고 생각해도 무방하다. 황도라는 표현을 정확하게 정의하면 천구(天球)에서 태양의 궤도를 말한다. 옛사람들은 태양이 하늘에 매달려 있다고 생각했는지도 모른다. 태양의 궤도면은 평면을 이루지 않지만, 고대인은 태양이 움직이는 면을 평면이라고 생각하였다. 선인들이 판단하여 그 평균적인 궤도면을 황도면(黃道面)이라고 정의하였다.

황도면은 별자리를 여러 개 지난다. 전갈자리, 처녀자리 등이 황도면에 위치하는 별자리이다. 크게 12개로 분류되는 별자리를 지나치므로 황도12궁이라 한다. 사실 인간의 눈으로는 태양을 정확하게 보기가 어렵다. 태양이 별자리 사이를 통과하는 것은 사실이나 눈으로 확인하기는 어렵다. 선인들이 어떤 방식으로 이러한 이치를 깨닫고 확인하였는지 알 수 없으나 현대인은 플라네타륨(planetarium)을 사용하여 확인하고 실험이 가능하다.

황도는 적도(赤道)가 아니다. 다만 적도와 연관성은 있다. 적도와 23°

27′ 정도 경사가 주어진다. 황도에서 따져 태양이 남에서 시작하여 비스듬히 타원을 그리며 항진하다가 북으로 적도를 가로지르는 점이 춘분점(春分點)이다.

고대인은 황도를 기준으로 하여 동서남북 사방으로 구역을 나누었다. 이 각각의 구역에서 눈에 띄는 별자리 일곱 개씩을 정하여 각각 수(宿)라고 불렀다. 네 구역에 일곱 개씩 배정하니 그를 일러 28수(宿)라 했다.

가장 눈에 띄는 것은 별 다섯 개였다. 지구와 가까운 곳에 위치한 별은 눈에도 잘 띄었지만 움직임도 빠르게 감지되었다. 다섯 개 별은 지구와 가까웠기에 적지 않은 사람의 관심대상이었다. 각 별은 태양을 중앙에 두고 회전하는 공전주기를 가지고 있다. 모든 행성이 공전의 폭이나 기간이 달랐다. 행성의 움직임은 인간의 눈에 변화를 주었고 그 궤적을 파악하기에 이르렀다. 별이 움직이는 것을 발견한 인간의 눈은 변화를 찾을 수밖에 없었다. 움직이는 별이기에 행성(行星)이라 부르게 되었다. 이 행성의 이름을 각각 목성, 화성, 토성, 금성, 수성이라고 했다. 인간은 이 움직이는 다섯 개 별을 오행(五行)이라 했다.

인간은 이처럼 변화하고 움직이는 다섯 개 행성에서 오행을 발견하였다. 이를 음양의 조화와 접목해 음양오행이라는 말이 생겨났다. 인간은 변화하는 이 다섯 가지가 불[火], 물[水], 나무[木], 쇠[金], 흙[土]이라고 믿었다. 즉 행성의 움직임과 우주의 조화를 거울삼아 우주 만물은 모두 음과 양으로 이루어져 있다고 보았다. 또한 우주의 만물은 불, 물, 나무, 쇠, 흙 다섯 가지 원소로 이루어져 있다고 정의하였다.

오행은 다섯 가지가 움직인다는 말이다. 오행이라는 말에서 오(五)는 다섯 가지를 의미한다. 각기 목, 화, 토, 금, 수의 다섯 가지 기(氣)를 가리키는 말이다. 행(行)은 움직인다는 말이다. 움직이는 것은 생동감 있고, 변화하고 순환한다는 의미를 나타낸다. 결국 오행이란 다섯 가지 기운이 움직이는 것이다. 움직인다는 것은 순행하거나 역행하는 것을 의미한다. 오행은 각기 목화토금수라는 다섯 가지 요소를 나타내는 단어다. 단순하게 목화토금수가 의미하는 협의(狹意)의 사고를 나타내는 것이 아니다. 일종의 부호로 포괄적 의미가 있다. 이 부호에는 다양한 이치가 숨겨져 있지만 오행의 이치 또한 숨겨져 있다. 이 오행은 상징성도 가지고 있다.

오행은 우주를 이루는 모든 물체를 나타내지만 원초적 기운이다. 물체뿐 아니라 다양한 이치를 나타내기도 한다. 서양 이론으로 치면 아마도 분자나 원소 정도의 기호가 될 것이다. 원소와 분자는 모든 물체의 기본이 되고 기초가 되는 존재이다. 따라서 목화토금수 오행은 동양개념의 사물이나 사상에서 어쩌면 근본물질이라고 보아도 좋을 것이다.

오행은 글자로 표현되는 것으로서 단순히 나무, 불, 땅, 쇠붙이, 물이라는 의미가 아니라 더 넓은 의미가 있다. 폭을 넓혀 바라보면 단순히 물체만 나타내는 것이 아니라 더 넓은 의미를 품고 있는 개념이다. 오행은 인간이 생각하는 모든 기능을 지닌 근본적인 물질을 표현한 것이다. 인간이 생각하는 범주 안에 드는 근본적인 기운을 모두 표현한다. 즉 오행은 눈으로 보이는 것과 보이지 않는 것을 모두 포함하는 개념으로 유형과 무형을 다 포함한다.

오행은 상징성이다. 단순히 어느 하나만 드러내고자 하는 것이 아니다. 하나의 성정으로 많은 것을 묶어 표현할 수 있다. 상징성이란 폭넓은 적용성과 의미의 전용이다. 상징성을 이해해야만 오행의 진의를 파악할 수 있으며 상황에 따른 접목과 적용이 가능해진다.

목(木)의 상징성을 파악하면, 목은 나무를 의미한다. 표면적으로 나무만 의미하고 나무를 나타내는 단어다. 표면적으로는 그렇지만 목의 적용은 다양해서 표면적인 의미로 그치지 않는다. 그 표면과 내면, 변형과 의미의 전달을 모두 파악한다. 목은 나무의 형상은 물론이고 성질(性質)이다. 나무가 지니는 성정(性情)이고 특질(特質)이다. 나무만 의미하는 것은 아니지만 나무가 대표적 물상이다. 나무가 목을 대표하지만 나무가 아닌 목도 있다. 풀이 대표적인 존재이다. 풀은 나무가 아니지만 목이다. 목(木)이라 해서 반드시 나무를 의미하는 목(木)이 아니다. 그렇다면 목의 해석과 적용은 어디까지인가? 목이란 목의 성질이니 이를 목질(木質)이라 한다. 목은 목의 특질이고 형질(形質)과 성질이다. 성격과 형태, 모양과 변화도 나타낸다. 더욱 넓게 적용하면 변형(變形)과 변성(變性)도 나타낸다. 따라서 목이라 하면 반드시 나무만 의미하는 글자가 아니다. 나무의 형태만 의미하는 것이 아니다. 따라서 목질(木質)이며 목기(木氣)이다. 목형(木形)이고 목성(木性)이다. 형태로 보아 나무는 굽거나 곧게 뻗어 자라니 자라남이다. 아울러 목질을 따지니 옷, 나무, 목재, 문고, 가구처럼 나무와 연관되거나 나무를 재료로 하는 것이 모두 목질이다. 사람의 성격이나 신체의 일부도 기(氣)의 성질에 따라 목기로 분별이 가능하다. 그러나 근본적 성질은 무시하지 않는다. 근본적으로 목은 나무이니 위로 자라고 올라가는 습성이 있다. 나무나 풀에 맺힌 열매가 익어 신맛을 낸다. 목질의 성질을 대표하는 풀과 나무의 색은 녹색이다. 그래서 목의 색은 녹색이다.

화(火)의 상징성을 파악하면, 화는 불이다. 눈으로 보이는 불이다. 표면적으로는 불을 의미하고 불을 나타내는 단어이다. 표면적으로는 눈으로 보는 불을 나타내지만 그 상징성은 매우 다양하고 적용성도 다양하다. 다양한 학문에 적용할 때 불이라는 표면적 의미로 한정하지 않는다. 표면과 내면, 변형과 의미의 전달을 모두 파악한다. 화는 활활 타오르는 불의 형상이고 성질이다. 불이라고 해서 활활 타는 것은 아니다. 때로는 숯불로 남아 있을 가능성도 있다. 재에 가려져 보이지 않을 때도 있다. 불이 지니는 모든 성정이고 특질이다. 화는 기를 나타낸 말이다. 한정적으로 불을 의미하는 것은 아니지만 눈으로 볼 수 있는 불이 대표적 물상이다. 활활 타는 불길이 화를 대표한다. 불의 성질이다. 불이 지니는 성질이니 화질(火質)이다. 정확하게 말하면 화기(火氣)이다. 반드시 불만 이야기하는 것은 아니다. 불의 성질을 지닌 모든 것이다. 화기는 타오르면서 사방으로 번지듯 퍼진다. 그러나 불이 아닌 화도 있다. 태양, 달, 별이 대표적 존재이다. 태양은 불이 아니지만 화로 분석된다. 화라고 해서 반드시 불을 의미하는 물상이 아니다. 그렇다면 화의 해석과 적용은 어디까지인가? 화는 불의 성질인데, 이를 화질이라 한다. 화는 화의 특질이다. 화는 화의 형질과 성질이다. 성격과 형태, 모양과 변화도 나타낸다. 더 넓게 적용하면 변형과 변성도 나타낸다. 따라서 화라고 하여 반드시 불길만 의미하는 글자가 아니다. 따라서 화질이며 화기이다. 화형(火形)이고 화성(火性)이다. 형태나 성정으로 파악하여 불이 표방하는 열기와 빛이 화기이다. 불길은 일시에 타오르고 일시에 소멸되니 폭발적이다. 불길처럼 타오른다는 말처럼 급격하게 반응한다. 모두 화기의 성정이다. 화질을 따지니 모닥불, 촛불, 들불, 산불, 화롯불, 숯불과 같은 인간의 문화로 만들어지는 불만이 아니라 빛을 내는 전구, 형광등 같은 도구도 화의 범주에 속한다. 결국 거대한 불의 기운으로는 자연적으로 만들어지는 태양, 달, 별과 같은 천체우주가 모두 화질이다. 사람의 성격이나 신체 일부도 기(氣)의 성질에 따라 화기로 분별이 가능하다. 그러나 근본 성질은 무시하지 않는다. 근본적으로 화는 불길이니 위로 솟구치고 주체하지 못하고 모든 것을 태워버리는 습성이 있다. 위로 올라가며 몸을 부풀려 태우고 나니 쓰다. 타오르는 불은 붉은색이다. 물론 온도가 가장 높은 불은 백색이지만 화기는 붉은 불의 색을 표방한다.

토(土)의 상징성을 파악하면, 토는 흙이다. 산과 논밭과 같은 흙이고 눈으로 보이는 흙이다. 토는 분명 표면적으로는 흙을 의미한다. 흔히 땅으로 인식되는 흙을 나타내는 단어이다. 표면적으로 살필 때 토라는 개념은 눈에 보이는 흙을 나타내지만 그 상징성은 매우 다양하고 적용과 해석도 다양하다. 동양학에서 토는 단순하게 흙이라는 표면적 의미로 한정하지 않는다. 그 형상을 나타내는 표면과 보이지 않는 내면, 흙의 변형과 의미의 전달을 모두 파악한다. 토는 산, 땅, 논, 밭 같은 형상은 물론이고 흙이 지니는 성질이다. 토가 반드시 땅이라고 판별할 수는 없다. 일반적인 개념에서 토는 흙을 의미하지만 반드시 흙의 형태로만 존재하지 않는다. 때로는 변형된 모습일 수도 있지만 흙으로 이루어진 것은 토의 성질이다. 토는 흙이 지니는 모든 성정이다. 흙이 지니는 특질이다. 토는 기를 나타낸 말이다. 한정적으로 정의하여 흙만 의미하는 것은 아니지만 눈으로 볼 수 있는 흙이 토의 대표적 물상이다. 넓게 펼쳐진 평야, 높은 산이 토를 대표한다. 토의 성질이고 흙이 지니는 성질이다. 따라서 토질(土質)이다. 정확하게 말하면 토기(土氣)이다. 반드시 흙만 이야기하는 것은 아니다. 흙의 성질을 지닌 모든 것이다. 변형된 토의 성질이나 성형된 토의 기물도 토의 성질이다. 흙은 다른 오행과 달리 다른 오행을 모두 수용하며 대자연의 순환을 나타낸다. 땅, 논, 밭, 산, 대륙 같은 다양한 물상으로 나타난다. 변형된 형태의 토기도 나타난다. 도자기, 토기 등은 흙이 아니나 흙의 성질로 이루어졌다. 도자기는 토가 아닐 것 같지만 토로 해석된다. 토라고 해서 반드시 흙을 의미하는 물상은 아니다. 그렇다면 토의 해석과 적용은 어디까지인가? 토는 흙의 성질이니 이를 토질이라 한다. 토는 흙의 특질이다. 토는 흙의 형질(形質)과 성질(性質)이다. 성격과 형태, 모양과 변화도 나타낸다. 더 넓게 적용하면 변형과 변성도 나타낸다. 따라서 토라고 하여 반드시 흙만을 의미하는 글자가 아니다. 토질이며 토기(土氣)이다. 토형(土形)이고 토성(土性)이다. 형태나 성정으로 파악하여 토가 표방하는 생산의 터전과 포용이 토기이다. 토는 만물을 기르고 포용한다. 사람 성격이나 신체 일부도 기(氣)의 성질에 따라 토기로 분별이 가능하다. 묵직하고 안정적이며 포용하고 기르는 것이 토의 성정이다. 토는 숨기는 것이며 단맛을 낸다. 흔히 흙은 황토라고 한다. 모든 흙이 황색은 아니지만 이미 땅을 의미할 때는 황색을 포함하고 있다.

금(金)의 상징성을 파악하면, 금은 쇠이다. 금(金)은 쇠붙이고 쇠의 성질이며 쇠가 지니는 성질이다. 쇠만 의미하는 것은 아니지만 쇠가 대표적 물상이다. 따라서 금기(金氣)이며 금질(金質)이다. 불을 만나 변화하므로 변화무쌍하다. 금은 눈으로 보이는 그대로 쇠붙이다. 금은 분명 표면적으로는 쇠붙이를 의미한다. 흔히 무쇠와 같은 쇠붙이로 인식되는 물상을 나타내는 단어이다. 표면적으로 살필 때 금이라는 개념은 눈에 보이는 쇠붙이를 나타내지만 그 상징성은 매우 다양하다. 동양학에서 금이라는 글자는 단순하게 쇠붙이라거나 그 주변의 물상이라는 표면적인 의미로 한정하지 않는다. 그 형상을 나타내는 표면과 보이지 않는 내면, 쇠붙이의 변형과 의미의 전달을 모두 파악한다. 쇠붙이는 눈에 보이는 무쇠를 중점으로 파악한다. 쇠의 근원은 무쇠이다. 제련되어 쇠로 모습을 드러내기 이전의 모습은 철광석이다. 거대한 바위로 나타나는 형상은 물론이고 쇠붙이가 지니는 성질이다. 금이 반드시 쇠붙이라고 판별할 수는 없다. 일반적 개념에서 금은 쇠붙이를 의미하지만, 반드시 쇠의 형태로 존재하지 않는다. 때로는 변형된 모습일 수도 있지만 쇠붙이의 성질로 이루어진 것은 금이다. 금이란 쇠붙이가 지니는 모든 성정이다. 쇠붙이가 지니는 특질이다. 금이란 기를 나타내는 말이다. 한정적으로 정의하여 쇠붙이만 의미하는 것은 아니지만 눈으로 볼 수 있는 각종 형태의 쇠붙이가 금의 대표적 물상이다. 일반적인 쇠의 의미는 인간이 사용하는 도구로 쇠붙이를 말한다. 특히 무쇠로 이루어진 것으로 무쇠솥과 같은 물상이 금을 대표한다. 금의 성질이고 쇠붙이가 지니는 성질이니 금질(金質)이다. 정확하게 말하면 금기(金氣)이다. 반드시 겉으로 드러나는 쇠붙이 형태만 이야기하는 것은 아니다. 쇠붙이의 특성과 성질을 지닌 모든 것이다. 변형된 쇠붙이의 성질이나 성형된 쇠붙이의 기물도 토의 성질이다. 제련되기 전 쇠가 지니는 성분도 금이다. 금은 일반적 쇠인 무쇠는 물론 비철금속을 포함한다. 즉 스테인리스, 동, 주석, 은, 금, 강철 같은 금속은 물론이고 기차, 철로, 항공기, 배, 총, 탱크, 자동차, 각종 쇠로 만든 기물을 포함한다. 또 형상을 드러내기 이전의 철광석, 용광로, 사금과 같은 근본 재료도 금의 범주에 포함한다. 쇠는 제련 상태에 따라 다양한 물상으로 나타난다. 변형된 형태의 물상이나 도구의 모습으로도 나타난다. 금이라고 해서 반드시 쇠붙이만 의미하는 물상이 아니다. 금의 범주는 인간의 몸이나 사상에도 나타날 수 있다. 금의 성격은 변화되는 것이며 매운맛을 낸다. 옛날의 쇠는 대부분 무쇠였다. 겉은 검지만 바닥에 치거나 부딪쳐 부러지는 부분은 흰색을 낸다.

수(水)의 상징성을 파악하면, 수는 물이다. 눈으로 보이는 물로, 표면적으로는 물을 의미하고 물을 나타내는 단어이다. 표면적으로는 눈으로 보는 물을 나타내지만 그 상징성은 매우 다양하고 적용성도 다양하다. 다양한 학문에 적용할 때 물이라는 표면적 의미로 한정하지 않는다. 표면과 내면, 변형과 의미의 전달을 모두 파악한다. 수(水)는 물의 성질이다. 정확하게 말하면 수기(水氣)이다. 물만 의미하는 것은 아니지만 대표적인 것이 물이고 수질(水質)이다. 물이란 흘러내리고 그릇에 담기는 형상은 물론이고 성질이다. 물이라고 흘러내리지만은 않는다. 때로는 웅덩이에 머물고 저수지에 머물며 댐에 가두어지기도 한다. 하늘에서 이슬 형태로 내리기도 하고 꽁꽁 얼어 얼음처럼 존재하기도 한다. 이러한 형태의 변화와 적응이 물이 지니는 모든 성정이다. 물이 지니는 특질이다. 수란 기를 나타낸 말이다. 물을 한정지어 의미하는 것은 아니지만 눈으로 볼 수 있는 물이 수의 대표적 물상이다. 강과 바다가 수를 대표한다. 고이고 흐르는 것이 물의 성질이다. 따라서 수질이다. 반드시 물만 이야기하는 것은 아니며 물의 성질을 지닌 모든 것이다. 물은 높은 곳에서 낮은 곳으로 흐른다. 물은 흐르며 지형에 따라 자신을 맞춘다. 넓은 곳에 이르면 자신의 몸을 넓은 지형에 맞추고 좁은 곳에 이르면 좁은 지형에 자신을 맞춘다. 이것이 물의 미덕이다. 수의 존재에는 물이 아닌 경우도 있다. 얼음, 안개, 이슬이 대표적 존재이다. 얼음은 형상이 물은 아니지만 물로 분석된다. 수라고 해서 반드시 흐르는 물만 의미하는 물상이 아니다. 그렇다면 수의 해석과 적용은 어디까지인가? 수는 물의 성질인 것이다. 이를 수질이라 한다. 수는 수의 특질이다. 수는 수의 형질과 성질이다. 성격과 형태, 모양과 변화도 나타낸다. 더 넓게 적용하면 변형과 변성도 나타낸다. 수라고 하여 반드시 물의 형태만 의미하는 글자가 아니다. 따라서 수질(水質)이며 수기(水氣)이다. 수형(水形)이고 수성(水性)이다. 형태나 성정으로 파악하여 물이 표방하는 것이고 흐르는 것이 수기이다. 이는 적응을 나타낸다. 수질을 따지니 강, 호수, 시냇물, 계곡물, 바다 같은 물의 형태뿐 아니라 안개, 구름, 이슬, 얼음과 같은 형상과 형태도 수의 범주에 속한다. 사람의 성격이나 신체 일부도 기(氣)의 성질에 따라 수기로 분별이 가능하다. 그러나 근본적인 성질을 무시하지 않는다. 자연의 이치에 따라 물은 낮은 곳으로 흘러내리는 일정한 성질이 있으며 흘러내리면서 자연 만물에 영양분을 공급하고 바다에 도달하니 짠맛이 난다. 물은 맑은 색이라 투명하고 색이 없는 것처럼 보인다. 그러나 깊은 물을 보면 검은색이다.

오행은 각각의 성정을 드러낸다. 화성(火星)은 불의 성질이다. 아버지의 불같은 성격을 그대로 물려받았다. 수성(水星)은 조용한 어머니의 성격을 지녔다. 목성(木星)은 아버지보다 어머니의 성정을 닮았다. 금성(金星)은 어머니보다 아버지를 좀더 많이 닮았다. 막내인 토성(土星)은 아버지와 어머니의 유전자를 정확하게 반반씩 물려받았다. 이러한 특징을 지닌 것이 오행이고 이 오행은 우주만물에 작용한다. 모든 물체, 사상, 언어, 기운이 이 다섯 가지 기운에 따라 움직인다. 모든 물상과 사념이 오행에 따른 성정을 지녔다.

<table>
<tr><th colspan="2">오행의 성격과 속성</th></tr>
<tr><td rowspan="4">목
(木)</td><td>목은 자라나고 타고 오르니, 굽고 곧은 것이 특징이다. 태양을 보고 자라며 열매를 맺는 것이 목적이다. 위로 올라가는 습성이다. 등나무나 칡넝쿨처럼 감고 오르니 굽었다. 나무의 결실은 열매가 달려 무르익으면서 신맛을 낸다.</td></tr>
<tr><td>굵고 굳은 것, 구부러지고 타고 오르는 것, 뻗어나가려는 의지, 의욕, 성장, 명예, 앞서 나아가려는 것, 인간성을 나타낸다.</td></tr>
<tr><td>위로 자라나는 성질이 있다. 자연계의 모든 사물과 현상 중 쉽게 자라고 움직이는 특성이 있는 것은 목의 기질이다. 사주에서 목이 많으면 고집이 세고 성격이 꼿꼿하고 출세욕이 남보다 강하다. 방위는 동방에 속하는데 태양이 동방에서 솟아오르고 모든 생명의 시작에 속하는 것이다.</td></tr>
<tr><td>전나무, 소나무, 등나무, 칡넝쿨, 풀, 화초, 부평초, 이끼, 가구, 목재, 합판, 서점, 책, 옷, 인쇄소, 제본소, 농사, 원예, 식료품</td></tr>
<tr><td rowspan="3">화
(火)</td><td>활활 타오르는 불길은 사방으로 번지며 밝게 빛나고, 태양은 높은 곳에서 내리쬐어 세상을 밝히니 어두운 곳이 밝아진다. 불은 타오르면서 넓게 퍼지는 것이며 위로 올라가는 것이다. 불길은 열심히 자기 몸을 부풀려 태우고 나니 재만 남아 쓴맛을 만들어낸다.</td></tr>
<tr><td>활활 타오르듯 위로 솟구치는 것, 솟아오르는 정열과 예술성, 주체하지 못하는 성난 분노, 멈추지 않는 자신감을 나타낸다.</td></tr>
<tr><td>물체를 태우는 특성이 있다. 물질을 용해하여 변화시키는 작용을 한다. 가장 강렬하게 자신을 태워 주위를 밝히는 성분이 있기에 성격이 급하고 활발함과 솔직함을 간직하고 있다.</td></tr>
</table>

화 (火)	불, 산불, 들불, 모닥불, 연탄불, 촛불, 화산, 아궁이불, 전등, 형광등, 네온사인, 전열기, 태양, 달, 별, 유성, 빛, 열기, 예술, 난로, 횃불, 봉화
토 (土)	대지는 인간이 살아가는 기본이며 기틀이다. 인간은 아주 먼 선사시대부터 흙에서 살았다. 인간은 이 대지에 두 발을 디디고 살며 자연에서 나는 열매와 식물을 채취해서 삶을 누려왔다. 사람이 지구상에 태어나고 완전한 농경문화를 이루는 데까지는 오랜 시간이 걸렸다. 사람은 살아가며 오랜 역사 속에서 흙으로부터 자료와 도구의 재료, 삶의 지혜를 얻어왔다. 인간은 땅에서 태어나 땅에서 삶을 영위하다가 결국 죽어서 땅속에 묻힌다. 이러한 자연의 순환은 인간과 자연의 고리를 보여준다. 이처럼 인간의 삶은 대자연의 순환 속에서 이어져왔다. 토(土)에 맞는 맛은 단맛이다.
	만물을 중재하고 연결하며 기르는 것, 포용하며 수렴하는 기운, 상대방을 존중하는 중용과 안식, 고집과 끈기를 상징한다.
	모든 것을 중화하는 역할이다. 자연계의 중재자라 일컬으므로 자연계의 모든 사물과 현상을 중재하고 중화한다. 생물을 자라게 하고 자기 몸을 헌신한다. 자연계의 물질은 흙속에서 생물을 성장시키고 받아들이는 속성이 있다.
	흙, 들판, 평원, 논밭, 산, 평야, 목장, 벌판, 사막, 해변, 대륙, 섬, 모래, 진흙, 재, 부엽토, 벽, 도자기, 토기, 항아리, 뚝배기
금 (金)	철광석은 거칠고 제련되지 않았지만 제련하고 다듬으면 보석이 되고 날카로운 칼날이 된다. 제련되어 기물이 된 금은 드디어 옥과 같이 빛난다. 금(金)의 성격은 빛을 내는 데 주저함이 없다. 처음에는 돌처럼 보이지만 제련하면 기물이 되고 쓸모 있는 쇠붙이로 변하듯 금(金)의 성질은 변화무쌍하다. 쇠의 발견과 기물의 제작은 인류사회 발전의 근간이 되었다. 금(金)의 성격은 거친 철광석에서 불을 만나 변질되는 것이다. 녹은 쇠는 금반지를 비롯해 인간에게 필요한 온갖 장식품으로 변한다. 금(金)은 매운맛을 만들어낸다.
	단단함과 부러지지 않는 강인함을 상징, 안으로 단단해지는 강인한 의지, 절제와 자신의 조정, 날카로운 성정과 흉포성, 뒤집어엎는 반골 기질, 단단함을 상징한다.
	한랭하고 싸늘하며 포근한 느낌이 없다. 금속을 두드리면 소리가 나는데 자연계의 사물 중 쇳소리를 내는 특성이 있는 것은 모두 금에 속한다. 금은 예리하고 날카로운 무사의 칼날처럼 결단력이 있으며 두려움이 없다.
	쇠, 쇠붙이, 무쇠, 주물, 비철금속, 스테인리스, 동, 금, 은, 주석, 비행기, 기차, 철로, 자동차, 탱크, 대포, 총, 칼, 창, 보석, 반도체, 철공소, 제련소, 대장간

수 (水)	물은 높은 곳에서 낮은 곳으로 흐른다. 물은 자신을 주장하지 않고 주변 환경과 기물 모양에 따라 자기 모습을 바꾸어 적용하니 지혜가 있다. 물은 높은 곳에서 아래로 흘러내리는 곳에 있다. 높은 산꼭대기에서부터 흘러내리면서 자신을 변신시키고 만물을 적신다. 물은 흘러내리며 만물에 자기 영양분을 공급한다. 물은 하늘에서 비로 내려 개울로 흘러든다. 물은 내에서 강으로 흐르며 결국 바다에 도달하니 짠맛만 남았다. 물은 흘러내림을 뜻하고 흘러내림은 짠맛을 만들어낸다.
	땅속에 스며드는 생각과 끈기, 생긴 모습에 자신을 맞추는 사회성, 대지를 적시는 지혜, 욕망과 본능을 나타낸다.
	차갑고 서늘하며 아래로 흐르는 특성이 있다. 자연계의 사물과 현상 중 아래로 향하는 것은 모두 수의 기질이다. 사주에서 많으면 고집이 센 반면 남에게 베푸는 일을 잘하게 된다. 물의 성정은 지혜롭고 유동적이며 추상적인 생명력과 원동력을 상징한다. 사주에서 물이 적으면 성격은 독단적이 되며 매사 반복됨이 많고 용기가 적으며 계획성이 없다.
	물, 바다, 호수, 댐, 저수지, 개울물, 계곡물, 강, 샘물, 폭포수, 소나기, 안개, 이슬비, 얼음, 서릿발, 혈액, 유통, 술, 차, 커피

오행은 모든 사물과 사상, 흐름에 적용한다. 오행을 적용하여 자연현상을 이해할 수 있으며 그 적용과 범위를 파악할 수 있다. 특히 한의학에서도 적용하듯 오행을 이용하여 병을 판단할 수 있으며 그 형상도 파악할 수 있다. 오행은 풍수에 활용이 가능하고 오래도록 적용하여 자연현상을 이해하고 사람의 운명과 적용하여 해석했다. 사람의 운명을 파악하는 명리학에도 적용이 가능하다. 명리학에 적용하는 천간의 10자와 지지의 12자도 모두 하나같이 오행을 적용하여 분석하고 그 특징을 나열할 수 있다.

명리학에서 오행은 매우 중요하게 다루어지고 적용된다. 흔히 말하기를 "오행에서 시작하고 오행에서 끝낸다"는 것이 명리학이다. 달리 말하면 명리학은 사주놀음이다. 오행은 사주를 분석할 때 가장 중요하게 적용된다. 사주를 구성하는 천간 10자와 지지 12자가 모두 오행을 부여받는다. 천간의 글자와 지지의 글자에 각각의 오행을 대입하고 상관관계를 적용하여 분석하는 것이 명리학이다.

사주를 분석할 때 오행은 각각 계절, 절기, 시간, 의미를 부여한다. 한 발 더 나아가 적성과 성격, 건강을 적용한다. 오행은 그것으로 그치지 않고 일상에서 방향과 색상은 물론이고 맛과 숫자, 온도와 발음 혹은 목소리 형태까지도 적용이 가능하다.

사주를 분석할 때 음양과 오행은 쌍벽을 이루는 존재이다. 그러나 표면적으로는 오행을 더 많이 사용한다. 오행도 사용할 때 음양과 크게 다르지 않아 사주팔자의 근간을 이루는 이론이고 이치이다. 음양은 포괄적인 개념을 가지고 접근하지만 오행은 각각의 세밀함을 분석한다. 그 범위는 대단히 지대하고 광활하여 쉽게 이해하기가 어렵지만 올바로 익히면 인간의 운명을 추명(推命, 追命)할 수 있다.

인간의 사주를 분석하는 것을 간명(看命)이라 한다. 실제 간명은 사주 원국을 파악하는 것이다. 그 사람이 태어난 생년월일을 가지고 사주를 추출하는데, 사주 자체만을 정확하게 파악하는 것이 간명이다. 실제 간명에 필요한 오행의 범주는 대단히 긴요하게 좁혀져 있다. 즉 광대무변한 오행의 이치를 모두 적용하지 않아도 된다는 말이다.

오행의 기본 상징					
구분	목(木)	화(火)	토(土)	금(金)	수(水)
자연	화초, 섬유	太陽, 火	沓, 田	金屬, 鐵物	江, 湖水
천간	甲, 乙	丙, 丁	戊, 己	庚, 辛	壬, 癸
지지	寅, 卯	巳, 午	震戌, 丑未	申, 酉	亥, 子
숫자	3, 8	2, 7	5, 0	4, 9	1, 6
색상	青, 綠	赤	黃	白	黑
방위	東, 東南	南	東北, 西南, 中央	西, 西北	北
계절	春, 春分	夏	四季節	秋, 秋分	冬
시간	아침	낮	사이	저녁	밤
기운	生氣	熱氣	止氣	殺氣	冷氣
의미	생성, 시작	기쁨, 열정	中間, 停止	完成, 秋收	沈, 默
오상	仁	禮	信	智	義
오음	ㄱ, ㅋ	ㄴ, ㄷ, ㄹ, ㅌ	ㅇ, ㅎ	ㅅ, ㅈ, ㅊ	ㅁ, ㅂ, ㅍ
온도	따듯함	뜨거움	변화함	서늘함	차가움
맛	신맛	쓴맛	단맛	매운맛	짠맛
동물	青龍	朱雀, 날짐승	黃龍	白虎	玄武
가족	長男, 長女	中女	老母, 少男	老父, 少女	中男
팔괘	巽, 辰	離	艮, 坤	兌, 乾	坎
질병	肝, 膽	心腸, 小腸	胃腸, 脾臟	肺腸, 大腸	腎臟, 膀胱
소리	角	徵	宮	商	羽

포괄적 개념의 오행 적용					
구분	목(木)	화(火)	토(土)	금(金)	수(水)
절기	봄	여름	환절기	가을	겨울
색상	청색(녹색)	적색	황토색	백색	흑색
숫자	3,8	2,7	5,10	4,9	1,6
맛	신맛	쓴맛	단맛	매운맛	짠맛
물상	나무, 풀	불, 태양, 달	산, 벌판, 논밭	쇠, 바위	물
시간	아침	낮	사이사이	저녁	밤
방위	동	남	중앙, 사이	서	북
음령	ㄱ, ㅋ	ㄴ, ㄷ, ㄹ, ㅌ	ㅇ, ㅎ	ㅅ, ㅈ, ㅊ	ㅁ, ㅂ, ㅍ
온도	따듯함	뜨거움	변화 중	서늘함	차가움
기운	온기	열기	변화 중	한기	냉기
오상	인(인예)	예(강맹)	신(관용)	의(강직)	지(유화)
천간	甲, 乙	丙, 丁	戊, 己	庚, 辛	壬, 癸
지지	寅, 卯	巳, 午	辰, 戌, 丑, 未	申, 酉	亥, 子
기후	風	熱	濕	燥	寒
사신사	청룡	주작	구진, 등사	백호	현무
용모	미려	광채	중후	견강	색채
모양	곧음	높음	넓음	각짐	낮음
직업	문관	예술	농업	무관	수업
감정	놀람	기쁨	슬픔	근심	두려움
오장	간장	심장	비장	폐장	신장
육부	담(쓸개)	소장	위장	대장	방광
생거지	교외	번화가	중심가	공장지대	물가
위치	조용한 곳	밝은 곳	사통팔달	소란한 곳	어두운 곳
성품	자상함	명랑	과묵	예리	엉큼
행동	생산	활동	화해	통치	저장

오음	각(角)	치(緻)	궁(宮)	상(常)	우(羽)
발성	牙	舌	脣	齒	喉
오령	魂	神	意	魄	精
신	청제	적제	황제	백제	흑제
주역	元	亨		利	貞
오사	視	言	思	聽	貌
많을 때 장점	명예지향적	의사표현	끈기	비판정신	배려
많을 때 단점	지나친 고집	다혈질	고집	잔소리	잡생각
체질	소양인	태양인	신앙인	소음인	태음인
병	간담, 팔다리, 신경계, 모발, 눈, 두통, 조울증, 뼈의 질환, 손가락, 수술, 척추, 모발	심장, 소장, 뇌일혈, 고혈압, 저혈압, 중풍, 시력장애, 백혈병, 가스중독, 화상, 혈관, 안과, 정신과	피부, 비위, 위장질환, 허리병, 산부인과, 비뇨기과	폐, 대장, 감기, 천식, 기관지, 혈액, 뼈, 치아, 변비, 치질, 맹장, 축농증, 우울증, 자폐, 뼈	산부인과 질환, 비뇨기과, 우울증, 불면증, 신장, 방광, 요도, 무력증, 두통
직업	목재, 목재판매, 화구, 화원, 악기, 문방구, 의류, 종이, 약재	변호사, 화약, 기름, 화공, 난방, 조명, 페인트, 화장품, 총신, 명품가게	부동산, 건설, 농산물, 토목, 신앙인, 원예, 거간, 중개인, 채소	판검사, 군인, 경찰, 소개업, 금속가공, 보석업, 중공업, 차량정비, 자동차판매, 운수업, 스포츠맨	유류, 유제품, 안료, 여행, 관광, 해운, 항공, 운수, 대중교통, 어업, 의사, 간호사, 약사, 주류, 완구
적성	문과	방송, 연예	사람 상대	판검사, 군경	회계, 이과
	미술, 교육	문과	토목, 땅	이과	음악, 연예

오행의 기본 성격과 속성은 사주 해석에 근본으로 적용된다. 오행은 서로 접하고 변화를 일으킨다. 이는 바람과 바람이 만나 회오리를 일으키는 이치와 유사하고 물과 물이 만나 회류를 일으키는 것과 유사하다. 사람의 생년월일을 바탕으로 추출한 사주는 그 사람의 운명이 근본적으로 어떠한 형태인지 혹은 세월이 흐르며 어떤 방향으로 나아가는지를 보여준다. 이 과정에서 반드시 파악하게 되는 것이 오행 간의 상호작용이다. 사주를 이루는 오행은 각각 도와주거나 배척하는 관계를 가진다. 이를 오행의 상생상극(相生相剋)이라 하는데, 이로써 사주원국을 분석하게 된다. 물론 오행의 상생상극은 사주의 원국뿐 아니라 해운에서도 사용된다. 상생상극은 사주의 변화를 만들어내는 가장 기본적인 사항이다. 변화가 없으면 사람의 삶은 이루어질 수 없다. 또한 생의 관계라고 해서 무조건 좋거나 나쁘지 않으며, 극의 관계라 해서 무조건 나쁘거나 좋은 것은 아니다.

오행의 상생과 상극은 명리학에서 사람의 사주를 분석하는 데 절대적 요소이다. 사람의 사주를 구성하는 각각의 오행이 그 사람의 삶을 보여준다. 오행을 이해하면 사람의 사주를 분석하여 직업, 학교, 건강까지도 정확하게 파악할 수 있을 것이다. 해석이 틀린 것은 오행을 제대로 이해하지 못해 생겨나는 일이다. 오행은 단순하지만 단순하지 않다. 적용도 쉬워 보이지만 쉬운 것이라고 할 수는 없다. 그러나 오행을 정확하게 이해하면 타인의 목숨을 들여다보는 것이 어려운 일이 아니라는 것을 알게 된다.

사람은 부모의 몸을 빌려 태어난다. 점차 나이를 먹고 살아가며 성장하고 늙어가고 결국 죽음에 이른다. 이 삶 속에서 가족을 구성하고 가족을 이룬다. 사람은 각기 다른 삶을 산다. 각각의 생각이 있고 각각의 욕구가 있다고 생각한다. 그런데 그 구성원에 대하여 각각 오행으로 적용하여 분석이 가능하다는 것이 신기할 따름이다.

인간의 길흉화복을 예측하고 분석하는 명리학에서는 이 모든 것을 파악하는 데 오행을 적용하여 해석한다. 원국과 그해에 따라 달라지는 오행의 상관관계를 통해 근본과 변화를 파악한다. 원국을 분석하여 가족 구성원의 위치와 변화, 역할, 상관성을 분석할 수 있다. 년운(年運)에 따라 가족구성원의 행동이나 여러 가지 변화를 파악하고 살필 수도 있다. 심지어는 사주원국의 구성과 년운마다 달라지는 변화만으로도 가족 개개인의 질병과 명예, 재산의 증식 여부도 오행으로 구별이 가능하다. 인간의 화복을 추산하는 명리학에 사용하는 천간과 지지의 오행 배치는 다음과 같다.

천간(天干)의 오행										
천간	甲	乙	丙	丁	戊	己	庚	辛	壬	癸
음양	양	음	양	음	양	음	양	음	양	음
오행	木		火		土		金		水	
상징물	大林	花草	太陽	燈燭	山	田畓	鋼鐵	珠玉	江湖	雨露
의미	나무	풀	큰 불	人火	大地	田園	自然	人作	바다	빗물
기본성격	인(仁) 어짊		예(禮) 예의		신(信) 믿음		의(義) 의리		지(智) 총명	
과다	명예지향적 불굴의 의지 주위를 망각		자기표현 강 확실한 주장 다혈질		끈기 지나친 고집 막무가내		비판 잔소리 냉정함		지나친 걱정 무모한 생각 사서 고생	

과다		고집이 세다 주장이 강함	주위를 망각 앞뒤가 없음	깊은 속내 엉큼함	자기본위 타인 무시	눈치 지혜
적성	1순위	문과(교육)	연예 예술 문화 방송	커뮤니케이션 중개	군인, 무관, 검경, 의사, 간호사, 한의사, 요리, 운동	이과계열 전반 경영 회계
	2순위	미술 교육 방송 연예	문과 경영	건축 토목 부동산	IT 컴퓨터 철강 보석 관련	음악 연예 방송 예술경영

지지(地支)의 오행											
지지		寅	卯	巳	午	辰戌	丑未	申	酉	亥	子
오행		木		火		土		金		水	
발달(3-4)		어짊 대인관계 명예추구 온화함 정확한 말투		예의 적극적사고 활동적 인정 많음 대인관계		믿음 의지력 꾸준한 노력 친화적 중립적 사고		의리 통제능력 계획적 사고 진취적 예리함		지혜 계획적 사고 아이디어 자중 배려	
과다 (4개 이상) 시 장점		자신감 과다 어려움 극복 진취적 기상 자유로움		적극적 사고 적극적 행동 자신감 감정표현 인정적 사고		의리 표출 은근한 끈기 집념과 욕망 일의 추구		과단성 계획성 의사표현 예술성 정확성		지혜의 표출 구조적 사고 계획적 사고 신중한 사고 일처리 탁월	
과다 (4개 이상) 시 단점		지나친 욕망 약한 끈기 지나친 집착 타인 무시 자기 본위		급한 성격 다혈질 변화무쌍 싫증 포기		고집 엉큼함 숨김 가슴에 품음 침울		자기본위적 잔소리 복수심 불만과 불평 타인 증오		짧은 생각 끈기 부족 포기	
적성	1순위	정치학과 행정학과 법학과		무용학과 스포츠학과 디자인		건축학과 토목학과 부동산학과		사관학교 경찰학교 기계공학과		세무대학 경제학과 경영학과	

적성	1순위	어문학과 문헌정보과 교육학과 신문방송학 유아교육 심리학과 경영학과 경제학과	연극영화 방송학 피부미용학 정치학과	설계학과 임업과 임산가공학 축산과 조경학과 풍수지리	금속학과 섬유공학과 IT학과 컴퓨터공학 산업공학과 항공공학과 재료공학과 법학과 선박건조	외교학과 회계학과 통계학과 물리학과 수학과 생물학과 전자계산학 정보처리학
	2순위	미술학과 의예과	사회과학 어문학	외교학과 어문학과 관광학과 법학과 항공운항과 사법계열 무역학과	자동차학과 체육학과 의예과 경찰학과	연극영화과 신문방송학 미술학과 디자인학과

오행은 풍수지리에서도 대단히 많이 다양하게 사용한다. 풍수지리의 근본적 해석의 틀이나 방법도 명리학과 크게 다르지 않다. 풍수지리도 해석의 근본을 음양오행에 두므로 그 연원이 명리학과 같을 수밖에 없다. 평상시 일반인들이 주로 사용하지 않는 한의학이나 중의학도 근본원리는 음양오행에 두고 있다. 우리는 알게 모르게 음양오행을 통해 음식을 섭취하고 논의하며 약을 선택한다.

풍수지리에서 산세를 살피거나 물형을 살피며 오행을 적용하는 것은 그 형상을 말하는 것이다. 세상의 모든 물체는 속성으로 오행을 적용받기도 하지만 생긴 형상으로 적용하기도 한다. 즉 풍수지리에서 오행을 적용하는 방법은 색과 그 형상이다.

특히 형상은 길흉화복을 논하는 가장 중요한 잣대가 된다. 그 형상은 산의 모양을 파악하고 건물의 모양을 파악하는 데 사용하기도 하며 그 오행의 속성을 그대로 적용한다.

풍수지리 오행산형(五行山形)				
목형(木形)	화형(火形)	토형(土形)	금형(金形)	수형(水形)

명예, 학문, 시험, 자존감, 자존심, 학습, 연구, 가문, 지위, 간담	재난, 위기, 불, 심장, 소장, 돌연사, 화재, 강력한 지도력	명예, 권력, 최고, 기상, 재물, 출세, 과거급제, 지위	재물, 보물, 재산, 창고, 순후함, 중후함, 부드러움, 속 깊음, 드러내지 않음	평범한 형태

오행은 인간이 생각하는 모든 이치에 적용이 가능하다. 오행을 통해 숫자 개념을 정의할 수 있다. 오행을 통해 방향을 정의하고 색의 작용도 정의할 수 있다. 일정한 윤전을 통해 계절의 변화도 오행으로 분석이 가능하고 인간이 느끼는 감정인 오상과 인간이 살아가며 때때로 느끼고 적용하는 다양한 의미에도 오행을 적용할 수 있다. 사람의 감정이 어떤 상태인지 오행을 적용하면 설명이 가능하다.

체질의 경우에도 오행을 적용해 사람의 체질과 체형을 판단할 수 있다. 오행을 이용해 체질을 파악하면 음식과 병도 파악이 가능하다.

오행을 이용한 체질 판단					
구분	목(木)	화(火)	토(土)	금(金)	수(水)
체형	얼굴이 길다.	이마가 넓고 턱이 뾰족하다.	얼굴이 동그랗다.	얼굴이 사각형이다.	이마가 좁고 턱이 넓다.
오장 육부	간과 담낭이 크다. 토가 약하다.	심장과 소장이 크다. 금이 약해진다.	비장과 위장이 크다. 수가 약해진다.	폐와 대장이 크다. 목이 약해진다.	신장과 방광이 크다. 화가 약해진다.
성격	인자하고 다정하며 학문을 추구하고 교육자형, 양육을 잘한다.	예의바르고 용감하며 탐구적이다.	정확하고 철저하다. 외골수적인 성격	준법정신이 강하고 냉정하다. 의리를 지키나 독선적이다.	참고 견디는 성격, 비밀을 잘 지키고 수학적이다.
질환	비장과 위장이 약함, 위궤양, 소화불량, 비만, 입과 입술병, 무릎 통증	심장과 소장 위축, 가슴이 답답하다, 기침, 기관지, 천식, 피부가 약함, 치질, 코에 병, 손목 병	신장과 방광이 약함. 부종, 요통, 어지러움, 이명, 안구가 빠질 듯 아픈 증상, 종아리 당김, 중이염, 골수염, 신장염, 신부전증, 생식기 이상	간장과 담낭이 약하다. 근육경련, 구토, 소화불량, 간경화, 간염, 담석증, 늑막염, 옆구리 통증	심장과 소장이 약하다. 가슴 두근거림, 경기, 어깨 통증, 팔꿈치 통증, 좌골신경통, 심근경색
정신	공상과 망상, 쓸데없는 생각, 의심과다, 게으름, 의욕부진, 눕고 싶어 함	비관적 사고, 눈물이 많음, 폭발적인 마음의 변화	수용성이며 다른 사람의 말을 잘 들음	신경질적이다. 화를 잘 낸다. 심술을 잘 부린다.	잘 웃고 버릇이 없음

명리학에서 가장 중요하게 다루어지는 것이 중화이다. 이는 서로 어울린다. 혹은 중간에서 유통한다는 의미가 있다. 사람에게도 그런 체질이 있다. 다양한 특징을 받아들인 체질인데 이를 상화형(相火形) 체질이라고 한다. 그러나 반드시 명리학에서처럼 중용을 이루는 것이 아니라 화(火)형 체질에 치우쳐 있다.

○ 체형 : 화형과 비슷하고 눈썹이 짙으며 관자놀이 부위가 불룩 튀어나옴.
○ 오장육부 : 심포, 삼초가 발달하였다. 장수할 가능성이 높은 사람이다.
○ 성격 : 천재적이며 다재다능에 못하는 것이 없다.
○ 질환 : 신경과민, 초조, 불면증, 손발 저림, 뒷목 아픔, 엉덩이 아픔, 임파선, 식은땀, 노이로제, 어깨 통증

이뿐만이 아니다. 오행을 통해 사람 개개인의 체질을 파악하고 그 병을 예측할 수 있지만 오행에 따라 사람의 장기를 배정하고 그 장기에 따라 좋은 음식을 배정하기도 한다. 이 음식에 대한 이치는 의학과 통하는 것이다. 사람의 사주에서 오행을 분별하여 어느 장기가 문제가 있는지 파악한다. 그 분석에 따라 어울리는 음식을 지정하여 체력을 회복하거나 약성을 발휘하도록 조언한다. 물론 이 이치는 완벽하게 명리학의 이치는 아니나 의학이 명리학과 마찬가지로 오행을 바탕으로 이루어진 학문이므로 서로 교차 사용이 가능하다. 이와 같은 이치에 따라 오행을 분석하여 음식을 지정 혹은 권할 수 있다.

오행은 사람의 체형은 물론 각각의 장기에도 적용된다. 이는 한의학에서도 사용하는 바와 같다. 오행으로 인간의 몸을 파악하고자 할 때도 역시 오행의 상생과 상극을 따져야 한다. 그보다 근본적으로 사람의 사주원국에 상생의 기운과 상극의 기운이 융합하고 있다. 사람의 사주를 구성하는 각각의 오행은 각각의 색과 성질, 각각의 숫자와 각각의 사상을 가지고 있다. 이 다섯 가지 기운이 때로 대립하고 때로 도와주며, 때로

견제하고 어울린다. 오행상생(五行相生)은 오행의 운행에 따라 서로 다른 것을 낳는 관계이며 이는 생조(生造)하는 것으로 풀이된다.

오행형에 따라 각각의 체질에 좋은 음식					
구분	목(木)	화(火)	토(土)	금(金)	수(水)
곡식	팥, 보리, 메밀	수수	기장	율무, 현미	검은콩, 서리태, 서목태 (쥐눈이콩, 약콩)
채소	깻잎, 부추	상추, 쑥갓, 쑥, 냉이, 취나물, 풋고추	시금치, 미나리	배추, 양파, 파, 마늘, 달래	김, 미역, 다시마, 파래
육류	닭, 계란, 메추리, 개	염소, 칠면조, 곱창	쇠고기, 토끼	생선, 조개, 말	돼지, 해삼, 새우젓
과일	사과, 유자, 귤, 매실, 포도, 딸기	살구, 은행, 자몽	감, 대추, 참외	복숭아, 배	수박, 밤
차	오미자차, 유자차, 오렌지차, 들깨차	영지차, 홍차, 작설차, 커피	구기자차, 인삼차, 칡차, 두충차	율무차, 생강차	두유
색상 음식	녹색, 청색	붉은색	황토색, 미색, 베이지색	백색	검은색
비고	간장과 담낭에 좋은 음식	신장과 소장에 좋은 음식	비장과 위장에 좋은 음식	폐와 대장에 좋은 음식	신장과 방광에 좋은 음식

상화형 체질은 오행의 순환을 도와주는 음식이 도움이 된다.

ㅇ곡식 : 녹두, 옥수수
ㅇ채소 : 콩나물, 양배추, 우엉, 아욱, 고사리
ㅇ육류 : 오리, 꿩
ㅇ과일 : 토마토, 바나나
ㅇ차류 : 넝쿨차, 코코아, 알로에, 화분

동양학에서 오행은 모든 학문과 사상의 바탕을 이룬다. 오행을 나타내는 숫자 5는 동양학의 범주에서 천지의 조화를 상징한다. 가장 중요한 숫자이다. 5는 우주의 이치가 모두 담겨 있는 신비로운 숫자로 해석된다. 중국인들은 8이라는 숫자를 매우 중요하게 여기는 것으로 알려져 5라는 숫자가 무시되는 것처럼 보이지만 이는 다른 의미이다. 중국인들이 8을 좋아하는 것은 8의 발음이 복(福)의 발음과 같기 때문이다. 즉 재물을 의미하는 발음과 같기 때문이다. 따라서 중국인은 발음이 같은 복(蝠)도 좋아한다. 편복(蝙蝠)이라 하여 박쥐를 좋아할 일은 아니니다. 그럼에도 발음이 복을 나타내고 재물을 나타내는 발음이라 좋아하고 집 안에도 박쥐 문양이나 복(蝠) 자를 건다. 그와 같은 이치와 오(五)는 다른 의미이다.

예부터 동양문화권에서는 다양한 상황과 문화, 사물에 5라는 숫자를 사용하는 경우가 많다. 이는 바로 완전체라는 숫자 개념 때문이다. 우리 주변에서 오(五)를 사용하여 좋은 의미를 나타낸 경우가 적지 않다. 오향(五香), 오미(五美), 오미(五味), 오복(五福), 오복(五服), 오륜(五輪), 오륜(五倫)이라는 말이 그렇고 역사시대를 거슬러 삼황오제(三皇五帝)라는 이상적 시대의 군왕을 상징하는 말도 그렇다.

동서양의 문화는 근본부터 다르다. 생각이 다르고 사상이 다르면 문화도 다르다. 문화의 종류와 사용은 각각이다. 색, 음악, 음식 같은 모든 것이 문호에 해당한다. 동양과 서양의 다른 점은 무한하다. 색을 하나 나누어도 그렇다. 간단한 것이고 사용도 동서양이 마찬가지이지만 그 시작은 다르다. 서양의 문화는 일곱 가지 색을 그 기초로 한다. 서양은 대부분 7이라는 숫자를 기본으로 삼는다. 그래서 7이 행운의 숫자가 되었다.

서양의 색을 보여주는 것이 무지개다. 무지개는 일곱 가지 색으로 이루어진 것으로 분석된다. 스펙트럼으로 구별하면 무지개색이 더 나타날 수 있지만 일곱 가지 색으로 한정한다. 이는 서양인의 사고에서 비롯된 결과물이다. 서양에서는 빨주노초파남보 일곱 가지 색을 기본적인 개념으로 이야기하지만 동양에서는 청적황백흑(靑赤黃白黑) 5색을 기본색으로 한다. 이러한 색의 개념은 우리 문화와 상식 저변에 널리 깔려 오방색이라는 의미를 만들어냈다.

먹는 것이 다르고 쓰임도 다르다는 것은 사상이 다르다는 것을 나타내는 척도이기도 하다. 동서양의 사상적 차이는 음계(音階)에서도 나타난다. 서양의 음계는 도레미파솔라시도 7음계이다. 역시 7이라는 숫자를 근간으로 삼고 있다. 이와 비유하여 동양은 궁상각치우(宮商角徵羽) 5음계를 쓴다. 우리 전통음악은 모두 이 5개 음계를 바탕으로 만들어져 있다. 음계가 다르다는 것은 동서양의 기초적 사상이 다르다는 것을 보여주는 척도가 된다.

동양과 서양은 발음에서도 현격한 차이를 보인다. 동양인은 발음을 정리하는 과정에서도 5라는 숫자를 포기하지 않았다. 우리 국어인 한글에서도 이 5의 사상은 나타난다. 우리글인 한글 발음은 다섯 가지 소리로 정리된다. 각각 어금니[牙]소리, 혀[舌]소리, 입술[脣]소리, 이[齒]소리, 목구멍[喉]소리로 구분하여 오성(五聲)이다. 동양에서는 음식의 맛도 5가지로 구분한다. 5라는 숫자는 오행을 나타낸다. 음식의 맛은 각기 맵고[辛], 시고[酸], 짜고[鹹], 쓰고[苦], 단[甘] 맛으로 구분하는데, 역시 5가지 맛으로 구분하였다. 오행을 적용한 결과이다. 이와 같은 오행의 구분은 동양

사상에서 우주의 운행에 모두 적용한다. 즉 근본적인 우주의 이치인 음양의 이치 위에 금목수화토의 오행을 겹쳐 파악하고 분석한다.

우리가 흔히 하는 말 중 오복(五福)이라는 말이 있다. 사람으로 태어나서 살다 죽어가는 과정에서 맛보는 다섯 가지 행복을 나타내는 말이다. 흔히 처복이 어떻고, 잘 먹어야 하니 치아(齒牙) 복이 어떻다는 등의 말을 하지만 이는 순전히 무식쟁이의 놀음이다. 양반으로 태어나면 무식쟁이나 가지지 못한 자들이 말하는 처복이니 치아 복이니 하는 것들은 이미 이루어진 것으로 본다.

진정으로 사람이 살면서 누구나 누리고픈 오복(五福)은 남다르다. 예부터 선인들은 사람이 누릴 수 있는 행복을 크게 다섯 가지로 정하니 이를 오복이라 한다. 오복이란 결국 생로병사를 바탕으로 하는 것이니, 그 하나는 오래 살고(壽) 봐야 한다. 수명장수(壽命長壽)야말로 오복의 으뜸이다. 두 번째는 부유[富]한 것이다. 오래 산다고 해도 끼니를 걱정할 정도라면 의미가 없다. 개똥으로 굴러도 이승이 좋다고 하지만 가진 것이 없다는 것은 천한 것이다. 세 번째는 건강[康寧]이다. 병을 지니고 사는 것은 괴로운 일이다. 네 번째는 덕을 닦고(攸好德) 살아가는 것이다. 덕은 베푸는 것이고 행복의 조건이다. 마지막으로 다섯 번째가 편안히 죽음을 맞는 것(考終命)이다. 결국 오복이란 생로병사를 바탕으로 한다. 사람이 태어나 행복을 누리며 살아가다 죽음에 이르는 문제를 5가지로 나누어 배치하고 깊이 사려한 것은 5행 배치에 따른 이념 때문이다.

사람의 삶에 오행은 어느 곳에나 적용되었다. 오행의 이치는 매우 넓어 음식, 몸, 사상, 작위에 이르도록 다양하게 적용되었다. 오행의 이치는 인륜에 이르렀는데 벼슬 등급도 오행으로 나누었다. 즉 관급(官給)도 그러하거니와 귀족의 관작(官爵)도 5가지로 나누어 5행의 배치를 따랐다. 즉 작위를 받은 고위 귀족의 벼슬을 정할 때 각기 공작(公爵), 후작(侯爵), 백작(伯爵), 자작(子爵), 남작(男爵)의 오의(五儀)로 나누었다. 철저하게 오행을 적용하고자 한 흔적이다.

의술에도 오행이 적용되었다. 풍수지리와 명리학은 물론이고 의술은 음양오행이 가장 깊숙하게 반영된 학문이다. 흔히 오장이라고 정해지는 장기들의 이름이 오행의 적용 상태를 그대로 보여준다. 인간의 내장은 폐장(肺臟), 심장(心臟), 비장(脾臟), 간장(肝臟), 신장(腎臟)으로 나누어 오장(五臟)을 분리하였는데 이 또한 오행의 법칙을 적용하고자 다섯 가지로 분류한 것이다.

학문을 익히고 배운다고 모두 학자가 되는 것도 아니고 인정을 받는 것도 아니다. 인격을 갖추는데도 오행의 적용을 받았다. 학자는 인격을 갖추어야 한다. 조선에서도 그와 같은 경우가 있어 선비로 존경받고 양반으로 행세하고자 하면 그에 합당한 이치를 배우고 실천해야 했는데, 이 또한 오행의 흐름에 따랐다. 막연하게 공부한다고 해서 인격을 갖춘 것으로 보지는 않았다. 인간이 태어나 갖추어야 할 인격도 학문으로 이루어지는 것이라 하나, 오행에서 그 범주를 구분한다. 인의예지신(仁義禮智信)이 그것인데 이를 오상(五常)이라 하였다. 인의예지신은 선비의 규범이고 학자의 자존심이었다. 이처럼 오행의 법칙에 따른 오상을 갖추어야만 육체와 정신이 조화를 이룬 이상적인 인격체로 보았다.

우리에게 익숙한 색은 더욱 그러하다. 오방색이니 오방 깃발이니 하는 말이 그것이다. 흔히 오방 깃발이라고 하면 무속적 개념으로 받아들이기 쉽다. 그러나 오방이라는 개념을 무속에서 가져다 쓴 것이지 무속적 개념은 아니다. 오방(五方)이란 오행의 근원적 개념으로 본시 방향을 나누는 것이다. 동서남북(東西南北) 사방에 중앙(中央)을 보탠 것이 오방이다. 이를 오행에 접목한다. 이처럼 다섯 가지 요소는 오행의 원리로 통제되었다. 각각의 5행에 색을 맞추니 이를 오방색이라 하여 색조차 오행의 원리에 습합했다.

고조선이 건국되어 동이족이 한반도와 북방에 자리 잡은 이후 삼국시대를 지나 고려와 조선을 건국한다. 무수한 세월을 이어온 장구한 역사에서도 오행의 법칙이 적용된 사례는 부지기수로 많고 광범위하다. 선인들의 사상과 생활 속에는 오행이 일상처럼 녹아 적용되었다. 오행은 우주의 원리를 해석하는 일종의 틀이었고 방정식이었다. 단순함으로 복잡함을 포용한 오행은 우주의 법칙을 해석하는 가장 훌륭한 도구였다.

오행의 포괄적이고 방대한 원리는 표면적으로는 간단해 보이는 틀을 가지고 있지만 적용 측면에서는 그 범위가 넓어 인간사 모든 이치에 적용이 가능했다. 오행은 법(法)과 율(律)을 넘어 적용되었다. 방위와 빛깔은 물론이고 인간이 살아가며 지켜야 할 윤리와 도덕적 사항도 오행의 범주 안에서 이루어지고 해석되었다. 예술적 개념도 오행을 벗어나지 못해 음악과 색의 사용과 적용도 그 범주에서 벗어나지 못하였다. 의학은 오행의 궁극을 보여주며 발달하였다. 인간이 혀로 느끼는 맛도 오행에 적용되었다. 계절의 변화도 일관되게 오행이 적용되었고 방향도 오행을 벗어나지 않았다. 오행이야말로 동양적 개념에서 인간사를 이끌어온 중심 사상이었다.

동양학의 바탕은 오행이라는 무대 위에 이루어진 것이라 해도 부족함이 없다. 이러한 이유로 각종 물건, 건물, 심지어 황궁을 짓거나 성을 세워도 오행을 무시할 수 없었다. 건물과 성문에도 오행의 이치를 적용하였다. 서울의 4대문이 그러한 오행 사용의 증거가 된다. 동대문은 흥인문(興仁門)이다. 오상에서 사용하는 인(仁)을 사용한다. 인(仁)이 목의 오행이고 동쪽을 가리키므로 인(仁)을 일으키는 문이다. 동쪽에 해당하는 이치이므로 동대문에 인(仁)을 사용하였다. 남대문은 숭례문(崇禮門)이다. 예(禮)가 남쪽을 가리키고 화를 나타내며 붉은색을 나타내므로 예를 숭상하는 문이라는 의미를 지닌다. 더구나 이 예라는 글자는 불이 활활 타오르는 형상을 가차한 글자인 숭(崇)과 짝을 이뤄 한양도성의 남문에 배치되어 남쪽에 자리한 관악산(冠岳山)의 화기에 맞불을 놓고 있다. 서대문은 돈의문(敦義門)이니 의(義)를 사용하였다. 서쪽에 사용된 의 글자는 오상에서 금을 의미하는 글자이다. 즉 의로움을 도탑게 하는 문이다. 북대문은 홍지문(弘智門)이라 하였는데 지(智)는 북을 나타내는 의미이다. 곧 지혜를 넓히는 문이다. 그러나 홍지문이 북대문은 아니었다. 북대문은 오행의 의미에서 수(水)를 의미한다. 지(智)를 상징하는 문이다. 본래 북대문은 현재 삼청동 터널 위쪽에 복원해놓은 숙정문(肅靖門)이다. 그런데 이 숙정문은 사용이 제한되었다. 본래 방위에 맞추어 문을 내기는 했지만 문 구실을 하지는 못했다. 사실 이 방위로는 출입하는 사람이 많지도 않았지만 다른 의미가 있었다. 풍수설에 따르면 북문을 열어놓으면 음기(淫氣)가 침범하여 서울 부녀자들의 풍기가 문란해진다는 것이다. 아마도 이러한 이유는 북이 물을 나타내는 수(水)의 방위이고, 수의 속성이 음(淫)하다는 것 때문일 것이다. 결국 성의 축조에 따라 문을 만들어놓기만 했을 뿐, 그곳을 통해 사람이 드나들지는 않았다. 숙정문은 축조한 지 18년 만인 1413년 폐쇄되기에 이른다. 그 대신 숙정문 서북쪽으로 약간 비껴 오늘날 상명대학교 앞쪽에 홍지문을 내고 사람들을 통행시켰다. 결국 홍지문이 북대문 역할을 하게 되었다. 이렇게 동서남북 4대문에 인의예지를 배치하였다. 그런데 한양도성 건립에서 문에 오상을 배치시키는 것으로 5행 중 4행은 대비시켰는데 토(土)를 의미하는 신(信) 글자를 사용할 수 없었다. 도성 중앙에 글자 하나를 사용하고자 문을 낼 수는 없었을 것이다. 그러나 결국 오행은 완성을 이루었다. 즉, 한양도성의 중앙에 보신각을 지으며 현액(縣額)에 신(信)을 배치하여 오상(五常)을 갖추었다.

오행으로 나누어 본 오목(五目) 분류표					
오행(五行)	목(木)	화(火)	토(土)	금(金)	수(水)
오방(五方)	동(東)	남(南)	중앙(中央)	서(西)	북(北)
오색(五色)	청(靑)	적(赤)	황(黃)	백(白)	흑(黑)
오상(五常)	인(仁)	예(禮)	신(信)	의(義)	지(智)
오성(五聲)	아(牙)	설(舌)	순(脣)	치(齒)	후(喉)
오음(五音)	각(角)	치(徵)	궁(宮)	상(商)	우(羽)
오장(五臟)	간(肝)	심(心)	비(脾)	폐(肺)	신(腎)
오미(五味)	산(酸)	고(苦)	감(甘)	신(辛)	함(鹹)
오기(五氣)	풍(風)	열(熱)	습(濕)	조(燥)	한(寒)
절기(節氣)	춘(春)	하(夏)	간절기	추(秋)	동(冬)

사람의 일생을 살피는 방법으로는 여러 가지 기법이나 학문적 배경이 있을 수 있으나 명리학이 가장 많이 발달하였고, 적용되는 것이 사실이다. 명리학뿐 아니라 인간사를 판별하고 파악하는 동양적 학문의 개념 속에는 반드시 오행의 이치가 녹아 있다. 따라서 사람의 운명을 판단하고자 하여 사주팔자의 명식(命式)에 오행을 적용할 때는 성격과 적성을 그대로 적용할 수 있다. 사람의 운명을 판단할 때는 오행의 상태를 파악한다. 오행의 과다(過多)와 그르침, 치우침, 고립, 생극관계, 비치 상태를 파악해야 한다.

일반적으로 사주 판단에서 생년월일시만 알면 막힘없이 추명할 수 있다. 사람의 운명을 판단할 때는 그 사람이 어느 달에 태어났는지를 먼저 살핀다. 또한 어느 날 태어났는지가 중요하다. 즉 그 사람이 어느 시기에 태어나고 어느 일간(日干)을 지녔는지가 관점이다. 이러한 판별에서 가장 중요한 것이 오행이다. 사주 구성에서 각각의 오행을 표방하는 글자가 많고 적음에 따라 성격이 나타난다. 일간을 기준으로 성격을 판단한다.

사주를 파악할 때 사주 구성에서 배치된 오행을 통해 사고의 다양성을 볼 수 있다. 어느 오행이 있는가 하는 문제는 사고의 문제로 이어진다. 어느 하나의 오행이 없다는 것은 그 오행이 지녀야 할 사상이나 사고가 부족하다는 것을 나타낸다. 따라서 사주를 구성하는 오행의 숫자를 통해 그 사람이 지니는 성격적 특성을 알 수 있다. 지나치게 많으면 지나칠 것이고 없다면 부족하다. 따라서 많아도 치우침이고 없어도 치우침이다. 치우침은 필연적으로 문제를 일으킨다. 치우친 오행은 편향을 나타낸다. 사고의 편향을 나타낸다. 건강의 편향을 나타낸다. 지나치게 강한 것은 과신하기 마련이어서 문제를 일으킨다. 사상적 문제와 건강의 문제를 나타낸다. 없는 것은 근본적인 문제이다. 사상적 문제와 건강의 문제를 나타내는 것이 당연하다. 그뿐만 아니라 사주에 있는 각각의 오행의 숫자를 통해 성격적으로 변화를 일으키는 현상도 예측이 가능하다.

오행의 성격				
구분	기본성격	많을 때 장점	많을 때 단점	없을 때
목(木)	착하다. 어질다. 인간적이다. 솔선수범한다.	명예를 추구한다. 주위를 살핀다. 인간적이다. 리더십 발휘	독선적이다. 주위의 말을 듣지 않는다. 앞서나간다.	진취적 기상이 약하다. 리더십 부족
화(火)	예의바르다. 적극적이다. 예술적이다. 자신을 드러낸다. 명예지향적이다.	예술적 감각이 있다. 예의를 잘 지킨다. 의사표현이 명확하다.	다혈질이다. 분노를 참지 못한다.	예술적이지 못하다. 예의가 없다.
토(土)	믿음직스럽다. 끈기가 있다. 믿음을 준다. 중용의 도를 지킨다. 조화를 추구한다.	끈기가 있다. 조화를 이룬다. 중간자적 역할을 잘한다.	고집이 세다. 타인을 억누른다. 깔아뭉갠다. 비하한다.	중도가 없다. 인간관계가 나쁘다.
금(金)	의리가 있다. 절제력이 있다. 신의가 있다. 함부로 나서지 않는다.	맺고 끊는 맛이 있다. 비판을 한다. 옳은 소리를 한다.	잔소리가 심하다. 반골기질이 드러난다. 뒤집는다. 시끄럽다.	매너가 없다. 자신을 조절하지 못한다.
수(水)	총명하다. 지혜롭다. 머리가 좋다. 지식이 있다. 아이디어가 좋다.	타인을 배려한다. 아이디어를 사용한다.	쓸데없는 생각이 많다. 자신의 목적을 내세운다. 욕심을 부린다.	중도를 모른다. 자꾸 나선다.

그뿐 아니다. 각각의 오행은 현상과 사상을 나타낸다. 그 사상의 강약을 통해 사주의 주인이 무엇을 잘할 수 있는지, 어떤 성향을 지녔는지 파악이 가능하다. 각각의 오행이 나타내는 사상이 있다. 일간에 어떤 오행이 자리하고 있느냐에 따라 그 사람의 사상을 예측할 수 있다. 또한 오행의 강약과 다소를 통해 사상의 변화를 알 수 있다. 일차적으로 일간에 자리한 오행이 그 사람의 사상을 좌우한다. 그 후 사주원국에 많은 오행이 영향을 미친다. 이 두 가지 사항으로 사주 주인이 추구하는 사상이나 성격적 특징을 예측할 수 있다.

우리는 사주를 살펴 직업과 적성을 파악한다. 그 기준은 일간과 오행의 다소이다. 오행의 다소는 강약으로 이어진다. 일간이 강하면 적성과 학문적 선택이 그대로 나타난다. 오행의 특성이 사주의 주인이 추구하는 학문적 특색으로 나타난다. 사주의 형식과 오행의 배치에 따라 그 사람

오행에 따른 기본 적성		
목(木)	1순위	문과(행정, 정치, 어문)
	2순위	미술(디자인, 인테리어), 교육
화(火)	1순위	연예, 예술(미술, 음악, 체육, 요리)
	2순위	문과(행정, 정치, 어문)
토(土)	1순위	인문사회계열
	2순위	땅, 건축, 토목, 부동산, 중계
금(金)	1순위	군인, 경찰, 의사, 판사, 검사, 간호사, 한의사, 운동선수
	2순위	이과계열, 기계공학, 반도체
수(水)	1순위	이과, 경제, 경영, 회계, 통계, 수학
	2순위	음악, 연예

의 직업 적성을 알 수 있다. 물론 그 사람의 사주에서 직업에 가장 영향을 미치는 일간을 살펴 정할 일이다. 일간의 오행은 생명과 같다. 일간을 잘 살펴야 한다. 일간으로서 사주 주인의 심리와 정신, 추구하는 이상을 파악할 수 있다. 따라서 사주를 구성하는 천간과 지지의 오행을 파악하여 적성을 알 수 있다. 가장 중요한 파악 요소는 당연히 일간이다.

동양학에서 오행이론은 뿌리와 같다. 무구한 사상의 뿌리인 오행이야말로 동양학을 이해하는 지름길이며 바른 길이다. 가장 폭넓은 사상의 집합체이며 곳간과 같다. 명리학도 그 범주에서 벗어나지 못한다. 오행론을 깊게 이해한 사람이 결국 사람의 운명을 파악하는 길에서 승리한다. 그 오행만으로 사주 주인의 사상과 건강상태를 알 수 있다. 한 사람의 사주에서 알 수 있는 것은 아주 많은데 건강을 살피는 일도 해당한다.

명리가 어떤 목적으로 만들어진 학문인지는 의견이 구구하다. 인간이 살아가며 어찌 인간을 파악하는 학문의 발달이 없으랴만 오행이라는 구조가 단순하고도 폭넓은 사상의 적용이 가능한 신이한 이치는 인간의 운명을 따라가 살피는 데는 더할 수 없이 좋은 방정식을 제공하기 때문이다. 명리는 다양한 이치를 적용한다. 물론 추명학이라는 이론이 있는 것처럼 사람의 운명을 따라가 살피고 운의 흐름을 예측하며 미래를 살피는 것은 가장 중요한 해석적 요인이다. 그러나 운명학이라는 이치는 단순하지 않다. 운명은 인간사(人間事)의 흐름이다. 인간이 세상에 존재하며 인지를 가지고부터 인간의 운명에서 생로병사는 매우 중요하였을 것이다. 사람의 운명에서 가장 중요한 것은 죽고 사는 문제이다. 사람이 죽는 이유는 다양했을 것이다. 그 과정에서 사람의 수명과 병을 파악하는 방법으로 운명학이 발달했을 것이다. 특히 의학이 발달하지 않았던 시기에 병은 인간이 극복하기 어려운 일이었기 때문에 추명으로 알고자 하였을 것이다.

오행은 단순한 틀을 가지고 있지만 적용 방정식은 아주 다양하다. 오행이라는 다섯 가지 기호 속에 포함되는 이치는 상상불가이다. 사주에 적용되는 오행의 이론은 포괄적이고 일괄적인 적용을 통해 하나의 오행으로 여러 가지를 파악하는 방법을 사용한다. 따라서 오행을 파악한다면 인간의 몸에 오는 병도 일정한 기준의 방정식을 적용하는 것으로 대부분 파악할 수 있다.

오행의 건강 배정			
구분	오장	육부	불균형에 따른 문제
목(木)	간장	담낭	간의 병, 담낭의 병, 뼈의 질환, 신경성 질환
화(火)	심장	소장	신장질환, 소장질환, 혈관질환, 안과질환, 정신과
토(土)	비장	위장	비장병, 위장병, 비뇨기과 질환, 산부인과 질환, 췌장병
금(金)	폐장	대장	폐의 병, 대장병, 우울증, 자폐증, 뼈의 질환
수(水)	신장	방광	신장병, 방광병, 산부인과 질환, 비뇨기과 질환, 성기의 병, 우울증, 불면증, 무력증, 두통, 통풍, 허리병

오행을 분석하면 사주 주인이 어떤 병이 걸려 있는지, 걸릴 가능성이 많은지 일목요연하게 파악할 수 있다. 당장에는 병이 없을 수 있으나 시간이 흐르거나 몸이 약해지면, 혹은 몸이 약해지는 시기에 어떤 병이 걸릴 수 있는지 파악이 가능하다. 때로는 대운의 흐름이나 세운의 흐름처럼 운의 흐름 속에서 어떤 병이 걸릴 가능성이 있는지 파악이 가능하다.

따라서 사주의 오행을 분석하여 어떤 영양을 보충할지, 어떤 음식을 먹으면 도움이 되는지 파악할 수 있다. 음식의 종류뿐 아니라 음식의 맛으로도 어떤 사람에게 도움이 되는지 파악이 가능하다.

맛에 따른 건강 분류				
오행	맛	도움 되는 장기	과다하면 상하는 장기	비고
목	신맛	간장, 담낭	비장, 위장	과하면 목극토에 의하여 비장과 위장이 상함, 사주에 목이 많으면 비장과 위장에 병이 옴
화	쓴맛	심장, 소장	폐장, 대장	과하면 화극금에 의하여 폐장과 대장이 상함, 사주에 화가 많으면 폐와 대장에 병이 옴
토	단맛	비장, 위장	신장, 방광	과하면 토극수에 의하여 신장과 방광이 상함, 사주에 목이 많으면 신장과 방광에 병이 옴
금	매운맛	폐장, 대장	간장, 담낭	과하면 금극목에 의하여 간장과 담낭이 상함, 사주에 금이 많으면 간장과 담낭에 병이 옴
수	짠맛	신장, 방광	심장, 소장	과하면 수극화에 의하여 심장과 소장이 상함, 사주에 수가 많으면 심장과 소장에 병이 옴

한의학에서는 반드시 상화를 살핀다. 상화는 떫은맛이다. 떫은맛이 나는 식품은 심포경과 삼초경에 영향을 주어 건강을 살피도록 해준다. 서양의 의학과 달리 심포와 삼초는 무형의 장기이다. 서양 의학에는 이와 같은 장기가 없다. 무형의 장기이니 영양과 관계없다고 할 것이다. 그러나 상화는 명리학의 중화와 같은 것으로 온몸에 흐르는 오행의 기운을 순조롭게 운행하도록 돕는 기능을 수행한다.

사주에 목이 지나치거나 목의 오행이 전혀 없으면 간담(肝膽)이 약해지고 머리카락이 빠지거나 뼈가 약해진다. 사주에 화의 오행이 지나치거나 없으면 심장과 소장이 약해지고 차분하지 못해 매사 들썩이며 충격에 약하고 툭하면 화를 낸다. 사주에 토의 오행이 지나치거나 없으면 재산이 흩어지는 결과를 가져오며 건강으로는 비장과 위장에 문제가 온다. 사주

오행에 작용하는 음식		
오행	장기	음식
목	간장과 담낭	간담에 작용하는 음식
		식초, 푸른 채소, 다슬기, 참기름, 들기름, 미나리, 땅콩, 건포도, 시금치, 들깨, 참깨, 효모 음식, 잣, 호도, 깻잎, 부추, 신김치, 동치미, 동물 간, 쓸개, 신맛 나는 음식
		녹색이 나는 음식
화	심장과 소장	심장과 소장에 좋은 음식
		자장, 술, 면실류, 더덕, 고춧가루, 잔대, 도라지, 산나물, 익모초, 고들빼기, 쑥, 샐러리, 씀바귀, 해바라기씨, 동물의 염통, 인삼, 곱창, 쓴맛이 나는 음식
		붉은색이 나는 음식
토	비장과 위장	비장과 위장에 좋은 음식
		꿀, 설탕, 잼, 엿, 포도당, 엿기름, 율무, 울금, 고구마, 연근, 칡뿌리, 동물의 위장, 토끼, 고구마줄기, 미나리, 시금치, 강황, 단맛이 나는 음식
		황토색, 미색이 나는 음식
금	폐장과 대장	폐와 대장에 좋은 음식
		무, 양파, 고추, 후추, 계피, 생강, 박하, 고추장, 겨자, 생선, 조개류, 동물의 대장, 달래, 고추냉이, 동물의 폐, 말고기, 수정과, 산삼, 매운맛이 나는 음식
		흰색이 나는 음식
수	신장과 방광	신장과 방광에 좋은 음식
		천마, 산마, 마, 검은콩, 된장, 간장, 소금, 콩 떡잎, 메주, 굼벵이, 홍어, 개구리, 동물의 생식기, 쥐눈이콩(약콩), 청국장, 동물의 고환, 조개젓, 각종 젓갈류, 해삼, 숙성된 음식
		검은색이 나는 음식

상화는 심포경과 삼초경에 좋은 음식을 섭취해야 한다. 삼초경과 심포경은 눈에 보이지 않지만 몸에 작용한다. 따라서 심포경과 삼초경에 좋은 음식은 건강의 치우침에 관계없이 늘 먹어야 한다. 콩나물, 송이버섯, 우무, 양배추, 고사리, 감자, 토란, 죽순, 당근, 도토리, 번데기, 오리알, 오이, 가지, 요구르트, 토마토케첩, 마요네즈, 로열젤리

원국에 금의 오행이 없거나 지나치면 폐와 대장이 약해지고 반골기질이 드러나며 모든 것을 뒤엎으려고 한다. 수의 오행이 없거나 지나치면 신장과 방광, 생식기가 약해지고 잔머리를 굴려 사람을 피곤하게 한다.

사주원국이 완벽할 수는 없다. 모든 오행이 반드시 있어 좋은 것은 아니지만 모든 오행이 원국에 자리하는 것은 기의 순환이 비교적 좋다는 것을 나타낸다. 어느 하나의 오행이 없거나 많은 것은 넘치거나 멈추어 통하지 않는 것이다. 넘치면 사태가 나거나 통제 불능이고 없는 것은 지나치게 추구하는 것이나 같다. 이를 치료하는 것은 음식이다. 약으로 치료한다고 하지만 약도 결국 음식에서 나온다. 따라서 음식을 꾸준히 먹는 것으로 치료하거나 보충할 수 있다.

오행에 따른 계절, 방위, 천간과 지지

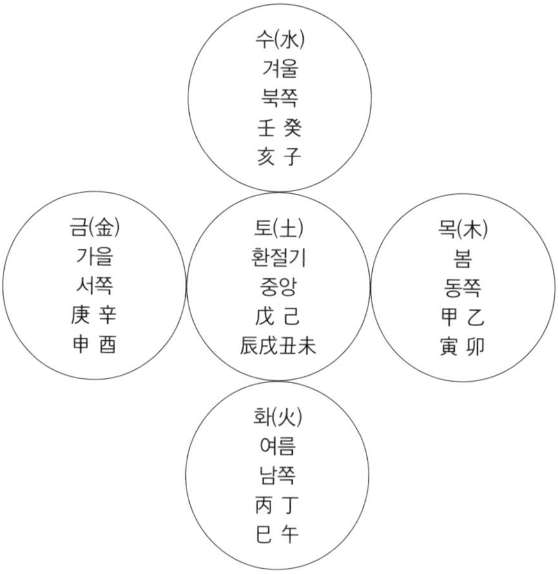

오행은 다양한 기능을 가지고 있다. 오행은 방향과 계절을 나타내기도 한다. 따라서 사주 구성에서 오행을 통해 어느 계절에 태어났는지 알 수 있다. 아울러 사주원국 글자로 각각의 숫자를 파악하여 한난조습(寒暖燥濕)을 알 수 있다.

3. 상생과 상극의 이치

흔히 오행은 음양과 하나의 개념인 듯 여겨진다. 그러나 음양과 오행은 다른 개념이다. 단지 같이 사용할 뿐이다. 음양은 상반된 두 가지 흐름이다. 기적(氣的)인 대립과 조화를 가져온다. 음양은 배치된 듯 보이나 균형을 중시한 반면 오행은 그 흐름이 복잡하고 복합적으로 작용한다. 이와 같은 이치를 상생(相生)과 상극(相克)의 원리로 설명한다.

오행은 각각의 색과 성질, 각각의 숫자와 사상을 가지고 있다. 또 육친을 배정할 수 있으며 방향도 배정한다. 우리가 살아가며 만나는 모든 사물과 사상을 배정하여 파악할 수 있다.

오행은 우주 만물을 나타내는 표식이고 기호에 해당한다. 이 다섯 가지 기운은 때로 대립하고 때로 도와주며 때로 견제하고 어울린다. 이를 변전(變轉)이라고 한다. 변전이 이루어져야 태동(胎動)되고 발전하며 새로운 것이 나타난다. 오행의 변화는 근본적으로 새로운 것의 태동이다. 이 태동에는 순리적(順理的)인 것과 역동적(力動的)인 것, 순행(順行)하는 것과 역행(逆行)하는 것, 보합적(保合的)인 것과 분리적(分離的)인 것, 반배(反背)하는 것과 같은 다양성이 나타난다.

오행의 수많은 변화 중 가장 중요한 것이며 효과적인 측면 혹은 역동적인 측면이 상생과 상극이다. 이 중 상생은 육성하는 것이며 도움을 주는 것이다. 또 지원하고 무엇인가를 낳게 해주는 것이다. 오행상생(五行相生)은 오행에 따른 각각의 성분이 운행함에 따라 서로 다른 것을 낳는 관계이며, 다른 무엇인가를 지원하는 관계이다. 이는 생조(生造)하는 것으로 풀이된다. 곧 목질은 불길을 생하니 목생화(木生火), 화질은 땅을 생하니 화생토(火生土), 토질은 쇠붙이를 생하니 토생금(土生金), 금질은 물을 생하니 금생수(金生水), 수질은 나무를 생하니 수생목(水生木)이 된다.

오행상생이 무엇인가를 만들고 도와주며 성장하도록 하는 것이라면 오행상극(五行相剋)은 억누르고 지배하며, 억제하고 제어하는 것이다. 따라서 상극에는 억제(抑制), 저지(沮止)의 뜻이 내포되었고, 그 상호관계는 목질이 토를 파고들어 억압하니 목극토(木剋土), 토질이 흘러가는 물을 막으니 토극수(土剋水), 수질이 불을 끄니 수극화(水剋火), 화질이 쇠를 녹이니 화극금(火剋金), 금질이 자라나는 나무와 풀을 베니 금극목(金剋木)으로 풀이된다.

오행 변화에서 가장 거대한 격랑은 상생과 상극이다. 오행이 만나 가져오는 변화는 대부분 이 상생과 상극으로 일어나고 귀결지어진다. 오행은 상생과 상극작용으로 만물을 만들고 변화시킨다. 오행은 색상, 시간, 계절, 사람의 관계, 방향, 행성, 사물, 단어, 신체기관은 물론이고 풍수지리, 의학 등과 같은 여러 학문이나 동양 여러 국가의 국가명과 같은 사항들과 관련되어 있으며, 서로 돕기도 하고 해하기도 한다.

오행의 가장 큰 변화는 계절의 상생에서도 파악할 수 있다. 오행의 상생은 전후로 이어지는 계절과도 관계가 깊다. 즉 봄, 여름, 가을, 겨울의 자연적 공전이 끊임없이 이어지는 과정과 같다. 봄은 여름을 끌어오고 여름은 가을을 끌어온다. 가을은 겨울을 끌어오고 겨울은 봄을 끌어온다. 이를 달리 바라보면 봄은 여름을 생하고 여름은 가을을 생한다. 가을은 겨울을 생하고 겨울은 봄을 생한다. 이를 오행의 윤전(輪轉)이라 정의한다. 이는 계절 변화를 나타내지만 기옥의 변화, 강수량의 변화, 햇살의 변화를 모두 나타낸다. 즉, 눈에 보이지 않는 오행의 기가 끊임없이 움직이고 있음이다. 오행의 기는 정지되어 있거나 고착되어 있는 것이 아니다. 오행의 기는 반복적이며 생산적이다. 순환적이며 다시 돌아옴이다. 오행의 변화로 이루어지는 순환의 법칙은 절기(節氣)라는 일정한 변전을 만들어낸다. 이런 자연의 법칙은 오행의 에너지로서 순환 상생이 영존하게 된다.

오행은 다섯 형제와 같다. 오행은 다섯 개 기운과 같다. 오행은 각기 다른 다섯 개 성정이다. 오행은 각기 다른 다섯 가지 실체를 가지고 있으며 서로 조화를 이루거나 이끌고 때로는 반배한다. 실제 인간사에서도 그렇듯이 오행은 각기 영역을 가진다. 이는 각각의 형제라 해도 성향이 다르고 외모가 다른 것과 같다.

오행은 각기 성격이 다른 다섯 형제이다. 그들은 사람의 속성을 닮았다. 인간의 성정을 대비하여 해석할 수 있다. 인간은 돕거나 배반하고 질시하고 화합하기도 한다. 형제라고 해도 이와 다르지 않다. 오행이 나타내는 속성처럼 인간의 속성은 도와주거나 도움받고, 질시하거나 질시당한다. 억압하거나 억압당하고 때로는 내 것을 내주기도 한다.

사실 형제가 많은 집을 살펴보면 형제라고 해도 성격이 비슷한 사람도 있지만 전혀 다른 사람도 있다. 쌍둥이도 때로는 얼굴이 전혀 다르며 성격도 다르다. 그들은 형제이지만 각기 객체로서 다른 기류를 가진다. 오행도 그와 다르지 않다. 형제들 사이에는 서로 도와주는 관계가 형성되기도 하지만 때로는 서로 싸우는 형제도 있다. 만에 하나 배다른 형제라면 극단적으로 적대적인 관계가 형성되기도 한다. 이를 명리학에서는 비겁(比劫)이라 하여 두려운 존재로 본다. 그래서 부모가 돌아가시면 패를 이루어 재산 싸움을 하기도 한다. 형제라 해도 도와주는 형제도 있지만 외면하는 형제도 있다. 집안에 큰일이 일어나면 형제들의 움직임이나 판단이 오행의 작용과 하나도 다르지 않게 됨을 본다.

오행 사이에도 형제가 많은 집에서 일어나는 현상이 일어난다. 형제들이 다투고 싸우며, 화합하고 분하며 편 가르기를 하는 모습이 오행 관계에서도 여지없이 일어난다. 이와 같은 현상을 일러 오행의 상생과 상극이라 한다. 혹은 편 가르기라 한다.

상생은 서로 돕는 관계이니 좋지만 반드시 상생만 이루어지는 것은 아니다. 상생의 반대 개념은 상극이다. 상극은 서로 찌르거나 서로 대립하는 것 혹은 다투고 대립하는 것이며 상대를 지배하고자 하는 것이니 좋지 않다. 오행의 이러한 작용은 인간의 운명을 점치는 사주팔자나 궁합에 오행으로 적용된다. 오행의 상생상극은 명리학의 기본원리가 된다. 오행 사이의 상생과 상극은 다음과 같다.

오행의 상생과 상극

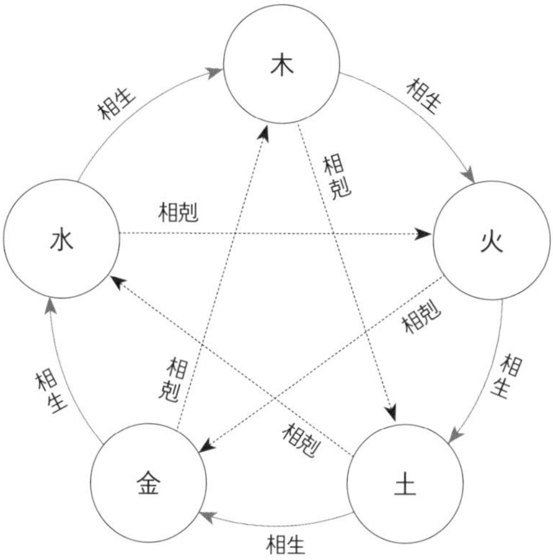

오행에 관하여 그 첫째는 수(水)이고, 둘째는 화(火), 셋째는 목(木), 넷째는 금(金), 다섯째는 토(土)이다. 수의 성질은 물체를 젖게 하고 아래로 스며들며, 화는 위로 타올라 가는 것이다. 목은 휘어지기도 하고 곧게 나가기도 하며, 금은 주형(鑄型)에 따르는 성질이 있고, 토는 씨앗을 뿌려 추수할 수 있게 하는 성질이 있다. 젖게 하고 방울져 떨어지는 것은 짠맛을 내며, 타거나 뜨거워지는 것은 쓴맛을 낸다. 곡면(曲面)이나 곧은 막대기를 만들 수 있는 것은 신맛을 내고, 주형에 따르며 이윽고 단단해지는 것은 매운맛을 내고, 키우고 거두어들일 수 있는 것은 단맛을 낸다. -《서경》〈홍범〉

음양오행의 역사는 유구하고 발전성도 무궁하다. 기원전 4세기 이전에 만들어진 것으로 알려져 있다. 유구한 역사가 보여주듯 오행론은 동양철학의 뿌리다. 동양의 학문이나 역사, 철학과 사상을 논할 때 오행론을 배제할 수 없다. 오행론은 음양론과 합쳐지며 동양사상을 최고 반석에 올려놓았다.

음양오행에 대한 이해 없이 동아시아 문명을 연구한다는 것은 어불성설이다. 음양오행설은 동아시아 문화를 주도한 근본 이론이다. 과거와 당대를 통틀어 동양사상의 백미를 차지하는 유학도 음양오행의 이론이 없었다면 지금과 같은 성세를 구가하기는 힘들었을 것이다. 유학 사상 깊은 곳에는 면면부절 음양오행의 사상을 깔고 있다. 음양오행이 언제부터 유학의 뿌리가 되었는지는 알 수 없다. 유학이 태동하기 이전에 오행사상은 이미 태동되었다. 그러나 유학이라는 사상을 만난 후에야 화려하게 꽃을 피웠다. 유학자들은 음양오행을 그들의 기본 이론 체계로 받아들였다. 즉, 유교가 전파되며 음양오행 사상도 전파되었지만 음양오행 사상이 없었다면 유교사상은 지금처럼 중국의 사상으로 발전하지 못했을 것이다.

상생은 모든 사물의 성장이나 변화와 관계가 깊다. 상극 또한 성장이나 변화를 억제하는 기능을 수행한다. 상생의 기운은 인간사는 물론이고 식물을 비롯한 모든 생물에 적용된다. 심지어 학문의 발달과정에도 상생의 논리는 적용된다.

예를 들어 식물의 논리를 적용해본다. 그중 식물의 대표격인 나무를 살펴본다. 나무가 싹이 터서 자라나는 과정에는 반드시 물이 필요하다. 물이 없다면 나무는 잎을 떨어뜨리고 말라죽을 것이다. 물이 있으면 잎이 파릇하게 피어오르고 자라난다. 나무는 목으로부터 생명의 근원을 지원받는다. 이를 생이라 한다. 이렇게 생의 관계를 주고받는 것을 상생이라 하니, 목(木)과 수(水)는 서로 기운을 보완해주는 상생(相生)관계이다.

생의 관계와는 반대로 극의 관계도 존재한다. 나무는 자라면서 밑동이 거대해지고 뿌리가 흙을 파헤친다. 이는 흙의 입장에서 보면 자신을 깨뜨리는 것이다. 이러한 관계는 극의 관계이다. 이러한 관계 때문에 수(水)

와 목(木)은 상생관계이고 목(木)과 토(土)는 상극관계이다. 이렇게 오행은 서로 상생과 상극의 상호작용을 거쳐 우주만물을 다스린다.

나무가 자라는 데는 억제하고 극을 가하는 상극의 기운도 존재한다. 즉 쇠는 나무가 자라는 데 억제를 가한다. 이치적으로 쇠는 톱이나 도끼가 되어, 혹은 가위가 되어 나무의 가지를 자르거나 몸통을 자르기도 한다. 따라서 목과 금의 관계는 금극목(金剋木)이 되어 금이 목을 극제(剋制)하는 관계가 된다.

오행의 작용은 상생과 상극으로 구분한다. 이러한 오행의 작용은 인간의 운명을 분석하고 파악하는 명리학에도 여과 없이 적용된다. 정의를 내린다면, 상생이란 오행이 서로 화합하며 도와주는 작용을 말하며, 상극이란 서로 충돌하여 피해를 입히는 작용을 말한다. 세상에 존재하는 자연을 포함하는 모든 사물이나 만물은 오행의 성분을 나누어 가지고 있다. 어느 사물이나 오행의 질(質)을 내포하고 있다. 모든 사물은 다른 사물에 대해서는 상생하거나 상극의 관계가 있다. 심지어 인간이 만든 모든 사물이나 사상도 오행 개념을 포함한다. 흔히 사람과 사람 사이를 말하는 궁합도 이와 같은 것이다.

음양오행이 상생하고 상극하는 관계에 따라 모든 사물이 생하고 육하며 멸하고 몰(沒)하는 것이다. 음양오행의 상극과 상생의 원리는 동양철학의 기본 요소로 양택(陽宅)을 일컫는 가상(家相)은 물론이고 음택(陰宅), 관상(觀相)과 수상(手相), 점술(占術)뿐 아니라 한방의학(韓方醫學)에도 적용된다.

1) 상생(相生)

• 목생화(木生火): 나무는 불을 잘 타게 해준다. 불은 나무가 없으면 존재할 수 없다. 그러나 지나치게 많은 나무는 불을 꺼지게 한다.

• 화생토(火生土): 흙은 불이 없으면 형체를 변경할 수 없다. 불로 흙을 구워 토기를 만든다. 그러나 흙이 지나치면 불을 덮어 꺼뜨린다.

• 토생금(土生金): 흙속에 광물이 들었다. 금은 땅속에서 나온다. 그러나 흙이 지나치게 많으면 금을 덮어버린다. 이를 토다금매(土多金埋)라고 한다.

• 금생수(金生水): 광물질이 많은 암반에서 좋은 생수가 나온다. 돌이 있는 곳에는 이슬이 맺혀 물을 생성한다.

• 수생목(水生木): 물은 나무에 양분을 공급해준다. 나무는 물이 없으면 살지 못한다. 그러나 지나치게 물이 많으면 나무의 뿌리를 썩게 한다.

2) 상극(相剋)

• 목극토(木剋土): 나무는 땅속에 뿌리를 박고 살기 때문에 흙을 괴롭힌다.

• 토극수(土剋水): 흙은 물을 못 흐르게 막아버릴 수 있어 물을 지배한다.

• 수극화(水剋火): 물은 타오르는 불을 꺼버릴 수 있다.

• 화극금(火剋金): 불은 금을 녹여 형체를 바꾸어버린다.

• 금극목(金剋木): 쇠(금)로 만든 톱이나 칼로 나무를 베어낸다.

4. 상생상극 적용

목화토금수 다섯 가지 기운이 상생하고 상극하는 작용을 끊임없이 되풀이한다. 이는 마치 윤회와 같은 것이며 윤전이라 할 수 있다. 이러한 상생의 법칙을 인간의 운명에 적용하여 해석한다. 이에 따라 병과 친족관계까지 모두 추산할 수 있다.

하나의 오행은 나머지 네 오행에 대하여 생극 관계를 가진다. 즉 생을 받는 관계가 있고 생을 하는 관계가 있다. 극을 받는 관계가 있고 극을 가하는 관계가 있다. 생을 주고받고 극을 주고받는다. 따라서 하나의 오행은 나머지 오행과 불가분의 관계를 맺으며, 허비하거나 이유 없이 무시되는 오행은 존재하지 않는다.

① 목(木)

목을 생하는 오행은? → 수(水)의 오행이다(水生木).

목이 생하는 오행은? → 화(火)의 오행이다(木生火).

목이 극하는 오행은? → 토(土)의 오행이다(木剋土).

목을 극하는 오행은? → 금(金)의 오행이다(金剋木).

② **화**(火)

화를 생하는 오행은? → 목(木)의 오행이다(木生火).

화가 생하는 오행은? → 토(土)의 오행이다(火生土).

화가 극하는 오행은? → 금(金)의 오행이다(火剋金).

화를 극하는 오행은? → 수(水)의 오행이다(水剋火).

③ **토**(土)

토를 생하는 오행은? → 화(火)의 오행이다(火生土).

토가 생하는 오행은? → 금(金)의 오행이다(土生金).

토가 극하는 오행은? → 수(水)의 오행이다(土剋水).

토를 극하는 오행은? → 목(木)의 오행이다(木剋土).

④ **금**(金)

금을 생하는 오행은? → 토(土)의 오행이다(土生金).

금이 생하는 오행은? → 수(水)의 오행이다(金生水).

금이 극하는 오행은? → 목(木)의 오행이다(金剋木).

금을 극하는 오행은? → 화(火)의 오행이다(火剋金).

⑤ **수**(水)

수를 생하는 오행은? → 금(金)의 오행이다(金生水).

수가 생하는 오행은? → 목(木)의 오행이다(水生木).

수가 극하는 오행은? → 화(火)의 오행이다(水剋火).

수를 극하는 오행은? → 토(土)의 오행이다(土剋水).

5. 오행의 상극과 상생의 반작용

오행은 상생하고 상극하는 관계를 가지고 있다. 그 운동성의 모습은 마치 원의 고리처럼 순환한다. 우리는 흔히 그 순서를 익힐 때 목화토금수라고 한다. 즉 순서의 나열이다. 목은 화를 생하고, 화는 토를 생하고, 토는 금을 생하고, 금은 수를 생하고, 수는 다시 목을 생하는 관계에 따라 배치가 이루어져 있다.

극의 관계는 순서가 다르다. 각각 세 번째를 극한다. 목화토금수의 순서에서 목은 세 번째인 토를 극하고 토는 다시 세 번째에 있는 수를 극한다. 수는 다시 돌아가 세 번째인 화를 극한다. 화는 다시 세 번째인 금을 극한다. 금은 다시 세 번째에 있는 목을 극한다. 이처럼 일정하게 이어지는 목화토금수의 순서에서 생은 차례로 이어지고 극은 세 번째로 건너뛰며 이루어진다.

오행의 작용은 다양하다. 부족한 것을 메우거나 남는 것을 덜어내는 것도 오행의 작용이다. 목이 약하면 수가 와서 더해준다. 토가 약하면 화가 와서 더해준다. 즉 더한다는 것은 생의 의미이다. 또한 같은 것끼리 더해준다. 목은 목이 와서 더해주고, 화는 화가 있어 더해준다. 나를 생하는 것이 더해주고 나와 같은 것이 더해준다.

나를 덜어내기도 한다. 내가 강하면 나를 덜어내주어야 한다. 내가 지나치게 강하다는 것은 배가 불러 헉헉대는 것과 같다. 이때는 덜어주어야 한다. 그래야 숨을 쉰다. 이를 설기(泄氣)라고 한다. 설기는 나에게서 빠져나가는 것이다. 내가 지나치게 강하면 빼주어야 한다. 목이 강하면 화가 설기해주고, 화가 강하면 토가 설기시킨다. 토가 강하면 금이 설기하고, 금이 강하면 수가 설기시킨다. 수가 강하면 목이 설기시킨다.

설기하지 못하는 경우도 있다. 목이 강한데 화가 없으면 설기하지 못하니 정체된다. 이는 사람 몸에 병이 오는 순환기 질병이나 같다. 목이 지나치게 강한데 화가 없어 설기하지 못하면 목의 부정적 현상이 나타난다. 고인 물이 썩는 것이나 같다. 목의 부정적 현상이 나타난다. 화가 강한데 토가 없어 설기시키지 못하면 화의 부정적 현상이 나타난다. 토가 강한데 금이 없어 설기시키지 못하면 토의 부정적 현상이 나타난다. 금이 강한데 수가 없어 설기시키지 못하면 금의 부정적 현상이 일어난다. 수가 강한데 목이 없어 설기시키지 못하면 수의 부정적 현상이 나타난다.

부정적 현상은 성격으로 나타나고 건강으로 나타나며 운의 흐름으로 나타난다. 따라서 사주의 구성을 파악하고 오행의 배치를 토대로 부족한 것은 메우고 남는 것은 덜어내야 한다. 사주원국에서 덜어낼 것은 덜어내고 보충할 것은 찾아 보충하는 것을 억부(抑扶)라고 한다. 억부는 중화를 이루기 위한 가장 기초적이고 훌륭한 장치이다. 이를 통하여 부족한 오행을 보충하거나 설기시킨다.

오행은 끊임없이 변전한다. 서로 생하거나 극하는 것이 가장 큰 변화이다. 오행은 서로 만나 합을 하거나 극을 한다. 또 충을 하는 등의 작용으로 변화를 유도한다. 이처럼 복잡하고 다양한 관계를 맺으며 발전하거나 퇴보하고, 변화를 일으키며 공존하는 것이 오행이다.

오행의 운동성에서 합(合)과 극(剋), 충(沖)은 변화의 정점이다. 사소한 듯 보이는 이것이 변화를 좌우한다. 원국에 구성된 합충의 관계는 물론이고 매년 돌아오는 운에 따라 합충극이 변화를 일으킨다. 따라서 합과 충은 사소한 듯 보이는 변화이지만 사주의 변이(變移)와 변화를 파악하는 데 아주 중요한 요소가 된다. 아울러 오행은 지나치거나 모자라면 역리적으로 반작용이 나타나기 마련이다. 이 경우에는 조종하거나 조영하고, 보충하는 힘이 무엇인지 파악하고 적용해야 한다. 이러한 이치를 살펴 병과 원인 그리고 그 역리적 현상을 파악할 수 있다.

1) 상생의 반작용

오행의 긍정적 판단은 상생이다. 일반적으로 상생은 좋은 관계라고 여길 것이다. 혹은 상생의 구성은 좋은 결과를 가져올 것이라 여길 것이다. 결론부터 말하면 틀리지 않지만 정답은 아니라는 것이다. 상생이 좋은 결과를 가져오기도 하지만 때에 따라서는 차라리 상생하지 않는 것만 못한 결과를 가져오는 경우도 허다하다. 그러나 인간은 이 오묘한 자연의 법칙을 거슬리거나 해부할 수 없다. 단지 그 오행의 변화로 일어나는 결과가 어떤 것인지 예측하고 파악하여 적용하는 것이다.

오행의 법칙에서 상생은 일반적으로 돕는 것이다. 어쩔 수 없이 돕는 관계이다. 원하지 않아도 돕는 관계가 형성된다. 도움을 받지 않고 싶지만 이미 상대는 돕고 있다. 개념의 문제가 아니라 현실의 문제가 된다. 근본적으로 상생관계에 있는 오행은 서로 도움을 받고 도움을 주는 긍정적 관계이다. 문제는 무작정이라고 할 정도로 마구 준다는 것이다. 앞뒤를 가리지 않고 무지몽매할 정도로 준다는 것이다. 받지 않으려 해도 받지 않을 수 없다. 어머니가 아들에게 맛있는 음식을 주는 것이다. 이를 육친으로 해석하면 어머니가 아들에게 많은 정을 주는 것이나 같은 것이다.

세상 이치는 지나치면 반드시 문제가 생긴다. 생의 관계도 그렇다. 인간 세상에도 지나치면 무리가 온다. 중용이 중요하다고 하지만 쉽지 않다. 명리에서는 중화라고 하는데 이 또한 쉽지 않다. 중화는 중간, 중용, 보통, 중간에서의 의미이지만 사주 구성은 대부분 한쪽으로 치우치기 마련이다. 생의 관계가 지나친 것도 이런 관계에 해당한다.

지나친 생의 관계는 자식을 망치는 것이나 같다. 어머니가 지나치게 애정을 쏟으면 자식이 마마보이가 되는 것과 같은 이치이다. 어머니는 자기 애정을 쏟는 것이지만 받아들이는 자식은 부영양화가 된다. 지나치게 많이 먹어 배가 부른 것이나 같다. 음식은 사람이 생존하는 기본 욕구이다. 그러나 지나치게 먹거나 강제로 먹으면 배가 나오고 건강이 나빠지는 것이나 같다.

만약 어머니가 많다고 가정해보자. 어머니가 많다는 것은 여러 의미가 있다. 인간세상이라면 나를 지원하는 여러 어머니이다. 나를 낳아주신 어머니가 있을 것이다. 일반인은 그것뿐이다. 그런데 지나치게 잘살거나 가진 것이 많다고 가정해보자. 옷을 만들어주고 입혀주는 수모(手母)가 있다. 밥을 해주는 식모(食母)가 있고, 반찬을 챙겨주는 찬모(饌母)가 있다고 하자. 젖을 물려주는 유모(乳母)가 있고, 바람이 불어올 때마다 온몸으로 버텨 막아주는 수모(需母)도 있다. 그렇다면 무엇을 해야 하나? 먹어주는 사람이 있고, 재워주는 사람이 있고, 대신 무언가 다 해주는 사람이 있다. 어쩔 수 없이 게을러지고 매사 귀찮아지고 움직이기 싫어질 것이다. 따라서 나를 지원하는 오행이 많으면 게으른 사람이다.

나를 돕는 사람은 모친과 나를 도와야 하는 하인 개념의 사람들만이 아니다. 나를 돕는 사람 중에는 외할머니가 있고 고모가 있고 이모가 있어 돕고자 하고 때때로 참견한다. 이모가 많은 집에 조카라 생각해보자. 아니, 딸 많은 집 독자라고 생각해보자. 그는 대단히 존중받을 것이다. 역시 세상은 살 만한 곳이다. 몸에 상처가 생길까 운동도 하지 못한다. 친구들에게 맞을까봐 나가서 놀지도 못한다. 한 번만 움직이면 누나들이 우르르 따라다니며 모든 일을 해준다. 아마 애인을 만나고자 나서기만 해도 누나들이 따라올 것이다. 매사를 다른 사람이 해결한다.

주변에 도와주는 사람이 많으면 나서서 일할 필요가 없다. 주변에 부릴 사람이 많으면 움직이지 않아도 된다. 이 모든 사람이 한 사람에게 신경쓴다면 어쩔 수 없이 게을러질 것이다. 어쩌면 아침에 일어나 세수하거나 손을 닦는 일조차 귀찮아질지도 모른다. 점차 시간이 흐를수록 모든 것을 타인에게 의지하게 될 것이다. 이러한 부작용이 나타날 수 있다. 오행의 관계가 그렇다. 이를 상생의 반작용이라고 한다.

생하는 오행이 많아 문제가 되는 경우를 달리 모자멸자(母慈滅子)라고도 표현한다. 엄마가 자상해서 자식을 망친다는 의미이다. 이는 망가지는 오행이 일간이라고 규정하는 경우다. 비유적 표현으로 하면 일간을 생하는 오행이 지나치게 강하거나 많은 것을 이른다.

생(生)하는 세력이 너무 강하고 생을 받는 세력이 미약하면 결과적으로 어떠한 경우라도 생할 수 없다. 고서(古書)에서는 이를 각각 목다화식(木多火熄), 화다토조(火多土燥), 토다금매(土多金埋), 금다수탁(金多水濁), 수다목부(水多木浮)라고 표현하였다. 마치 극성스러운 어머니 밑에서 자식이 주눅 들어 제대로 자랄 수 없는 것과 같다.

① 목다화식(木多火息): 나무가 너무 많으면 불이 꺼진다.

달리 목다화멸(木多火滅)이라고도 한다. 예를 들어 생각해보자. 밀림으로 일을 하기 위해 나갔다. 나무를 베는 일이다. 우리는 열심히 일했다. 점심시간이 되었다. 우리는 하나같이 점심이 담긴 그릇을 가지고 있지만 어제 비가 와서 날씨가 추워지고 있었으므로 불을 때서 음식을 데워 먹어야 한다. 누군가 마른나무 가지를 쌓아 불을 피웠다.

"어서 나무 올려!"

누군가 소리쳤다. 기다렸다는 듯 일행은 작은 불꽃 위에 나무를 쌓았다. 새롭게 불 위로 올린 나무에는 젖은 나무도 있었고 마른 나무도 있었다. 불길이 작았지만 굵은 통나무도 올렸다. 불이 빨리 타서 따스해지면 좋겠다는 생각뿐이었다.

"어, 불이 꺼지는데?"

누군가 소리쳤다. 모두 다급한 마음에 달려들어 불씨를 살폈다. 불씨를 누르는 통나무가 보였다. 굵은 통나무다. 그보다 나무가 많아 불이 피어오르지 않는다. 사람들의 얼굴이 다급해졌다. 새로 피운 불씨는 아직 피어나지 못해 아주 작은데 젖은 나무를 가득 올리거나 마른 나무라 해도 장작을 올렸다고 생각해보자. 불씨가 피어나기는 고사하고 시들거리다가 바람을 이기지 못한 촛불이 꺼지듯 사그라져버릴 것이다. 세상 이치가 그러하니 인간사도 그러하다. 나무는 불을 살리는 생의 관계이지만 지나치게 많은 나무는 오히려 불을 끈다.

목불생화(木不生火)의 법칙에 해당한다. 오행의 상생에 관한 원리상 목(木)은 화(火)를 생해야 하지만 목(木)이 과도하게 많으면 화(火)가 꺼진다. 이는 마치 작은 모닥불에 장작 한 짐을 던져 넣는 것과 같다.

목다화식(木多火息)				
	時	日	月	年
天干	庚	丙	乙	己
地支	午	寅	卯	卯

병인일주이다. 병인일주의 일간은 병으로 화의 오행이다. 병을 생하는 오행은 목의 오행이다. 목생화(木生火) 관계는 이루어진다. 이런 이치는 어머니가 자식을 생하는 관계이다. 목은 화를 생한다. 표면적으로는 좋은 관계이다. 그런데 목의 오행이 지나치게 강하거나 많으면 화는 꺼져버린다. 화의 오행은 하나인데, 목의 오행은 4개이다. 지나치게 많은 목의 오행이 화의 오행을 억누른다. 새롭게 피우는 불은 작은 조각을 넣거나 불이 잘 붙은 재료로 살려야 한다. 지나치게 많은 나무는 불을 꺼버리고 만다.

② 화다토조(火多土燥): 불이 너무 강하면 흙이 메마르다.

달리 화다토초(火多土焦)라고도 한다. 또 화다토척(火多土斥)이라는 말도 사용한다. 불은 나무를 태워 재를 만든다. 화생토는 불길이 흙을 만든다는 이치를 이야기한다. 즉, 화의 오행은 토를 만들어내는 것이다. 이는 화생토의 이치이다. 불길이 적당하면 나무를 태워 계속해서 재를 만들어낼 수 있다. 어찌 보면 화는 토를 지원하고 화를 생하는 것이 본분으로 보인다. 이러한 이치가 생의 원리이다. 그런데 이처럼 평범한 원리에 함정이 있다.

불이 지나치게 강하면 나무만 태우는 것이 아니다. 불은 나무를 태워 재를 만들지만 지나치면 흙도 태운다. 옛날 우리 조상들이 생각했던 흙으로 만든 아궁이를 생각한다. 아궁이에 나무를 넣고 불을 때지만 지나치게 많이 불을 때면 아궁이를 바른 흙이 타버려 푸석푸석해진다. 이는 마른 것이 아니라 타버린 것이다.

불이 너무 강하면 땅이 바싹 마르게 되는 이치이다. 산불이 나면 나무만 태우는 것이 아니라 땅까지 태우는 이치와 같다. 흙이 마르면 진기가 흩어진다. 흙이 마르면 결속력이 약해져 푸석푸석해진다. 불이 강하게

화다토조(火多土燥)				
	時	日	月	年
天干	乙	己	丙	丁
地支	巳	丑	午	酉

기축일주의 일간은 기토이다. 기는 토의 오행으로 화생토의 이치에 따라 화의 오행으로부터 생을 받는다. 적당한 생의 관계는 일주를 강하게 하고 사주를 튼튼하게 하지만 지나친 생의 관계는 오히려 역효과를 낸다. 화의 오행은 토의 오행을 생하지만 지나치면 오히려 땅을 마르게 한다. 기토는 습토(濕土)이다. 습토는 지나친 화의 기운을 받으면 마르고 깨지며 흩어진다. 기축일주는 젖은 땅이다. 회를 의미하는 오행이 4개나 됨으로써 토가 화생토의 법칙에 따라 생을 지원받기보다는 오히려 마르게 되었다.

일어나면 땅속의 습기가 모두 증발되어 땅이 마르게 된다.

화불생토(火不生土)의 법칙이다. 화가 오행의 이치에 따르면 토를 생하는 것이 옳은 상생이지만, 화가 과도하게 많으면 토가 메마른다. 이는 마치 아담한 화분에 용광로의 불을 쏟아 붓는 것과 같다.

③ 토다금매(土多金埋): 흙이 과하면 오히려 금을 묻어버린다.

우리는 간혹 남아프리카의 금에 대해 이야기를 듣는다. 모래에서 사금이 나오고 깊은 산속에서 땅을 파고 금을 캔다. 쇠붙이가 나오는 철광석은 원천적인 물상이다. 쇠는 흙에서 나온다. 철광석에서 나온다. 흙속에서 쇠가 나온다. 금의 의미는 단순히 무쇠만을 의미하는 것이 아니다. 비철금속도 쇠의 범주에 포함된다.

쇠붙이는 흙속에서 캐낸다. 토생금의 이치에 따라 금의 오행은 토의 오행으로부터 생의 관계에 놓인다. 토생금의 이치는 토가 금을 생하는 것이며, 토가 금을 돕는 것이다. 쇠는 흙으로부터 캐고 돌로부터 제련하여 얻는 것이다. 당연히 토생금의 이치에 합당하다. 그러나 토가 지나치게 많으면 금이 묻혀버리고 마니 역시 지나침은 약한 것보다 못하다.

쇠가 있다고 가정하자. 쇠붙이의 원재료를 흙에서 캐는 것이 사실이나 쇠보다 흙이 지나치게 많다고 생각해보자. 어느 한정된 공간에 공장을 지으려고 빔을 잔뜩 쌓아놓았다. 그런데 산의 경사가 심했는지 산사태가 났다. 몰려 내려온 산의 흙이 쌓여 있던 빔을 덮어버렸다. 철이 강하고 토에서 추출된다고는 하지만 흙이 지나치게 강하고 많으면 이미 추출한 쇠붙이가 흙에 묻힌다.

토불생금(土不生金)의 원리가 적용된다. 토는 오행의 이치상 금을 생하지만, 토가 과도하게 많으면 금이 토에 묻힌다. 이는 마치 이쑤시개같이 작은 쇳덩이에 태산과 같은 흙을 얹는 것과 같다.

토다금매(土多金埋)				
	時	日	月	年
天干	甲	庚	己	戊
地支	申	辰	丑	子

경진일주의 일간은 경금이다. 금의 오행은 토의 오행으로부터 생의 관계에 놓인다. 토생금의 이치에 따라 토의 오행은 금을 생한다. 쇠가 흙속에서 나오는 것이 이러한 이치이다. 그러나 토가 지나치게 많으면 쇠붙이를 묻어버린다. 경금일주에 토의 오행이 4개나 된다. 비록 경금이 신금에 뿌리를 두지만 매몰될 가능성을 배제할 수 없다. 만약 해운이나 대운에 토의 운이 오면 완벽하게 매몰된다.

④ 금다수탁(金多水濁): 쇠가 많으면 물이 흐려진다.

쇠에는 두 가지 형질이 있다. 둔탁하고 거칠며 다듬어지지 않은 쇠가 있고, 잘 다듬어지고 제련되어 반짝반짝 빛이 나는 쇠가 있다. 이 정도로 다듬어진 쇠라면 그다지 크지도 않을 것이다. 우리는 이렇게 다듬어진 쇠를 기물(器物)이라 하고 때로는 액세서리라고도 한다. 혹은 날카로운 칼의 날과 같은 것이며 빛을 반사시키는 것이다.

금생수의 이치는 오행의 생극에 합당한 이치이다. 금은 수를 생하는 것이다. 가을날 아침에 일어나보면 다른 어느 곳에도 이슬이 없는데 쇠붙이는 이슬에 젖어 있다. 이러한 모습이 금생수라는 의미를 만들었을 것이다. 금은 물을 부르는 속성이 있다. 금은 차가운 성정으로 물이 모이도록 한다. 이는 자연의 이치이다.

문제는 금이 많은 경우이다. 수의 입장에서 금이 많으면 수를 생하니 좋을 것이다. 문제는 수의 입장에서 금을 수용하기 어려울 때다. 물이라는 것이 겨우 밥 한 그릇 담을 그릇인데 금이 지나치게 많다면 큰 그릇이나 같다. 물은 바닥에 깔리고 말 것이며 증발하고 말 수도 있다.

잘 제련된 기물은 물로 갈아 빛을 낸다. 금은 수를 생하지만 물을 이용해 칼을 갈아 빛을 내는 것이다. 물은 쇠를 갈아내는 것으로 역할을 한다. 쇠를 많이 갈면 물이 흐려진다. 금이 많으면 수를 많이 생할 수 있지만 물에 칼을 가는 격이니 물이 흐려진다.

금불생수(金不生水) 원리가 적용된다. 오행의 생극제화 이치에 따르면 금은 의당 수를 생하는 것이 이치이다. 그러나 금이 과도하게 많으면 수가 탁해진다. 이는 마치 얕은 물에 쇳덩어리를 잔뜩 쏟아놓은 것과 같다.

금다수탁(金多水濁)				
	時	日	月	年
天干	乙	壬	庚	戊
地支	酉	申	寅	申

임인일주의 일간은 임수이다. 수의 오행을 생하는 것은 금의 오행이다. 금생수의 이치는 오행의 생극관계에서 순리적이다. 금은 수를 생하여 수의 일간을 돕는다. 그런데 수를 생하는 금이 지나치게 많으면 수가 탁해진다. 이는 어머니가 많아 자식에게 지나친 참견을 하는 것이나 진배없다.

⑤ 수다목부(水多木浮, 水多木腐)**: 물이 많으면 나무가 썩어서 물에 뜬다.**

수다목부라는 말은 명리학에서 지나친 생의 관계를 나타내는 대표적인 표현으로 사용되는 경향이 있다. 즉 나무는 물을 통해 생명을 유지한다. 어떤 나무도 물이 없는 곳에서는 생존할 수 없다. 물론 사막의 선인장이 생존하는 것이 신기하다고 말하는 사람도 있을 것이다. 그러나 사막의 선인장도 밤에 이슬을 받아 저장해서 살아남는 방법을 터득했다. 인간이 깊이 이해하지 못했을 뿐이다. 사막에도 간혹 스콜이 내리기도 한다.

근본적 이치는 물이 나무뿌리에 영양을 공급하는 것이다. 나무는 나무뿌리를 통해 수분을 흡수하여 살아남는다. 그런데 물이 지나치게 많아지면 뿌리가 뽑혀 둥둥 떠버린다. 이를 수다목부(水多木浮)라고 한다. 재미있는 것은 뿌리 깊고 꿋꿋하게 자라는 나무만이 수다목부에 이른다는 것이다. 물 위에 떠 있는 풀은 수다목부가 이루어지지 않는다. 그래서 갑목은 수다목부가 되지만 을목은 수다목부가 되지 않는다. 그 대신 이리저리 떠다니는 부평초(浮萍草)가 된다.

물이 지나치게 많으면 뿌리가 썩는다. 즉 나무가 많은 곳에 장마가 져서 오래도록 물이 빠지지 않으면 나무는 뿌리가 썩어 죽는다. 물론 물이 있어도 사는 버드나무는 다르다. 맹그로브도 물에서 산다. 그러나 명리에서 파악하듯 대다수 나무는 물이 많으면 뿌리가 썩는다. 이를 수다목

수다목부(水多木浮, 水多木腐)				
	時	日	月	年
天干	戊	甲	癸	辛
地支	子	吾	亥	亥

갑오일주이다. 갑오일주의 일간은 갑으로 목의 오행이다. 수는 목을 생하는 오행이다. 수생목의 관계는 어머니가 자식을 생하는 관계와 같다. 어머니는 자식에게 모두 준다. 그런데 목을 생하는 수의 오행이 지나치게 많아지면 목은 물에 둥둥 떠버리거나 뿌리가 썩으니 이를 수다목부라고 한다. 갑목이 다섯 개 수의 오행으로부터 생을 받으니 이겨내지 못하고 수다목부에 이르렀다.

부(水多木腐)라고 한다.

수불생목(水不生木)의 이치가 적용된다. 오행론의 이치에 따르면 수는 당연히 목을 생하는 것이 이치다. 하지만 수가 과도하게 많으면 목이 멈추거나 뿌리를 내리지 못하고 둥둥 떠내려간다. 이는 마치 작은 나무가 홍수에 뿌리가 뽑혀 떠내려가는 것과 같다.

2) 상생의 역작용

사주 구성은 사람 생각대로 이루어지지 않는다. 그러나 어떤 경우라도 생과 극의 관계는 변하지 않는다. 예를 든다면 아무리 몸이 약한 어머니도 자식을 위해 희생을 멈추지 않는다는 이치와 같다. 어머니가 병이 들었고 자식이 장성했다 해도 어머니는 여전히 자식을 걱정한다. 80 노모가 50 아들에게 차 조심하라고 당부하는 경우가 이에 해당한다.

이와 같이 강한 자식이 약한 어머니에게서 생을 받는 것을 자왕모쇠(子旺母衰)라고 한다. 즉 자식이 강하고 어머니가 약한 것이다. 생을 하는 오행이 약하고 생을 받는 오행이 강한 것이다.

① **목다수축**(木多水縮)**:** 나무가 많으면 물이 마른다.

② **화다목분**(火多木焚)**:** 불이 강하면 나무가 타버린다. 달리 목분비회(木焚飛灰)라고 부르거나 화왕목분(火旺木焚)이라고 한다. 불이 많으면 나무가 불에 타버리고 재만 남는다는 의미이다. 생을 해주는 오행이 재기불

능 상태가 되어버린다.

③ **토다화회**(土多火晦): 흙이 많으면 불이 어두워진다. 달리 토다화식(土多火息)이라 한다. 흙이 많으면 불이 꺼진다.

④ **금다토약**(金多土弱): 쇠가 많으면 흙이 약해진다. 달리 금다토변(金多土變), 금다토허(金多土虛)라고 부른다. 금이 많으면 흙이 변한다. 흙이 빈다.

⑤ **수다금침**(水多金沈): 물이 많으면 금이 물에 잠긴다.

3) 상극의 반작용

도끼질을 해서 나무를 쓰러뜨릴 수 있다. 이는 당연한 이치이다. 그러나 나무가 너무 많거나 규모가 거대한 나무라면 오히려 도끼 이빨이 빠지거나 못 쓰게 되어버릴 수도 있다, 이와 같은 이치가 극의 반작용이다. 극을 받는 오행이 극을 하는 오행보다 강하거나 숫자가 많을 때는 극이 부족하다고 표현한다. 이때 극을 하는 오행은 오히려 힘을 잃는다. 따라서 반드시 극이 강한 것은 아니다.

이러한 결과를 달리 상모(相侮)라고 한다. 서로 얕보고 깔본다는 의미이다. 의당 강한 것에 의해 약한 것이 부러지거나 뭉개지거나 당해야 하는데, 강한 기능을 지닌 오행을 이길 수 있는 약한 오행의 집합이 이루어진 경우다.

① **목다금결(木多金缺): 목이 많으면 금이 부러진다.**

달리 목견금결(木堅金缺)이라 부른다. 나무가 많으면 쇠가 이지러진다. 쇠는 나무를 자른다. 쇠로 만들어진 도구는 나무를 자른다. 톱이나 도끼는 나무를 베는 데 사용한다. 그러나 작은 칼은 큰 나무를 벨 수 없다. 나무가 너무 많아도 톱으로 모두 베기는 어렵다. 욕심을 내면 도끼가 부러지거나 톱니가 상한다.

목다금결(木多金缺)

	時	日	月	年
天干	庚	甲	癸	甲
地支	子	午	卯	寅

갑오일주의 일간은 갑목이다. 년간에 갑목이 투간되고 년지는 인목이 받치고 있다. 월지에는 묘목이 받치고 있어 전체적으로 목의 오행이 중중하다. 시간에 경금이 있어 금극목을 하려고 하지만 원국 전체에 목의 오행이 강하다. 이 경우 경금이 목을 제하려 하면 오히려 이가 빠지고 깨진다.

② **화다수패(火多水敗), 화다수압(火多水壓): 불이 너무 강하면 물이 증발한다.**

달리 화염수작(火炎水灼), 화다수증(火多水蒸)이라고도 한다. 수극화의 원리가 오행의 상생상극의 이치에 합당하다. 불은 물로 제압하는 것이다. 그런데 불이 지나치게 강하면 작은 물로는 불을 제압할 수 없다. 산을 태우는 거대한 산불에 물을 조금 뿌려서는 불을 끌 수 없다. 이때는 비가 오거나 맞불을 놓아야 한다.

오행의 법칙은 순환의 법칙이다. 목생화, 화생토, 토생금, 금생수, 수생목의 법칙이다. 극의 법칙도 순환적이다. 목극토, 토극수, 수극화, 화극금, 금극목의 순환이다. 그러나 지나친 것은 오히려 역행을 당한다. 수극화의 이치에 따라 수의 오행이 화의 오행을 극하는 것이 마땅하지만 지나치게 화가 강하면 오히려 물이 불을 끄지 못하고 증발하고 만다.

화다수패(火多水敗), 화다수압(火多水壓)				
	時	日	月	年
天干	甲	丙	己	庚
地支	子	午	巳	申

병오일주의 일간은 병화이다. 생극의 원리에 따라 수극화하니 병화를 극하는 것은 수의 오행이다. 그러나 병의 일간을 생조하는 오화가 일지에 버티고 월지의 사화마저 힘을 보태니 시지의 자수로는 병화를 제압할 수 없다.

③ 토다목절(土多木折): 나무가 흙에 꺾여버린다.

달리 토중목절(土重木折), 토다목석(土多木析)이라 부른다. 흙이 많으면 나무가 쪼개진다. 나무는 흙에 뿌리를 박고 자란다. 나무가 뿌리를 박는 현상은 토의 입장에서는 극을 당하는 것이다. 목극토 이치에 합당한 것이다. 그러나 나무가 적고 지나치게 흙이 많으면 오히려 나무가 묻히거나 산사태에 쓸려 꺾여버린다. 역시 과한 것은 모자람만 못하다.

토다목절(土多木折)				
	時	日	月	年
天干	戊	甲	己	庚
地支	午	辰	丑	子

갑진일주의 일간은 갑목이다. 목극토의 이치는 오행의 생극관계에서 순리적이다. 그러나 갑목이 아무리 극을 하려 하지만 월주의 기축과 시간의 무토, 일지의 진토가 왕성하여 제압할 수 없다. 오히려 묻히거나 부러지는 결과를 가져온다.

④ **금다화멸(金多火滅), 금다화진(金多火鎭): 약한 불은 쇠를 녹이지 못한다.**

달리 금다화식(金多火息)이라고도 한다. 쇠가 많으면 불이 꺼진다. 대장간에 가본 적이 있는가? 대장간에서 보면 불을 피워 쇠를 녹인다. 따라서 화극금의 이치는 순리적이다. 그러나 불이 지나치게 약하면 쇠를 제압할 수 없다. 불길이 쇠를 녹이는 것이 이치이나 약한 불은 큰 쇠를 녹이지 못하고 꺼져버린다.

금다화멸(金多火滅), 금다화진(金多火鎭)				
	時	日	月	年
天干	甲	庚	申	丙
地支	子	寅	酉	辰

경인일주의 익간 경금이 월주의 신유금을 곁에 두어 힘을 얻었다. 년간 병화가 경금을 녹이고자 하지만 이미 굳건해진 경금은 꿈쩍도 하지 않는다. 병화는 경금을 녹이지 못하고 오히려 빛을 잃고 만다.

⑤ **수다토류(水多土流), 수다토붕(水多土崩): 물이 강하면 둑이 무너진다.**

물이 많으면 흙이 쓸려가는 이치다. 토극수의 이치는 흙이 흐르는 물을 막는 것이다. 이러한 이치는 지극히 오행의 생극적인 것이다. 그러나 장마가 진다고 생각해보자. 간혹 댐이 무너지는 경우를 생각해보자. 지나치게 강한 물줄기는 둑을 무너뜨린다.

수다토류(水多土流), 수다토붕(水多土崩)				
	時	日	月	年
天干	丁	戊	癸	甲
地支	卯	子	酉	子

무자일주의 일간은 무토이다. 무토는 토극수의 이치에 따라 월간의 계수를 제압하려 하지만, 계수는 년지의 자수와 일지의 자수에서 힘을 얻어 무토를 붕괴시킨다. 토의 오행은 수의 오행을 극하지만 세력이 약하고 수의 힘이 강하면 반대로 무너지고 만다.

4) 상극의 편중

- 목다토붕(木多土崩): 나무가 많으면 흙이 붕괴된다.
- 화다금용(火多金鎔): 불이 많으면 쇠가 녹는다.
- 토다수색(土多水塞): 흙이 많으면 물이 막힌다.
- 금다목석(金多木析): 금이 많으면 나무가 쪼개진다.
- 수다화몰(水多火沒): 물이 많으면 불이 쇠하여 없어진다.

6. 편다(偏多)의 이치

어느 하나의 오행이 치우쳐서 많은 것을 의미하는 것이다. 사주를 풀어갈 때 지나치게 많은 것은 병이다. 사주의 구성은 오행이 골고루 치우치지 않는 것을 바라나 치우치는 오행이 있기 마련이다. 이것을 편다(偏多)라고 한다.

사주는 총 8개로 구성되어 있다. 이 중 월지는 2개의 개념으로 인식한다. 따라서 총 9라는 숫자로 파악한다. 각각의 글자는 1이라는 숫자이고 월지만을 2라는 숫자로 파악한다. 따라서 모든 숫자는 9개가 된다. 이 중 하나의 오행이 4개가 되면 편다가 된다. 목의 편다, 화의 편다, 토의 편다, 금의 편다, 수의 편다가 이루어진다. 월지를 제외하고 하나의 오행이 4개이면 편다, 월지를 포함하는 오행이 3개이면 편다에 해당한다.

편다에는 음양의 편다, 오행의 편다, 자형의 편다가 있다. 음양의 편다는 이미 전편의 음양에서 살펴보았으므로 이 장에서는 생략한다. 오행의 편다는 오행의 치우침이고 자형의 편다는 특정한 특색을 가진 글자들이 지나치게 많은 것을 말한다. 그 대표적인 것으로 곡각의 편다, 현침의 편다가 있다.

편다(偏多)의 이치	
목이 많다	목다토붕(木多土崩) 목다즉투(木多卽鬪)
	온건파이다. 인내심이 강하며 성공한다.
화가 많다	화다금용(火多金熔) 화다즉멸(火多卽滅)
	인내심이 약하며 불안정, 일시 성공을 암시한다.
토가 많다	토다수탁(土多水濁) 토다즉붕(土多卽崩)
	융통성이 없다. 활발하지도 않다. 평안하다.
금이 많다	금다목절(金多木折) 금다즉검(金多卽劍)
	완고하고 도량이 작다. 고독, 조난의 암시
수가 많다	수다화식(水多火熄) 수다즉표(水多卽漂)
	불안정, 파괴의 암시

1) 목다(木多, 목의 과다)

천간의 목은 갑(甲)과 을(乙)로 나뉜다. 갑일간은 성격이 활발하고 적극적이며 새로운 일을 잘 도모하고 기획이나 계획을 세우는 일, 발명에 능하다. 직장생활보다는 자유로운 업종을 선호한다. 직장에서는 불의를 참지 못해 상사와 잘 부딪친다. 리더십이 있어 어려운 일을 잘 헤쳐나간다. 자존심이 강하여 남에게 굽히거나 지는 것을 매우 싫어한다. 근본이 어질고 착하다. 강직하고 단호함이 긍정적이지만 편다가 이루어지면 지나치게 성격이 강화되어 장점이 단점으로 변하고 만다.

을일간은 성격이 어질고 부드러우며 친화적이고 사교성이 뛰어나다. 사치와 장식을 좋아하며 꾸미는 것을 좋아한다. 활동성이 강하며 친화력이 있다. 멋쟁이도 많다. 언변이 좋고 사람과 잘 어울리므로 말로 먹고사는 사람이 많다. 개성은 강한 편으로 마찰이 일어나는 경우가 많고 입이 가벼운 편이다. 편다가 이루어지면 이와 같은 속성이 불합리하게 작용한다.

결국 편다는 목의 과다로 넘치는 현상이다. 지나치게 많다는 것은 4개를 의미한다. 월지를 장악했을 경우에는 3개만 가지고도 편다가 이루어진다. 일간이 목이라면 더욱 강한 성격이 드러난다. 편다가 이루어지면 목의 부정적 현상이 두드러진다. 특유의 성격인 고집이 강해지고 타인의 말을 듣지 않으며, 독불장군의 사고가 나타난다. 따라서 안하무인이라는 이야기를 들을 수 있으며 고집과 주장으로 적이 생기고 앞을 향해 달리기만 한다.

목의 기본 성정은 착하고 어질다. 인간적이고 솔선수범한다. 사주원국에 목이 많으면 긍정적인 현상과 부정적인 현상이 나타난다. 이를 편다의 현상이라고 할 수 있다.

목이 지나치게 많으면 긍정적인 요인이 있다. 명예를 추구하고 주위를 살핀다. 인간적이고 리더십을 발휘한다. 이와 같은 긍정적 요인이 있는 반면 부정적 요인도 드러난다. 독선적인 언행과 행동을 한다. 주위의 말을 듣지 않고 자신을 주장하며 무조건 앞서 나간다. 이러한 부정적 요인이 편다 현상이다.

편다는 아니나 사주원국에 목의 기운이 전혀 없을 경우에도 편다와 유사한 형태가 나타난다. 만약 사주원국에 목의 기운이 전혀 없을 경우에는 진취적 기상이 약하고 리더십이 부족하다.

2) 화다(火多, 화의 과다)

천간의 화는 병(丙)과 정(丁)으로 나뉜다. 병일간은 예의를 소중하게 생각한다. 밝고 명랑하며 화사하다. 성격은 매우 급한 편이라 불같은 성정을 드러내지만 뒤끝이 없는 시원한 성격이다. 지식이 풍부한 편이고 드러냄을 좋아한다. 남을 무시하거나 깔아뭉개는 성향이 있다. 가장 또한 심하며 세상 사람들이 모두 자신을 우러르고 추종할 거라는 생각을 한다. 만물을 양육하는 기운이니 선구자적이고 선도자적이다. 만물박사(萬物博士)가 많다.

정일간은 평소에는 지나칠 정도로 느긋하다. 그러나 자신에게 위기가 닥치거나 화가 미치면 불꽃같이 폭발한다. 느긋한 성정이 때로는 불꽃 같은 열정으로 변화하여 나타난다. 평소에는 겸손하며 총명하다. 예민한 편이며 판단력도 뛰어나다. 소심해서 조신하다는 평을 들으며 배려하고 봉사정신이 있다. 잔정이 많은 편이고 남의 부탁을 거절하지 못하는 편이다. 정에 약해 손해를 보기 쉬우며 배신(背信)을 잘 당한다. 남에게 악한 일을 하지 않지만 잘 삐치고 칭찬에 매우 약하다.

화의 기본 성정은 예의가 바르고 적극적이다. 예술적 기질을 드러내며 자신을 드러냄에 솔직하고 명예지향적이다.

그러나 사주원국에 화의 기운이 강하여 편다가 이루어지면 여러 가지 상황이 나타난다. 반드시 부정적 영향만 나타나는 것은 아니다. 긍정적 영향도 있는데, 예술적 감각이 두드러진다. 예의를 잘 지켜 몸조심을 한다. 의사표현이 명백하다. 그러나 편다의 영향으로 나타나는 부정적인 면도 있다. 우선 다혈질적인 면모가 드러나 거칠고 포악해지며 다투자고 덤빈다. 분노를 참지 못해 매사 화를 내거나 자기 마음대로 하려 하고 뒤집어엎는다.

편다는 아니나 사주원국에 화의 오행이 전혀 없을 경우에는 편다와 유사한 성정이 나타나기도 한다. 그러나 근본적으로 사주원국에 화의 오행이 전혀 없는 경우에는 예술성(藝術性)이 전혀 드러나지 못하고 예의가 없다.

3) 토다(土多, 토의 과다)

천간의 토는 무토(戊土)와 기토(己土)가 있다. 무일간은 듬직함을 생명으로 한다. 성실하며 책임감이 있다. 평소에는 과묵하지만 계획한 일은 박력 있게 밀어붙이는 추진력(推進力)이 남달리 강하다. 신용과 신의를 중시하며 행동이 묵직하고 신중하다. 중용을 중시하는데 때에 따라서는 무능하게 여겨지기도 한다. 매사 무게가 있고 중후함을 드러내며 포용력이 있다.

기일간은 어느 편에도 속하지 않는 중도의 도리를 지키는 사람이다. 그러나 중심을 지키는 모습이 많은 사람에게는 우유부단한 사람으로 비추어질 때도 있다. 이러한 오해를 받지만 판단력이 느린 것은 아니다. 사교적이며 인정이 많다는 것이 큰 장점이라 친구도 많고 도움을 청하는 사람도 많다. 단 무게감이 떨어지는 것은 행동이 가볍고 말이 일치하지 않기 때문이다. 바람둥이 기질이 있으며 이성을 좋아하여 아픔이 있다.

토의 오행이 가지는 기본 성정은 믿음직스럽다. 끈기가 있고 믿음을 주는 성정이다. 중용의 도를 지킬 줄 알며 조화를 추구하는 성정이다. 그러나 편다가 이루어지면 치우침이 일어난다. 물론 반드시 부정적인 것이 아니어서 성정의 강화도 나타난다. 끈기가 있으며 조화를 이루고자 노력한다. 중간자적 역할을 하는 것은 긍정적인 모습이다. 그러나 편다의 부정적 현상도 나타난다. 고집을 부리며 타인을 억누르려 한다. 타인의 인격이나 언행을 깔아뭉개려 하고 때에 따라서는 비하를 서슴지 않는다.

편다는 아니나 사주원국에 토의 오행이 전혀 없을 경우에는 편다와 유사한 성정이 나타나기도 한다. 그러나 근본적으로 사주원국에 토의 오행이 전혀 없는 경우에는 중도(中道)를 지키는 힘이 없고 인간관계가 좋지 않다.

4) 금다(金多, 금의 과다)

천간의 금은 경금(庚金)과 신금(辛金)이 있다. 경일간은 결단력이 강하고 행동에 과감한 면이 드러난다. 의협심이 강하여 불의를 보면 참지 못하는 성격이다. 겉으로는 냉정한 듯 보이나 속으로는 따스한 정이 많은 사람이다. 한번 화가 나면 요란해진다. 착하고 순진하여 이성으로 인한 슬픔이 일어나기도 한다. 모든 일을 일사천리로 진행하는 성격이다.

신일간은 냉정한 사람이다. 속도 냉정하고 겉도 냉정하다. 결단력이 강하여 맺고 끊는 면이 강하다. 사람에 대한 정은 없지만 의리는 강하다. 지만심이 지나치게 강하다. 대화와 타협에 익숙하지 못하다. 사회적으로는 교제에 어려움이 있고 이기적인 성향이 드러난다. 지나치게 계산적이며 너무 까다롭다. 지혜가 있지만 필요 이상으로 잘난 척하며 뒤끝이 있어 깊이 사귈 수 있는 사람이 아니다. 결벽증이 있으며 폼생폼사에 타인에 대한 배려가 없다.

금의 오행이 지니는 근본 성정은 의리가 있고 절제력이 있으며 맺고 끊는 의지가 드러나는 것이다. 신의가 있으며 함부로 나서지 않는 신중함도 있다. 과다하여 편다가 이루어지지만 장점도 있다. 맺고 끊는 맛이 드러나고 타인의 부정적 소견이나 잘못된 것에 대해서는 비판을 하고 대부분 옳은 소리를 한다. 그러나 편다가 이루어져 부정적 현상이 나타나면 잔소리가 심해지고 반골기질이 나타난다. 매사 일을 뒤집으려 하고 시끄럽다.

편다는 아니나 사주원국에 금의 오행이 전혀 없을 경우에는 편다와 유사한 성정이 나타나기도 한다. 그러나 근본적으로 사주원국에 금의 오행이 전혀 없는 경우에는 매너가 없다. 자신을 조절하지 못해 눈총을 받고 다른 사람에게 좋은 평을 듣지 못한다.

5) 수다(水多, 수의 과다)

천간의 수에는 임수(壬水)와 계수(癸水)가 있다. 임일간은 겉으로는 대범하나 속으로는 좀팽이다. 손해 보는 일은 절대로 하지 않으며 색정(色情)이 강하다. 타고난 바람둥이 체질이다. 성격이 차고 냉정하지만 마음은 따스한 편이다. 암기력과 기억력이 좋은 편으로 학습능력을 지녔다. 무엇이든 모으는 성격이며 부자가 될 가능성이 많은 사람이다. 때로는 도덕과 법을 무시하는 경향이 있다.

계일간은 겉은 인자하나 속은 냉정하다. 계산이 빨라 사람을 이용하려 든다. 목적을 위해서는 수단과 방법을 가리지 않으며 때로는 법도 위반한다. 자존심이 강해 남의 말을 듣지 않는다. 개인적인 성향이 너무도 강하다. 자기가 제일인 줄 착각하며 산다. 잘난 척을 하다가 창피를 당한다. 자비심을 드러내지만 목적성(目的性)이다.

수의 오행이 지니는 근본 속성은 총명하다는 것이다. 지혜로운 자이며 근본적으로 머리가 좋은 편이라 공부도 잘하고 센스가 있다. 지식의 습득에 뛰어나며 아이디어가 좋다. 편다가 되어 수의 힘이 강해지면 긍정적인 면과 부정적인 면이 나타난다. 긍정적인 면으로는 타인을 배려하는 정신이며, 아이디어를 활용하여 사업을 하거나 자신을 부각시킨다. 편다가 이루어져 부정적인 면이 나타나면 쓸데없이 생각이 많아 불면증이 생기거나 타인을 괴롭힌다. 자식의 목적만 내세우니 트러블이 있고 원한관계나 대립관계가 형성된다. 욕심을 부려 주위 사람을 피곤하게 하고 잔머리를 굴린다.

편다는 아니나 사주원국에 수의 오행이 전혀 없을 경우에는 편다와 유사한 성정이 나타나기도 한다. 그러나 근본적으로 사주원국에 수의 오행이 전혀 없는 경우에는 아무것도 모르면서 자꾸만 나서려고 해 핀잔을 듣거나 타인에게서 원성을 듣는다.

【성보명리】 편다(偏多)

편다는 그리 흔하게 쓰이는 말은 아니다. 직역하면 치우쳐서 많다는 의미이다. 풍수지리에서도 사용되는 말 중 편(偏)은 치우쳤다는 뜻이다. 풍수지리에서는 능선에서 살펴 기울기가 맞지 않을 때 편이라 하는데 이를 편산이라 한다. 편다는 명리학 용어로 지나치게 많다는 말이다.

어느 하나의 오행이 많은 것도 편다이고 어느 하나의 육친이 많은 것도 편다이다. 이를테면 목의 편다, 화의 편다, 토의 편다, 금의 편다, 수의 편다가 있다. 이 편다를 가지고 병을 찾아낼 수 있고 성격의 치우침도 찾아낼 수 있다. 특히 편다의 정점은 사주를 이루는 천간지지 8개 글자 중에서 4개를 말한다. 즉 목의 오행이 4개이거나 화의 오행이 4개인 경우다. 토의 오행이 4개, 금의 오행이 4개, 수의 오행이 4개이면 가장 난해한 편다에 들어간다.

이를 각각 나누어 목의 과다, 화의 과다, 토의 과다, 금의 과다, 수의 과다라고 정의할 수 있다. 천간지지를 합해 목의 오행이 4개이면 목의 과다, 천간지지를 합해 화의 오행이 4개이면 화의 과다, 천간지지를 합해 토의 오행이 4개이면 화의 과다, 천간지지를 합해 토의 오행이 4개이면 토의 과다, 천간지지를 합해 금의 오행이 4개이면 금의 과다, 천간지지를 합해 수의 오행이 4개이면 수의 과다이다.

우선 과다이면 지나치게 강한 성격이 나타난다. 목이 4개이면 목의 오행이 지니는 속성이 지나치게 강하게 나타난다. 모든 오행에는 긍정적 성격과 부정적 성격이 있는데 과다에서는 부정적 성격이 나타난다. 만약 목의 과다라면 고집, 지나친 자신감, 타인 망각, 앞만 보는 성향, 주변을 돌아보지 못하는 무감각, 밀고 나가는 고집, 타인의 배려 없는 성격 등이 나타날 것이다. 그에 그치지 않아 목의 성분이 지나치게 강하기에 경직되어 간에 관한 병과 담에 관한 병이 나타날 것이다. 간염이나 간암, 췌장암, 췌장염, 신경쇠약, 자율신경이상, 우울증, 자폐증 등이 나타날 가능성이 높아진다.

만약 이 목이 육친을 적용하여 상관이라고 하자. 상관은 활동성을 나타내지만 말을 나타내기도 한다. 여자 사주에 적용하면 자식이라는 의미도 있다. 여자 사주에 상관이 4개로 강하면 우선 남편을 극한다. 상관이라는 말이 상관(傷官)이라고 쓰이듯 남편에게 상처를 입힌다는 의미가 된다. 상관이 지나치게 강하다면 반드시 남편에게 상처를 입히고 이혼하거나 남편의 수명이 짧거나 병이 많을 것이다. 문제는 자신이 그런 성격이라는 것을 알지 못한다는 것이며, 때로 알아도 그것을 인정하지 않으려 하니 참으로 난감하다는 것이 문제다. 그것으로 끝나지 않는다. 상관이 강하면 식상과다(食傷過多)라고 한다. 말이 강하고 주장이 강하다는 말인데, 긍정적으로 말을 잘하여 좋다고 생각하겠지만 말로 사람을 설득하고 자신의 주장을 해야 하니 사기성이 드러나고 거짓말 한다는 의미가 되는 것이다. 따라서 지나치게 하나의 오행으로 치우치는 것은 좋지 않은데 편다는 그러한 의미가 있다.

7. 오행의 비화(比和)

오행, 즉 나무[木], 불[火], 흙[土], 쇠[金], 물[水]의 이로운 관계는 상생이라 하고, 이롭지 못한 관계는 극이라고 한다. 비화는 같은 종류가 합쳐졌을 때의 관계를 의미한다. 비화란 오행이 같은 것으로 양목(陽木)에 대해서 음목(陰木)은 비화가 된다. 비(比)란 비견을 말하는 것이고 화(和)란 서로 화합한다는 뜻이다. 이것은 일간에 대해 비화가 되는 것도 있고 다른 오행에 대해 비화가 되는 것도 있다. 비화는 궁합에도 널리 사용되었다. 일반적으로 비화의 관계는 나쁘지 않다고 보거나 힘을 다한다고 보지만 궁합에서 보이듯 오행이 같은 비화(比和) 관계면 토(土)와 수(水)의 비화는 좋으나 금(金), 목(木), 화(火)의 비화는 나쁘다.

오행상생상극 비화표					
	나무[木]	불[火]	흙[土]	쇠[金]	물[水]
상생	불 [火]	흙[土]	쇠[金]	물[水]	나무[木]
상극	흙[土]	쇠[金]	물[水]	나무[木]	불[火]
비화	나무[木]	불[火]	흙[土]	쇠[金]	물[水]

8. 오행의 균등과 치우침

사람의 운명을 판단하는 방법은 아주 많다. 그러한 기법이나 방법 중한 가지가 명리학이다. 명리학이 사람의 운명을 파악하는 모든 것은 아니나 하나의 방법임은 분명하다. 운명학으로서 명리학이 사람의 운명을 파악하는 기법이나 사상 중 동양적 측면에서 가장 많이 쓰이는 것은 분명하다.

음양의 이치가 깨지면 삶이 고단하다. 사람이 세상을 살아가는 데 어찌 행복한 날만 있을까! 아무리 행복해 보여도 근심이 있기 마련이다. 겉으로 행복한 자도 남들이 모르는 근심이 있기 때문에 그들의 삶도 마냥 행복하기만 한 것은 아니다. 한때는 행복해도 어느 때는 불행하다. 모든 것은 균형의 미가 있다. 돈이 많은 자는 자식이 애를 먹이고, 학문이 있는 자는 돈이 괴롭힌다. 모든 것이 충족되는 삶은 없다.

표면적으로 행복하게 잘 살아가는 사람이 있는가 하면 불행하게 살아가는 사람도 있다. 진정으로 행복한 사람이 있고 행복한 척하는 사람이 있다. 진정으로 불행한 사람이 있고 불행하다고 느끼는 사람이 있다. 이 모든 것은 음양오행의 조화에 기인한다.

사람은 완벽할 수 없다. 모든 것을 갖추어 살 수도 없다. 무언가는 늘 부족하다. 그것이 삶이다. 이를 파악하는데도 음양오행이 동원된다. 표면적으로 살펴보자. 하는 일이 뜻대로 되지 않아서 부단히 고생만 하는 이가 있다. 그는 늘 푸념을 한다. 그래서 하는 말이 있다.

"아이고, 이놈의 팔자야."

우리는 이런 말을 신세타령이라고 한다. 누구나 인정하는 부자도 술 한잔하고 신세타령을 한다. 많은 제자를 거느리고 존경받는 스승도 친한 사람에게는 신세타령을 한다. 우리는 이를 두고 신세타령을 늘어놓는다고 표현한다. 늘어놓는 것은 펼치는 것이고 길게 이어지는 것이다. 즉 늘어놓는다는 것은 할 말이 많다는 의미이다. 표면적으로 행복한 사람이어도 할 말이 많다는 말이다. 사주팔자를 믿지도 않는다는 사람들이 많다. 그러나 그러한 사람들도 은연중 팔자라는 말을 쓴다. 그 말은 은연중 그들도 자신의 사주팔자를 생각한다는 말이다.

사람들이 말한다.

"그럼 같은 날, 같은 시각에 태어난 사람의 운이 왜 달라?"

사람들은 자신들이 모르는 일이나 믿기 싫은 일에는 부정적으로 반응한다. 그러나 그것이 틀린 질문이라고는 생각하지 않는다. 한날한시에 태어난 사람이라 해도 인생의 흐름은 각기 다르다. 한 부모의 몸에서 태어난 형제도 성격이 다르다. 쌍둥이도 얼굴이 같지 않은 경우가 많다. 일란성이니 이란성이니 따지자면 한이 없다. 한 사람의 손가락도 길고 짧다. 같은 날의 같은 시간에 태어나도 잘 사는 사람이 있고 못 사는 사람이 있다. 출세하는 사람도 있고 비천하게 사는 사람도 있다. 돈을 벌어 펑펑 쓰며 사는 사람도 있고 찢어지게 가난하여 구걸하거나 밥도 제대로 먹기 힘든 사람도 있다.

문제는 사주가 같은데 왜 그렇게 다른 인생을 사는가 하는 것이다. 사주는 매우 중요하다. 다만 외부적 영향을 무시할 수 없다는 것도 동의해야 한다. 명리학의 고전《적천수(滴天髓)》[60]의 내용을 참고하지 않을 수 없다. 이 책 내용 말미에는 나름의 정의가 있으니 사람의 운명을 파악하는 데 참고해야 할 것은 다음과 같다.

① 가문이다. 가문이 뛰어나면 인생을 아름답게 혹은 편안하게 살 수

있다. 과거만 그런가? 현대사회도 마찬가지다. 부모가 뛰어나고 훌륭하거나, 재물이 많거나, 인맥이 좋거나, 정치적 역량이 있다면 대부분 그의 자식들은 사주와 관계없이 일정 수준의 삶을 영위할 수 있다.

② 풍수지리의 영향이다. 풍수적으로 좋은 영향을 받을 수 있는 입지라면 좀더 나은 인생을 살 수 있다. 풍수지리는 양택과 음택으로 나뉜다. 풍수적으로 합당한 좋은 집에서 살거나 조상의 음택이 좋다면 좋은 영향을 받아 행복한 삶에 접근이 가능하다는 설명이다. 예전이나 지금이나 근본은 달라진 것이 없다. 그러나 현실적으로 달라진 것이 있다. 우리 사회에서 음택은 점차 사라져가니 양택을 잘 구비하는 것이 중요하다.

③ 사주팔자는 마지막이다. 사람은 무작정 사주팔자만 들여다보고 해석하려 든다. 그러나 애석하게도 사주팔자가 마지막이다. 그래도 사주팔자가 인간의 운명을 결정하는 마지막 보루라는 점은 틀리지 않는다. 사주팔자를 근본으로 삼아 풍수지리와 가문의 힘을 얻어야 한다는 이치이다. 가문이 좋고 풍수지리가 좋아도 흐름은 사주의 운에 달렸다.

사주를 알고자 하는 사람이라면, 명리학을 배우고자 하는 사람이라면 풍수지리를 배워야 하는 이치가 이것이다. 가문은 어쩔 수 없다 해도 풍수지리를 배워야 운명의 진폭을 조정할 수 있다. 이것을 이해하고 경험한 사람이라면 사주팔자를 잘 타고나야겠다는 데는 이의가 없을 것이다.

---

60) 중국 명대의 성의백(誠意伯)이 저술한 명리서이다. 사주학 해설서는《연해자평》과《적천수》에 의거함이 큰데 지금도 이 두 서적을 원서로 한다.《연해자평》은 그 대부분이 내격의 해설이고《적천수》는 외격을 보는 법에 관한 상세한 기술이 담겨 있다. 현재 중국에서도 사주학 연구는 더욱 성행하고 있고, 자평법에 따른 합리적인 법이 그 주류가 되어 있다. 일본이나 동남아권에서는 오래전부터 사주학이 발전하였고, 현재는 미국이나 프랑스 등 서양에서도 사주학이 크게 발전하고 있다. 그래서 이것은 하나의 학문으로 전 세계가 관심을 보이며 연구하고 있다(노영준,《역학사전》, 한국자연지리협회, 2006 참조).

인간은 인간의 의지와 다른 인생을 사는 경우가 많다. 물론 선인들은 노력하면 이룰 것이라고 이야기한다. 노력만이 가장 중요한 미덕이라고 주장한다. 그러나 불행하게도 노력으로 이루어지지 않는 사람도 있다. 그것은 인간의 힘으로는 어찌해볼 수 없는 음양오행의 작용원리가 있기 때문이다. 음양오행의 작용은 단순하게 사람의 노력만으로 해결되는 것이 아니다. 우주공간에는 눈에 보이지 않는 오행의 작용이 있다. 우리는 이를 일러 기(氣)가 있다고 표현한다. 그 기가 바로 음양오행이다.

사람들은 사람으로 해결할 수 없는 일에 부닥치기 때문에 운명학을 통해 풀어내고 싶어 한다. 이러한 욕구와 요구에 따라 발전한 운명학이 우리 운명을 추명할 뿐이다. 운명학의 흐름에 따르면 신기하게도 영속성과 윤회성을 느끼게 된다. 같은 일, 같은 현상 혹은 비슷한 결과의 주기가 있다는 것을 느낀다. 명리학은 생년월일시를 적용하여 사주팔자를 추출해 풀어보는 방법을 사용한다. 어떤 년도, 어떤 월, 어떤 일, 어떤 시를 기준으로 한다. 사람이 타고난 시각은 변하지 않는다. 어떤 경우의 수를 던지더라도 변하지 않는다. 따라서 사주는 변하지 않는다.

우리의 사주추출법은 별을 기준으로 한다. 황도 주변의 별에 의미를 두고 파악한다. 이는 우주관과 연결된다. 재미없는 것은 이 우주도 공전하고 일정한 주기를 반복한다는 것이다. 우주의 공전이 주기적으로 일정하다는 의미는 어느 해인가는 같은 운이 되돌아온다는 말이다. 즉 일정한 생년월일에 맞추어 어떠한 운(運)이 닥친다는 의미를 이해하게 된다.

일정한 한 운은 사이클이다. 천간의 운을 맞추면 10년 단위로 같은 사이클이 올 것이다. 지지로 맞추면 12년으로 사이클이 올 것이다. 60갑자로 맞추면 60년 만에 같은 사이클이 올 것이다. 이 사이클을 조합하여 해석하면 운명을 예측할 수 있다. 그에 따라 좋은 운이 올 때는 그 사람의 운명이 바뀌고 삶에 변화를 가져오게 되는 것이다.

사람의 사주에는 음양오행이 적용된다. 사이클에도 음양오행이 적용된다. 음양은 2개, 오행은 5가지이다. 사주를 구성하는 글자는 8자이다. 그럼 배정을 해보자. 음양은 각각 4자씩 배정하면 균형이 맞는다. 오행은 5가지이고 글자는 8자이다. 오행이 가장 적당하려면 몇 자가 필요한가? 1자씩 배정하면 3자가 남는다. 2개 글자를 배정하면 2개 글자가 모자란다. 가장 이상적인 배치는 오행이 각각 2개씩 있는 정도이다. 그런데 사주를 구성하는 글자는 8개이므로 2개 글자가 모자라게 된다.

평균적으로 배치하니 무언가 부족하다. 물론 사주의 상태는 각각 다르다. 사주 구성에 따라서 약간 다르다고 할 수 있다. 그러나 누구나 부족한 오행이 나타나기 마련이다. 누군가는 지나치게 강한 오행도 나타난다. 그렇다면 이 문제를 어떻게 해야 해결할 수 있을까? 더욱 황당한 것은 이러한 문제를 시원하게 해결해줄 사람은 어디에도 없다는 사실이다.

우리는 이 문제를 해결하고자 여기저기 기웃거리고 명리학을 배우며 무속인(巫俗人)을 찾아간다. 결국 인생은 그 모자라는 오행을 채우기 위해서 노력하고 정성을 들이는 것인지 모른다. 인생의 흐름은 모를지라도 무언가 필요하다는 것은 인식했다. 아무것도 모른다고 막무가내로 손을 놓고 수수방관하고 인생이 마구잡이로 흘러가게 놔둘 수는 없다. 사주에서 모자라는 오행을 채우기 위한 노력이 필요하다. 부족한 오행에 필요한 것들을 하나씩 보충해나가는 방법을 찾아야 한다. 문제는 무엇이 모자란지 모르기 때문에 헛발질하고 헛고생하는 것이다.

예를 들어 자신의 사주에서 무엇이 부족했는지 찾았다고 하자. 그럼 그것을 보충해야 한다. 사주에서 목(木)이 부족하면 목을 보충해야 한다. 목은 방향으로 동쪽이고 색깔은 녹색이며 숫자는 3과 8이다. 목을 나타내는 한글 파동은 ㄱ, ㅋ 발음이다. 간담이 부실할 테고 피곤을 자주 느낄 것이다.

삶의 흐름에 도움을 주어보자. 다양한 방법으로 보충한다. 풍수지리에서 사용하는 비보풍수와 같은 것이다. 우선 나무가 있는 마을이 좋다. 주변 나무가 부족한 목기(木氣)를 보충할 것이다. 그것이 어려우면 집 안에 화분이 있으면 좋겠다. ㄱ, ㅋ 발음이 들어가는 마을이 좋다. 가양동, 가운동, 가마소, 김천, 감곡, 구미시, 기타 등등의 지형이나 지세, 마을이름이 적용된다. 목의 방향은 동쪽이다. 서울을 중심으로 판단해보자. 이사를 가게 된다면 도시의 동(東)쪽 방면에 치우친 곳에서 살면 좋다. 건강을 위해서는 녹색채소를 많이 먹는 것이 좋다. 시금치나 미나리가 좋다. 녹색 물이 나오는 다슬기가 보약이 된다. 복장도 도움이 된다. 넥타이를 매더라도 녹색을 자주 사용하고 속옷도 녹색이 좋다. 다만 지나치지 않아야 한다. 잠을 잘 때도 동쪽으로 머리를 두면 좋다. 일반적으로 숫자를 정해 사용할 때도 전화번호나 기타 차량번호에 목의 숫자인 3, 8을 사용하면 좋다. 그러나 하나 알아둘 것은 명리의 수리학에서는 어떤 경우를 막론하고 1, 3, 5, 8의 글자를 좋은 글자로 사용한다는 것이다.

사주를 분석하여 사람에게 필요한 무엇인가를 찾아가는 과정도 음양오행에 따른다. 우선 사주에서 가장 부족한 것이 무엇인지 찾아야 한다.

부족한 오행을 찾아 적용하는 방법이 우선 필요하다. 성명학에도 이런 방법이 적용된다. 다음으로는 용신(用神)이다. 평생 어떤 기운을 가지고 살아가야 하는지 파악하여 보충하는 방법이다.

【아차!】

수(數)의 본질

수는 우주의 본질 바로 그것이며, 수의 영의(靈義)는 시간의 고금, 장소의 동서를 불문하고 시간과 공간을 초월하여 영구히 불멸불변의 성능(性能)을 가지고, 어떠한 존재라 할지라도 필연코 움직일 수 없는 절대 진리이다. 그러므로 과학은 물론이요, 각종 운명학이 모름지기 수를 근거로 하여 조립되어 있음은 당연지사라 할 것이다.
1에서 9까지가 기본생수이며, 10의 수에서 다하여 사(死)한다. 가령 기천만억의 대수라 할지라도 그 기본적인 집적(集積)의 연장에 불과하다. 그러므로 1부터 10까지 기본수의 수의를 깊이 알게 되면, 자연의 모든 수를 통할 수 있게 되는 것이다. 이른바 1을 완전히 통하게 되면 10을 알게 된다는 속담과도 같은 말이다. 1에서 10까지의 기본수 중에서 10수 공허 영수인 사수(死數)를 제한 1에서 9까지 생수의 교합수인 9981의 실수(實數)가 기본 용수(用數)가 되니 우주만유 모름지기 이 81수의 논리에 포함된다.
보통의 경우 81수까지 계산한다. 성명학에서 81수까지 파악하는 이유다. 81수에는 각각 일정불변의 수의적 영력이 구비되어 있다. 즉 각 수가 갖는 절대적 · 영적 구현이 있다는 말이다. 81수의 수의 중 1부터 10까지 가장 기본수의 해설을 논한다.

1수, 양수, 좋음

1이라는 수는 무에서 유로 시발하는 생의 제1단계로 만사의 기초요, 일체의 시동이다. 그러므로 영원불변이며 절대불변의 기초수이다. 이 수에는 당연히 시발, 생성, 집성, 불변, 증진, 두령, 근본 등 조물주의 의지적 의도가 내포되어 자연이 수의에 해당하는 물질이나 형상은 물론 여하한 존재가치라 할지라도 이 수의가 갖는 능력의 발현을 가져오게 된다. 인간도 이 수의에 해당할 때는 자연 독립, 단행, 창조, 증진, 발전, 부귀, 두령, 성공, 명예 등의 암시를 받게 되는 이치이다.

2수, 음수, 나쁨

2수는 1양과 1양수가 결합된 합수라 양과 양수의 집성으로 자연생리인 음양조화의 원리를 벗어난 수로서 천리에 역행하니, 조화조합의 뜻을 결(缺)한다. 그러므로 무리, 불합리, 분리, 거술(拒述), 불순, 종말, 불여의, 불성, 탈선, 불화, 불구 등의 유도력을 생하게 되는 것이다(생극즉쇠, 쇠극즉생).

3수, 양수, 좋음

3수는 1양 2음이 합한 확정수라 2의 불완전, 부조화한 수에는 1양 내우하여 화합 조화의 뜻을 가져오므로 일체 경비의 뜻이 발생되어 자연 지달, 화창, 준수, 부귀, 권위, 기략 등의 영의를 발휘하는 도리이다.

4수, 음수, 나쁨

4수는 불완전수인 2수와 2수의 합수이며, 또한 1양과 3양의 합수라 어느 면으로 보아도 음양화합, 조화의 천리에 반하므로 한층 더 흉의를 가중하여 자연 파괴, 쇠멸의 상이 되어 범사 파괴, 난리, 역경, 변전, 이별 등의 암시력을 발생한다.

5수, 양수, 좋음

5수는 1양 4음, 2음 3양수요, 1수부터 10수까지의 가장 중앙에 위치하여 상하중화, 좌우통솔의 수의가 있고, 중용의 뜻이 함유되어 있으므로 그 암시는 당연 지, 건, 부, 귀, 수, 명의 균등적 덕을 겸비한 수로서 원만, 안정, 존중, 유덕, 장수, 건전, 영예 등의 길상력(吉祥力)을 발휘한다. 동양학에서는 완전수로 해석한다.

6수, 음수, 좋은 듯하나 나쁨

조금 복잡한 뜻이 포함되어 있다. 1에서 10까지가 1양, 2음, 3양, 4음, 5양, 6음, 7양, 8음, 9양, 10음으로 있으나, 양 중에 유양유음하고 음 중에 유음유양함은 조화변화의 원리라 1부터 10까지의 과정이 1이 창생과정의 시초라면 10은 사(死)하는 과정의 극(極)이다. 고로 1이 동의 시초라면 10은 정의 극이요, 5가 양극이라면 10은 음극이요, 물상의 시생부터 진행과정의 제반 이치가 1부터 10까지의 과정에 역력히 표현되어 있는 것이다.
1부터 10까지를 크게 나누면 1부터 5까지는 생성하는 과정의 양의 분야요, 6부터 10까지는 음의 구간이라 쇠퇴의 분귀가 되는 것이다. 음 중에도 1양, 2음, 3양, 4음, 5양이요 음의 분야 중에도 6음, 7양, 8음, 9양, 10음으로 끊임없이 양대 진영이 분포되어 조화의 묘를 이룩하며 모름지기 동정(動靜), 상대(相對)의 법칙으로 조화가 이루어지는 것이다. 예컨대 인간의 출생으로 1수의 과정으로 볼 때 혈기왕성한 소년 내지 청년 시절의 성장과정을 거쳐 60 환갑의 중간인 30세 이후 후반 사회활동의 결실기를 거쳐 정신육체의 점진적 쇠퇴로 향하여 종국에 사지(死地)인 10수로 당도하게 되니, 생사의 이치가 바로 이것이며, 1일인 24시간의 과정도 같은 이치이다. 오전 0시부터 오후 12시까지가 양의 부위가 되며 1수부터 5수까지 구간이 되고, 오전 12시 정오부터 밤 12시 자정까지 음의 분귀로 6수부터 10수까지의 구간이 된다. 1년 12월의 경우도 이와 같다. 봄은 동이요, 겨울은 정이라, 춘양에 만물생성하면 점차 성장하여 왕성한 음력 6월을 고비로 만물은 점차 결실의 가을을 거쳐 만물낙엽의 계절을 지나 양기가 점점 퇴기하니, 음생하고 한랭하여 만물은 지하로, 밖에서 안으로 퇴정한다. 정극하면 양동하고 양극하면 음생함은 수의 변진법칙이며, 월수의 진행 또한 양월, 음월로 교행된다. 가령 양월인 그날이라 할지라도 30일의 절반인 전 15일은 양월 중의 양이고, 후반 15일은 양월 중 음의 분귀가 되며, 지국자전 1회전하여 주야의 동정이 이루어지고 365회전하여 태양을 일주하니 1년 365일 24계절의 변화를 조성하여 각 그 계절 특유의 기영을 생성하니 이가 곧 수리적 자연생리의 대업이다. 부언해두지만 동절은 외냉하고 내온하며 외음하고 내양한다. 이상의 이론은 생, 동, 정, 사의 상대된 과정을 말하는 대자연의 생성쇠퇴의 법칙을 실증하는 것이며 이와 같은 이치는 대소물상, 생물 · 무생물은 물론 시대의 조류, 역사 도덕의 변화, 문명의 발달 등 모름지기 이 법칙에서 벗어난 사례는 자연계에 존재하지 않는다. 이상과 같은 이치로 6부터 10까지는 정(靜)이나 사(死)로 행하는 노정(路程)이 되는 것이니, 6수는 음의 분야의 시초 음수가 되니 시, 생, 두, 수의 뜻이 포함되어 음덕이 있고, 또한 두령의 의의를 갖는 길상의 수가 되나 일면에는 3양과 3양, 2음과 4음 혹은 1양 5양 등 어느 모로도 음양화합에 생기는 결(缺)함으로 분리, 파괴, 파란의 흉의를 내포하여 6수와 16수의 길상(吉祥)의 암시력을 나타내지만 26수 이상의 6수는 파란, 변괴의 유도력을 발생하는 것이다.

7수, 양수, 나쁨(투쟁과 전쟁)

7수는 5의 양수인 길수 2음의 분리 불여의 운이 합하며, 또한 3양의 성수에 4음의 파괴수가 가합되어 내면에 길상극단의 양단(兩端)과 영의가 상극, 상성하는 결과 자연 불굴, 정력, 투쟁, 전쟁의 의지가 표현된다.

8수, 음수, 좋음

8수는 4의 파괴수의 수를 중첩한 수인 동시에 5의 성덕과 3의 지력을 합한 수이며, 2의 분리수와 6의 음덕과 합한 수이기는 하나 각기 조화 능력이 결하여 있다. 그러나 각종의 영력이 공합되어 고행의 역사를 갖는 수라 자연 강건, 인내, 의지, 강고(强固), 노력, 성실, 지모, 백절불굴의 의지력이 구현된다. 복(福)과 같은 발음으로 재물, 성공의 의미로 이해한다.

9수, 양수, 나쁨

9수는 양수의 극이며 기본수 중의 궁극수이다. (3, 6), (1, 8), (2, 7), (4, 5), (3, 6) 등 각 모양의 수가 함유되는 수로 지모, 이지, 상상력, 활동력, 응용력 등 양덕에 의해 부(富)도 있으나, 종극의 의의가 깊은 고로 불우, 병난, 단명, 생사별 등의 유도력을 발현하여 흉화(凶禍)의 결과를 초래하는 수의의 귀결이 된다.

10수, 음수, 나쁨

10수는 기본수의 종(終)이요, 음의 최극(最極)이므로 정, 사, 공허, 정막, 멸, 고 등의 수의가 강력하여 자연 단명, 고독, 산실(散失), 멸망 등 각 수 중 가장 꺼리는 흉한 암시를 유도함도 부득이한 수리의 약속인 것이다.

11수

양극하면 생음하고 음극하면 생양하는 대자연의 법칙을 따라 전기(前氣)는 쇠멸되고 새로운 생명력이 생하니 이의 이치는 만고에 불식이다. 고로 11수부터는 1수부터 10수까지의 반복이다. 즉 10수는 경험의 모체인 전통과 역사를 등에 업고 다음 수로 진화한다. 또한 수리 계산법에서는 1+1이라 2가 되니 흉하다.

【앗, 잠깐!】 오행의 종류

명리학에서는 다양한 오행이 사용된다. 오행의 종류는 간지오행(干支五行)과 합오행(合五行), 수오행(數五行), 방위오행(方位五行), 절후오행(節後五行), 색오행(色五行), 인체오행(人體五行), 납음오행(納音五行)으로 구분한다.

간지오행(干支五行)

간지오행은 천간과 지지의 글자를 나타내는 것으로 정오행(正五行)이라 한다. 정오행은 천간과 지지의 글자가 각각 지니는 오행을 말한다. 본연의 오행이라고 할 수 있다. 천간의 갑을(甲乙)은 목(木)이고 병정(丙丁)은 화(火)이며 무기(戊己)는 토(土)이고 경신(庚辛)은 금(金)이며 임계(壬癸)는 수(水)이다. 지지의 인묘(寅卯)는 목(木), 사오(巳午)는 화(火), 진술축미(珍戌丑未)는 토(土), 신유(申酉)는 금(金), 해자(亥子)는 수(水)이다.

합오행(合五行)

합오행은 여러 가지 형태의 오행으로 나뉘게 된다. 천간합과 지지합을 나타내는 것이다. 여러 가지 오행을 나타내는 글자들이 각각 합해져 다른 오행의 기운을 나타내는 것을 말한다. 특히 지지합은 육합(六合)과 삼합(三合), 방합(方合)으로 나뉜다.

천간은 갑기합토(甲己合土), 을경합금(乙庚合金), 병신합수(丙辛合水), 정임합목(丁壬合木), 무계합화(戊癸合火)이다.

지지의 합은 각각 육합과 삼합, 방합으로 나뉜다. 지지육합은 각각 자축합토(子丑合土), 인해합목(寅亥合木), 묘술합화(卯戌合火), 진유합금(辰酉合金), 사신합수(巳申合水), 오미합화(午未合火)가 그것이다. 삼합은 각각 3개가 묶여 하나의 오행으로 작용하는데 신자진합수(申子辰合水), 인오술합화(寅午戌合火), 해묘미합목(亥卯未合木), 사유축합금(巳酉丑合金)이다. 방합은 각각 3개가 모여 하나의 오행으로 작용하는데 해자축합수(亥子丑合水), 사오미합화(巳午未合火), 인묘진합목(寅卯辰合木), 신유술합금(申酉戌合金)이 그것이다.

수오행(數五行)

수오행은 오행이 내포하는 숫자이다. 아니, 숫자(number)에 담긴 오행을 말한다. 고래부터 동양인들은 사상적으로 10이라는 숫자를 완벽한 결합에 따른 숫자로 상징해왔는데 달리 1 + 0의 합이라는 의미도 있다. 즉 모든 숫자가 가지는 의미가 있는데 그중에는 오행의 의미도 포함된다. 근본적 의미의 구성에서 주의할 것은 그 모자라는 부분에 대한 값과 보충이 되는 부분의 값을 합산한 값을 10이라는 완벽한 결정체에 대입하는 것이다. 예를 들어 1이라는 숫자는 9개 숫자가 더해져 10이라는 숫자를 만들게 된다. 그렇다면 1이라는 숫자에 모자라는 기운을 9라는 숫자에서 보충해 그 기운을 조화롭고 균형 있게 만드는 것이다. 물론 숫자는 10을 넘는 것이 더 많다. 10의 숫자가 넘을 경우에는 맨 끝자리로 오행을 판별했다고 한다. 예를 들어 22라면 앞의 2는 빼고 뒷자리 2라는 수를 사용하는 것이다. 합의 관계에서는 달리 파악한다. 즉 22+46의 오행을 찾는다고 하면 그대로 더하면 된다. 두 숫자를 더하면 68이다. 이 경우 6과 8을 더한다. 즉 6+8이다. 결과는 14이다. 다시 1+4를 하면 5가 된다. 이처럼 수의 오행은 수와 기운을 만들어낼 숫자를 결합하는 것을 말한다. 또한 각각의 오행에는 숫자가 배정된다. 목(3, 8), 화(2, 7), 토(5, 10), 금(4, 9), 수(1, 6)이다.

방위오행(方位五行)

방위는 방향을 말한다. 우리는 기본적으로 동서남북 네 방향을 축으로 삼는다. 이 방위를 정방향이라 한다. 달리 정방위라고도 한다. 다시 8방으로 나누면 이미 정해진 정방위 4방향에 다시 남동쪽, 북동쪽, 남서쪽, 북서쪽이 추가된다. 이 네 방향은 기울어졌다고 하여 우방위라 한다. 이 여덟 가지를 팔방이라 하며 팔괘로 적용한다. 이러한 다양한 방향에도 오행을 적용한다. 동방목(東方木), 남방화(南方火), 중앙토(中央土), 서방금(西方金), 북방수(北方水)이다. 즉 동쪽은 목(木), 남쪽은 화(火), 중앙은 토(土), 서쪽은 금(金), 북쪽은 수(水)이다. 팔괘 분류에서 우방위에 해당하는 방향도 오행을 적용하는데 풍수지리에서 사용한다. 북동토(北東土), 남동목(南東木), 남서토(南西土), 북서금(北西金)이다.

절후오행(節侯五行)

사계절의 기운을 오행으로 적용한 것이다. 달리 사계절에 해당하는 12달을 계절로 묶은 것이다. 특히 환절기에도 오행을 적용하였다. 봄, 여름, 가을, 겨울 그리고 환절기를 나누었다. 봄은 목(木), 여름은 화(火), 가을은 금(金), 겨울은 수(水)가 된다. 그리고 각 계절 사이의 환절기는 토(土)이다. 월별로 나누어 그 의미를 부여하면 음력으로 적용하여 1월과 2월은 봄이므로 목(木), 4월과 5월은 여름이므로 화(火), 7월과 8월은 가을이니 금(金), 10월과 11월은 겨울이니 수(水)이며 각 계절 사이에 이어지는 환절기에 속하는 3월, 6월, 9월, 12월은 토(土)에 속한다.

색오행(色五行)

색에 담긴 오행의 의미이다. 색은 다양성을 나타낼 수 있다. 색은 음식의 궁합과 맛을 따질 수 있고 색으로 사람의 기운을 읽을 수 있다. 또한 사람의 기운을 분별할 때도 도움을 줄 수 있는 색을 알 수 있고 그 사람의 심리를 파악하는 데도 이용할 수 있다.
청색(青色)은 목(木)이고, 적색(赤色)은 화(火)이고, 황색(黃色)은 토(土)이고, 백색(白色)은 금(金)이고, 흑색(黑色)은 수(水)의 오행으로 해석한다. 특히 색은 단색이 아니라 범위로 파악한다. 예를 들어 황토색은 토의 오행인데 황토색뿐 아니라 미색, 베이지색, 금색을 포함하는 범위이다. 목은 청색과 녹색, 연두색의 범위가 모두 들어가고 화는 붉은색, 분홍색, 적황색 등이 포함된다. 금의 색은 흰색이고 수의 색은 검은색에서 회색에 이르는 폭넓은 스펙트럼이다.

인체오행(人體五行)

사람의 신체와 뼈는 물론 장기에도 오행을 배정한다. 사람이라고 해서 오행의 기운과 아주 다르지는 않다. 심지어 생긴 모양에도 오행을 배정한다. 관상학을 먼저 살피면 오악을 논하며 오행을 살필 수 있는데 얼굴의 왼쪽 관골은 목(木), 오른쪽 관골은 금(金), 이마는 화(火)에 해당하고, 턱은 수(水)이며, 코는 중앙이니 토(土)에 해당한다.특히 인체오행에서 중요하게 다루는 것은 오장육부이다. 인간의 내장기관에 오행을 대입하였는데 한의학에서도 함께 사용한다. 오장은 간(肝), 심(心), 비(脾), 폐(肺), 신(腎)이고 육부는 담(膽), 소장(小腸), 위장(胃腸), 대장(大腸), 방광(膀胱), 삼초(三焦)를 뜻한다. 이 중 목은 간담이고, 화는 심장과 소장이며, 토는 위장과 비장이고, 금은 폐와 대장이며, 수는 심장과 방광이다.

납음오행(納音五行)

납음오행은 두 가지씩의 천간지지를 이용한 것으로 당사주에서 많이 사용한다. 납음오행을 이해하려면 육십갑자를 알아야 한다. 육십갑자는 천간지지의 만남으로 만들어진다. 육십갑자란 10간에 해당하는 갑(甲), 을(乙), 병(丙), 정(丁), 무(戊), 기(己), 경(庚), 신(辛), 임(壬), 계(癸)이고 12지는 자(子), 축(丑), 인(寅), 묘(卯), 진(辰), 사(巳), 오(午), 미(未), 신(申), 유(酉), 술(戌), 해(亥)이다. 이 천간과 지지를 합해 간지를 만드는데 첫 번째 만나는 갑자에서 시작하여 마지막 계해에 이르도록 계속해 간지를 합치면 총 60개가 된다. 즉 이것은 하나의 순서를 가지게 되는데 그 순서에 따라 체계적으로 두 숫자를 결합해서 얻는 것을 말한다. 이로써 납음오행을 얻게 된다.

오행일람표

오행의 종류는 간지오행과 합오행, 수오행, 방위오행, 절후오행, 색오행, 인체오행, 납음오행으로 구분한다.

구분 \ 오행		木	火	土	金	水
간지오행		甲乙 寅卯	丙丁 巳午	戊己 辰戌丑未	庚辛 申酉	壬癸 亥子
합오행	삼합오행	亥卯未	寅午戌		巳酉丑	申子辰
	방합오행	寅卯辰	巳午未		申酉戌	亥子丑
	육합오행	寅亥	卯戌 午未	子丑 (실제는 水)	辰酉	巳申
수오행		三, 八	二, 七	五, 十	四, 九	一, 六
방위오행		동	남	중앙	서	북
절후오행		봄 正二	여름 三四	3, 6, 9, 12월	가을 七八	겨울 十, 十一
색오행		청(青)	황(黃)	적(赤)	백(白)	흑(黑)
인체오행	오장오행	간장(肝腸)	심장(心腸)	비장(脾腸)	폐장(肺腸)	신장(腎腸)
	육부오행	담낭(膽囊)	소장(小腸) 삼초(三蕉)	위장(胃腸)	대장(大腸)	방광(膀胱)
납음오행		戊辰, 己巳 壬午, 癸未 庚寅, 辛卯 戊戌, 己亥 壬子, 癸丑 庚申, 辛酉	丙寅, 丁卯, 甲戌, 乙亥 戊子, 己丑 丙申, 丁酉 甲辰, 乙巳 戊午, 己未	庚午, 辛未 戊寅, 己卯 丙戌, 丁亥 庚子, 辛丑 戊申, 己酉 丙辰, 丁巳	甲子, 乙丑 壬申, 癸酉 庚辰, 辛巳 甲午, 乙未 壬寅, 癸卯 庚戌, 辛亥	丙子, 丁丑 甲申, 乙酉 壬辰, 癸巳 丙午, 丁未 甲寅, 乙卯 壬戌, 癸亥

◈ 참고문헌 ◈

강헌,《명리 운명을 읽다》, 돌베개, 2016.

곽동훈,《운수대통 만세력》, 선영사, 2016.

곽목량,《오주괘》, 삼명, 2004.

김동완,《사주명리학》 1~9권, 동학사, 2010.

김상연,《명 역학의 맥》, 갑을당, 2009.

김재근,《김재근 선생의 추명명리학 강의》, 천지인, 2012.

김태곤,《한국무속연구》, 집문당, 1981.

노영준,《사주비결록》 1~3권, 경덕출판사, 2004.

노영준,《역학의 비결》 1~3권, 경덕출판사, 2004.

다카기 아기미쓰, 노상만 옮김,《상성과 궁합》, 북마크, 2008.

박용규,《입체오행》, 태웅출판사, 2006.

박일우 편저,《명리총서 삼명통회》, 명문당, 1978.

박재완,《명리실관》, 역문관, 1993.

박재완,《명리요강》, 역문관, 1974.

박주현,《오주괘관법》, 삼명, 2011.

박진영,《성명학전서》, 명문당, 1992.

변만리,《신사주학강의록》 1~3권, 변만리연구회편, 자문각, 2011.

심재열,《연해자평 정해》, 명문당, 2002.

안종선,《명리학 교과서》, 산청, 2014.

안종선,《술술 풀리는 명리학 입문 1》, 중앙생활사, 2019.

안종선,《술술 풀리는 사주명리 입문》, 중앙생활사, 2019.

안종선,《술술 풀리는 운세 명리학 입문》, 중앙생활사, 2019.

안종선,《운명을 바꾸는 명리 쉽게 배우기》, 중앙생활사, 2019.

안종선,《택일법 교과서》, 산청, 2015.

양종승,《한국의 무속-서울 황해도편》, 국립민속박물관, 1999.

엄태문,《사주 단시 래정법》, 역학도서관, 2008.

이경 감수,《사주만세력》, 동학사, 2010.

이모원 · 김영하 · 박영창,《명리학개론》, 여백미디어, 1988.

이상욱,《주역작명법》, 명문당, 1993.

이호헌,《독심술 콘서트》, 창작시대, 2014.

정문교,《쉽게 풀어쓴 운명》, 봄꽃여름숲가을열매겨울뿌리, 2016.

조용헌,《조용헌의 사주명리학 이야기》, 알에이치코리아, 2014.

좌등육룡,《십간사주추명비법》, 남각십간사주연구소, 남각문화출판사, 2003.

홍태한,《한국의 무가》1, 민속원, 2004.

고재민, "四柱命理의 宮星과 格局用神論 硏究", 대구한의대학교 박사학위논문, 2016.

김성덕, "명리(命理)의 과학적 한계와 철학적 전환",《인문사회 21》9권 2호, 아시아문화학술원, 2018.

류시옥, "명리학적 질병진단과 예측에 관한 방법연구",《대한한의정보학회지》 14권 2호, 동방대학원대학교, 2008.

박병수, "《子平眞詮》 명리이론 연구", 경기대학교 석사학위논문, 2015.

박지영, "명리 오색과 한국전통색 오방색의 상관관계와 활용방안", 《국제보건미용학회지》 11권 2호, 국제보건미용학회, 2017.

황금옥 · 김재원 · 이필문, "한국 命理辭典의 辭典學的 특성과 知識表象", 《원불교사상과 종교문화》 75호, 원광대학교 원불교사상연구원, 2018, 415~446쪽.

김원중, 〈테마로 보는 역사〉.

김장환 외, 《동양의 고전을 읽는다》, 휴머니스트, 2006.

노영준, 《역학사전》, 2006.

두산백과.

박은순, 《이렇게 아름다운 우리 그림》, 한국문화재보호재단, 2008.

세종대왕기념사업회, 《한국고전용어사전》, 2001.

silvino111 https://terms.naver.com

http://nangwol.com/?page_id=254&uid=1972&mod=document

http://www.sonsaju.com

[이기철의 노답 인터뷰] "한국 고천문 강국 가능성 충분…그러자면 고천문박물관이 필요하죠", 서울신문, 2018. 11.

인명사전편찬위원회, 《인명사전》, 2002.

주역으로 보는 세상, 문수의눈(munsuan) https://blog.naver.com/munsuan

천지 5방위 조화기운을 표상하는 영물, 막노동하는 선비(nowjsd1221) https://blog.naver.com

pmg 지식엔진연구소, 시사상식사전.

한국민속대백과사전 http://encykorea.aks.ac.kr/Contents/Item/E0064092

한국콘텐츠진흥원, 문화콘텐츠닷컴, 2002.

한국학중앙연구원,《한국민족문화대백과》.

휴먼 레이스(white1642)의 블로그 https://blog.naver.com/white1642

중 앙 생 활 사 Joongang Life Publishing Co.
중앙경제평론사 | 중앙에듀북스 Joongang Economy Publishing Co./Joongang Edubooks Publishing Co.

중앙생활사는 건강한 생활, 행복한 삶을 일군다는 신념 아래 설립된 건강 · 실용서 전문 출판사로서
치열한 생존경쟁에 심신이 지친 현대인에게 건강과 생활의 지혜를 주는 책을 발간하고 있습니다.

우리가 꼭 알아야 할 **음양오행 첫걸음**

초판 1쇄 인쇄 | 2024년 4월 15일
초판 1쇄 발행 | 2024년 4월 20일

지은이 | 안종선(JongSun Ahn)
펴낸이 | 최점옥(JeomOg Choi)
펴낸곳 | 중앙생활사(Joongang Life Publishing Co.)

대 표 | 김용주
책임편집 | 이상희
본문디자인 | 박근영

출력 | 영신사 종이 | 한솔PNS 인쇄·제본 | 영신사

잘못된 책은 구입한 서점에서 교환해드립니다.
가격은 표지 뒷면에 있습니다.

ISBN 978-89-6141-323-7(03150)

등록 | 1999년 1월 16일 제2-2730호
주소 | ㉾ 04590 서울시 중구 다산로20길 5(신당4동 340-128) 중앙빌딩
전화 | (02)2253-4463(代) 팩스 | (02)2253-7988
홈페이지 | www.japub.co.kr 블로그 | http://blog.naver.com/japub
네이버 스마트스토어 | https://smartstore.naver.com/jaub 이메일 | japub@naver.com
♣ 중앙생활사는 중앙경제평론사 · 중앙에듀북스와 자매회사입니다.